Gagner

Pour que la politique change (vraiment) nos vies

Mahaut Chaudouët-Delmas
Samuel Grzybowski
Priscillia Ludosky

Gagner

Pour que la politique change (vraiment) nos vies

Au diable vauvert

ISBN : 979-10-307-0656-7

Au diable vauvert
La Laune 30600 Vauvert

www.audiable.com
contact@audiable.com

Sommaire

Introduction

Tout porte à croire que l'espoir n'est plus. Que nos vies, celles de nos enfants, que notre avenir collectif ne pourront désormais plus changer. Nous nous dirigeons, passif·ves, vers une existence d'inégalités toujours plus incompressibles, de désirs toujours plus irréconciliables, de dangers toujours plus irréversibles. Une existence de guerres centenaires, et de haine, de peur, de colère, de solitude. Nous errons, las·ses, dans l'ersatz de société qui nous a été imposé. Nous avons le sentiment que les ennemis qui l'ont organisé sont trop puissants, riches, corrompus, invisibles, intouchables, pour en changer le cours. La machine infernale est lancée depuis trop longtemps. Les enjeux sont trop gros, trop complexes, trop intriqués. La lassitude est trop forte, l'injustice trop épaisse, trop ancienne.

Faut-il abandonner pour autant ? Nous avons parfois l'impression que nous ne mesurons pas ce que nous risquons de perdre si l'un des deux *blocs* majoritaires à l'œuvre aujourd'hui dans les démocraties continue d'étendre son empire sur la pensée, la finance, et surtout la politique.

Nous parlons bien, lorsque nous évoquons ces « deux *blocs* majoritaires », d'une part de ce capitalisme dangereux, total et dérégulé, qui produit chaque année de plus en plus de pauvres en miroir de plus en plus de milliardaires, et d'autre part de ce fascisme rampant et dissimulé, habile par son mensonge, qui s'immisce comme un poison dans les interstices du désespoir et de la colère. Les propositions politiques de l'extrême argent et de l'extrême identité ont toutes les deux quelque chose de satisfaisant, car elles refusent la réalité. Elles refusent le plancher humain, le minimum avec lequel nous devons vivre et même vivre dignement, le minimum pour manger, boire, dormir et nous épanouir dans cette vie. Elles refusent aussi le plafond terrestre, le maximum au-delà duquel nous ne pouvons aller sans menacer l'existence même de toute vie sur Terre, le maximum au-delà duquel nous ne pourrons plus ni respirer, ni boire et manger à nouveau. Entre ces deux extrêmes, ce livre fait l'éloge d'un projet *politique* orienté vers une justice réelle et effective s'appliquant dans le cadre de la protection du vivant.

Pourtant, dès 1789, notre Constituante déclarait dans l'article 2 de la Déclaration des droits de l'homme et du citoyen : « Le but de toute association politique est la conservation des droits naturels et imprescriptibles de l'homme. Ces droits sont la liberté, la propriété, la sûreté et la résistance à l'oppression. » Alors qu'une grande partie de notre histoire collective est basée sur cette déclaration, il semble bien souvent que nous oubliions certains des principes qui y sont énoncés, fondateurs de notre édifice commun.

Nos victoires

Car nous sommes des milliers, des millions à résister à l'oppression, à préfigurer – *par nos rêves et nos engagements* – ce que pourrait être demain, quand nous serons sorti·es du capitalisme et aurons renoncé à nos élans autoritaires pour nous protéger, fausse réponse ne protégeant en fait que quelques-un·es et en définitive personne, comme l'histoire le révèle. Pour que ce futur soit, pour que la vie persiste, nous devons impérativement gagner. Nous devons prendre et exercer le pouvoir comme nous l'avons fait tout au long de notre histoire, en choisissant d'adopter des mesures impossibles mais souhaitables s'inscrivant dans la vaste généalogie de l'abolition des privilèges (1789) et de l'esclavage (1848) ; des droits humains (1789), de la citoyenneté aux juif·ves (1791) et de la réhabilitation de Dreyfus (1906) ; du suffrage « universel » masculin (1792) puis vraiment universel (1944) ; de la Commune (1871) ; des libertés fondamentales de grève (1864), de syndicat (1884) et d'association (1901) ; du droit au repos hebdomadaire (1906) ; de la limitation du temps de travail à 60 heures (1906), 48 heures (1919), 40 heures (1936), 39 heures (1982) et 35 heures (1998) ; des congés maternité (1909 et 1980) ; du droit à la retraite à partir de 65 ans (1910) puis 60 ans (1983) ; de l'Assurance maladie (1928) puis de la Sécurité sociale (1945) ; des congés payés de 2 semaines (1936), 3 semaines (1956), 4 semaines (1969) et enfin 5 semaines (1982) ; de la nationalisation des grands moyens de production (1945) ; du SMIG (1950) devenu SMIC ; de l'Assurance chômage (1958) ; du droit à l'avortement (1975) et du mariage pour tou·tes (2013).

Pour que cette histoire continue, pour que la généalogie ne s'arrête pas là, nous, activistes pour le climat, artisan·es des luttes pour l'égalité, démocrates convaincu·es, acteur·ices des transitions territoriales, devons gagner en 2027 ! Nous pouvons gagner en 2027 ! Nous pouvons sortir de notre impuissance. Car s'il est une bataille que nous avons déjà gagnée, c'est celle des constats partagés, imposant partout les termes qui doivent aujourd'hui nourrir le débat : irréversibilité climatique ; injustice fiscale, environnementale et sociale ; rapport au travail et à la retraite ; nécessité d'un renouveau démocratique.

La gauche

Jusqu'en 1983, et sporadiquement entre 1997 et 2002, ce que nous pouvons appeler « la gauche » fut le débouché naturel de nos espoirs. Cependant, beaucoup d'entre nous ont douté d'elle ces dernières années, et ont eu raison. Depuis 40 ans, la gauche en général, celle des partis mais aussi des militant·es, syndicats, résistant·es, avocat·es, journalistes, intellectuel·les et ouvrier·es, compte ses victoires sur les doigts de la main. Pendant ce temps-là le capitalisme les enchaîne les unes après les autres, jusqu'à faire accepter au Parti socialiste en 2008, sous le poids de la doxa libérale, l'économie financiarisée. Comme si le temps s'était arrêté en 1983 et que nous avions collectivement pris acte de la victoire d'un libéralisme irréversible, incompressible.

Pour nous, depuis 1983, la gauche se contente de jouer le rôle que l'on attend d'elle. Comme si la grande pièce de théâtre scénarisée par le capitalisme avait attribué à chacun un rôle bien défini dont il est impossible de sortir. Les activistes sont « dans leur rôle d'alerter », nous dit Élisabeth Borne lors de l'assemblée générale de Total en mai 2023, alors que des jeunes de tous horizons s'inquiètent viscéralement pour leur avenir, celui de la planète, de l'humanité surtout.

Quant au rôle assigné aux partis de gauche par le système, c'est l'opposition. Cela consiste à gagner progressivement des sièges à l'Assemblée afin que leurs dirigeant·es occupent des mandats, financent l'existence de ces partis, et briguent de nouveaux mandats plus nombreux encore pour la suite. Il se limite ainsi à jouer la partition d'un antagonisme "sain pour la démocratie", plus ou moins constructif. Ils assurent surtout de mettre sous perfusion le système qui les contraint en validant son autorité, puisqu'ils se cantonnent au rôle de second, d'adversaire, de détracteur, place qu'ils finissent par trouver chaude et confortable.

La gauche est d'ailleurs d'autant plus majoritaire dans la société que le concept même de « gauche » est rejeté. Ce paradoxe insoutenable a poussé le peuple de gauche à généraliser le vote utile à chaque élection. Les socialistes aux locales, les écologistes aux européennes et les insoumis·es à la présidentielle sont devenu·es le réceptacle des 8 millions d'électeur·ices infatigables.

Sortir de nos rôles assignés

Il est temps de sortir des rôles qui nous ont été attribués, que les partis politiques cessent de jouer selon les règles du marché électoral et de l'opposition minoritaire, et que les citoyens non encartés sortent de leur torpeur pour rejoindre les forces politiques et s'engager corps et âme pour la victoire !

Bien sûr, cette victoire se fera *au-delà* de la gauche, mais aussi *avec* la gauche et *enracinée* à gauche. Depuis 1983, la gauche, celle que nous aimons, est dans l'opposition. Y compris de 1997 à 2002 et de 2012 à 2017, où son flambeau n'a été que difficilement repris par lesdits frondeur·ses, seul·es ces élu·es ont été capables de rappeler les idéaux qui font l'âme de la Nation depuis cet été 1789 : l'acquisition de nouveaux droits ; la lutte contre toutes les formes d'oppression ; la solidarité humaine au nom de l'absolue dignité.

Pour nous, la gauche n'est pas simplement la moitié de l'hémicycle, le côté du Jeu de paume contre le droit de veto du roi, ou la frange la plus progressiste de la société acceptant par évolution des mœurs l'abolition de la peine de mort et le mariage pour tous. Pour nous, la gauche est entendue ici comme l'espace politique qui ne choisit jamais entre la liberté et l'égalité, c'est-à-dire qui obéit à la fois à l'impératif d'évolution des droits (liberté) et à l'impératif de lutte contre les oppressions (égalité), et donc à l'intervention de l'État si nécessaire dans le « contrôle de l'égalité ». Une définition qui met en porte-à-faux les soi-disant « libéraux de gauche » à l'origine de la macronie, dont la liberté est incomplète – car il ne s'agit que de celle de quelques-un·es – et qui ont abandonné le contrôle de l'égalité. Elle isole aussi les « identitaires de gauche », qui se planquent derrière une idée nauséabonde de la République et de la laïcité, utilisées comme faux nez d'un nationalisme qui ne dit pas son nom, qui ne se cache plus d'être raciste ou policier, et qui abandonne la lutte contre toutes les oppressions (antisémitisme, islamophobie, sexisme...). La République n'est pas un projet identitaire pouvant justifier les croisades visant à exclure : elle est le cadre que nous avons acquis et que nous protégeons. Celui du gouvernement du peuple, par le peuple, pour le peuple. La laïcité n'est pas une doctrine athée qui se méfie du religieux comme de la peste : elle est la neutralité de l'État, pas la neutralisation des individus. Elle est à la fois liberté et égalité : liberté de convictions incluant le respect de leurs manifestations, pratiques et transmission ; égalité devant la loi, le service public, l'école et le fonctionnement de la société en général.

La NUPES

De cette gauche-là, ouverte sur le monde, accueillante des différences, inondée de joie par la construction d'un nouveau modèle, la NUPES a été une brève espérance. Elle a donné, un temps, un support politique aux dénonciations qui se multiplient depuis 2016 et l'arrivée de Macron ministre, au service d'un système libéral malade. La NUPES, un temps encore, a éclipsé la bataille des ego, montrant par l'exemple que l'on pouvait gagner autrement, non seulement en s'alliant électoralement, mais aussi intellectuellement, médiatiquement, programmatiquement. Elle a également changé de recette politique, en s'alignant enfin sur les désirs de son électorat et en abandonnant, un temps là aussi, l'entre-soi belliqueux de l'exercice politicien. Celles et ceux qui, la veille des dernières législatives, s'invectivaient sur les plateaux TV, se reprochaient tantôt la marche des policiers, tantôt la marche du 5 novembre contre l'islamophobie, défilaient, le lendemain, écharpe contre écharpe dans les cortèges, lançaient des appels communs. Celles et ceux qui, la veille, se reprochaient mutuellement leur anti-républicanisme dénonçaient alors de concert les profits record de Total en pleine crise sociale, appelaient ensemble à la fin du modèle capitaliste. Pendant quasiment une année, il était impensable de se rendre à une manifestation sans y voir le cortège parsemé de toutes les couleurs de ce qu'a toujours été la gauche. Il était impensable de se rendre à une manifestation sans y croiser un·e activiste écologiste et, à son bras, un·e militant·e antiraciste ou féministe.

Mais cela n'a duré qu'un temps, trop court. La NUPES n'aura été qu'un support provisoire et une espérance déçue. Car nous avons tou·tes vite déploré le retour des querelles intestines et avons dû faire face à cette réalité, qui n'était pourtant pas inéluctable : la double défaite à la présidentielle et aux législatives !

Le progrès

Dans l'histoire, c'est toujours la gauche qui a fixé le tempo, qui a défini le temps dans lequel nous étions. Elle donne l'agenda et la boussole du progrès, elle propose la prochaine étape pour davantage d'égalité, davantage de libertés. C'est à chaque fois la droite qui a essayé d'empêcher l'abolition des privilèges, de l'esclavage ou du travail des enfants, qui a essayé de bloquer l'adoption des congés payés, du suffrage universel ou du mariage pour tou·tes. Aujourd'hui, les trois droites – libérale, conservatrice et identitaire – sont implicitement et explicitement solidaires pour faire obstacle à notre victoire prochaine.

Cette gauche-là ne privilégie ni l'évolution des droits et des libertés, ni la lutte contre l'oppression et les inégalités. Elle fait usage de toute sa force et de tous nos communs, de l'État en premier lieu, pour faire advenir une République vraiment indivisible, laïque, démocratique et sociale. C'est cette gauche qui instaurera bientôt une VIe République écologique.

Protéger la vie

Contre le camp du profit et du rejet, ce texte veut aussi rappeler que nous sommes le camp de la vie. En luttant contre ces urgences, en gagnant, nous voulons porter le récit et favoriser la concrétisation d'un monde dans lequel chacun pourrait jouir du bonheur, de l'harmonie et de la paix.

Ce manifeste se veut être une pierre à l'édification de ce « camp de la vie », et à sa victoire. Il cherche à décortiquer ce qui nous a fait perdre hier, ce qui nous fera gagner demain, ce que nous avons en commun aujourd'hui. Nous sommes tou·tes trois de grand·es idéalistes, mais nous venons aussi du réel des luttes : Priscillia, initiatrice du mouvement des Gilets jaunes ; Mahaut, militante féministe ; et Samuel, activiste et entrepreneur social. Nous avons des positions franches, sans qu'elles empêchent l'harmonie des idées. Nous sommes arrivé·es à l'engagement par des voies distinctes. Nous venons de traditions politiques différentes bien que nous ayons le sentiment de n'appartenir réellement à aucune, de n'être figé·es dans aucun combat, de pouvoir tous les embrasser. Nous aimons ce qui naît de la rencontre, à l'image de ce texte. Nous sommes d'accord sur tout, ou pouvons l'être. Nous l'avons découvert au fil de l'écriture. Ce livre n'est pas seulement la démonstration que nous pouvons gagner, il en est le témoignage.

Au-delà de tout ce que nous évoquons, proposons, imaginons dans cet ouvrage pour nos partis, organisations et mouvements, peut-être faudra-t-il aussi se réinterroger en profondeur sur le fonctionnement de notre système et de nos institutions. Parce que toute victoire durable passera par l'avènement d'une nouvelle République, VIe du nom, toujours démocratique, laïque et sociale, mais aussi écologique cette fois !

I. L'impératif de victoire

A. Gagner, une priorité stratégique qui n'est pas partagée par tou·tes

La règle de la plupart des jeux peut se résumer de manière simple et sarcastique : « Le but, c'est de gagner. » Toutefois, le jeu politique partisan est un peu différent. Il s'apparente davantage aux incompréhensibles règles du Tour de France, expliquées à des néophytes dans un café un après-midi d'été. « Comment ça ce joueur ne court pas pour gagner le classement général ? » En effet, sur la totalité des coureurs, seule une vingtaine d'entre eux joue, au départ, pour gagner, et de moins en moins au fil des jours. Chacun joue en revanche sa partition. Certains veulent gagner une étape ou l'un des maillots spéciaux, tandis que d'autres visent un podium d'étape ou roulent pour afficher une marque qui finance leur équipe le reste de l'année. Dans la politique partisane, c'est pareil. Chacun·e joue sa partition, et gagner n'est pas forcément un objectif.

1. Prendre l'Élysée

« Gagner », dans le jeu politique partisan, c'est prendre le pouvoir. Et en France, cette prise de pouvoir, c'est l'Élysée ! Simple. Basique. La Constitution de 1958, traditionnellement appelée la Ve[1], donne lieu à une organisation politique et institutionnelle dont le pouvoir réel est quasi exclusivement détenu par le·la président·e de la République. Enfin, pour être exact·es, à l'origine, le·la président·e devait pouvoir taper du poing sur la table en cas de désordre au Parlement, au Gouvernement, ou dans n'importe quelle autre institution incapable de prendre une décision. Mais le texte de 1958 a été rédigé dans un quintuple contexte où : les partis politiques n'avaient que peu de moyens à l'échelle nationale (1) ; l'indiscipline et le débat interne des partis politiques n'avaient aucun rapport avec le dogmatisme actuel (2) ; le·la président·e n'était pas élu·e au suffrage universel (3) ; la guerre faisait encore rage dans les anciennes colonies (4) ; et surtout le·la président·e n'avait pas d'autorité directe sur le ou les partis majoritaires à l'Assemblée (5).

Or, depuis 1958, ces cinq paramètres contextuels ont été totalement bouleversés, et ce qui était censé justifier une présidentialisation du régime pour surmonter ces cinq singularités contextuelles des années 40-50 a totalement disparu. Les partis politiques, du fait de l'élection présidentielle nationale et directe, sont devenus d'immenses machines financières et organisationnelles, en particulier avant l'émergence d'Internet, provoquant cinq modifications des précédents facteurs. Les partis se sont regroupés en deux grandes forces qui ont dominé le jeu politique de 1965 à 2017 (1) ; ces deux mêmes forces politiques, organisant le monopole de leur alternance pour s'assurer un nombre d'élections locales suffisantes pour subvenir à leurs besoins financiers, ont imposé en leur sein un dogmatisme sans précédent[2] (2) ; le·la président·e

1. La Constitution de 1958 est en fait la quinzième constitution de l'histoire de France et la douzième à revendiquer une référence républicaine.

2. Il faut relire les débats au sein et en dehors des partis au moment de la Révolution et des IIe et IIIe Républiques. Ce dogmatisme est un phénomène nouveau et contraint par l'impératif d'existence parlementaire.

est élu·e au suffrage universel en théorie depuis 1962, en pratique depuis 1965, ce qui accroît considérablement son prestige, sa légitimité et donc son pouvoir (3) ; la guerre dans les anciennes colonies étant terminée, les articles de la Constitution censés aider l'exécutif à diriger en cas de crise sont caducs[3] (4) ; enfin, et c'est probablement le pire, le président de la République est à présent membre, voire dirigeant de fait[4], du parti majoritaire à l'Assemblée (5). Ce cinquième point est la plus grande catastrophe de la vie politique française depuis 1965. Une discipline institutionnelle a toutefois permis à la France de résister à trois cohabitations[5] et de garantir une continuité des institutions. Mais comme pour sonner le glas des contre-pouvoirs, la cohabitation a été rendue quasi impossible par une sixième et ultime modification du contexte, la réforme de 2002 faisant passer le mandat présidentiel au quinquennat pour l'aligner sur le calendrier parlementaire quinquennal en vigueur depuis 1871.

À cela s'ajoute que si le gaullisme était parvenu à maintenir un pluralisme politique au sein du consensus républicain-résistant-communiste issu de la guerre, le « tournant de la rigueur » en 1983[6] a consacré un nouveau consensus, capitaliste et ultra-libéral. Au sein même de cet arc capitaliste, le clivage droite-gauche en place depuis 40 ans a glissé vers une nouvelle version de lui-même en opposant conservateur·ices et progressistes, notamment sur les questions sociétales, au sein d'un consensus non discuté dans la vie politique. Peu de gens ont noté qu'au premier tour de

3. L'article 16 bien sûr, mais aussi les articles d'accélération du processus parlementaire comme l'article 47 et l'article 49, dont les alinéas ont été utilisés plus que de raison ces dernières années.

4. Comme c'est un fait historique qui n'a jusqu'à présent concerné que le genre masculin, nous n'avons pas adopté la forme inclusive ici.

5. 1986-1988 Mitterrand-Chirac ; 1993-1995 Mitterrand-Balladur ; 1997-2002 Chirac-Jospin.

6. Cf. introduction.

la présidentielle 2022, sur une offre de onze candidat·es, Sarkozy et Hollande avaient voté pour Emmanuel Macron. Ce détail est tout sauf anodin. Car au fond, Emmanuel Macron est la version la plus offensive, la plus marketée, la plus esthétique de ce consensus majoritaire, faisant la synthèse d'ancien·nes membres de la droite conservatrice et de la gauche progressiste des 40 dernières années. Aujourd'hui, à l'Élysée, 44 % des membres du cabinet sont d'ancien·nes adhérent·es du PS, contre 25 % d'ancien·nes membres ou sympathisant·es de l'UMP[7].

En d'autres termes, dans un pays comme la France, l'Élysée est le palais, l'autorité, le cloître, le chapitre[8] et l'endroit le plus au centre de toutes les formes de pouvoir institutionnel dans la société. C'est depuis l'Élysée, avec l'assentiment de l'Élysée, sous contrôle de l'Élysée, que l'on peut produire de la norme – légale avec les lois, réglementaire avec les décrets, publique avec la tête de l'administration, symbolique avec la bataille culturelle, économique avec la régulation. Ou devrait-on dire avec la *dérégulation*. Parce qu'en plus, depuis l'Élysée, d'importantes décisions ont été prises depuis 40 ans pour réduire le pouvoir formel de la Nation, au profit des règles d'un autre jeu non moins dangereux : le marché.

L'Élysée a régulièrement octroyé au marché la liberté de s'auto-déterminer. C'est pourquoi on aurait pu imaginer qu'elle lui demanderait de l'aide en échange. Et pourtant, pour aller au bout de cette doxa libérale, quand il a fallu boucher des trous dans le budget, l'Élysée a préféré s'en prendre à la somme des millions de pauvres et ménages modestes en réduisant les APL, la durée de la retraite ou l'équilibre de la Sécurité sociale plutôt que mettre à

7. D'après un calcul réalisé par nous-mêmes en consultant les profils LinkedIn des membres du cabinet de l'Élysée en mars 2023.

8. Depuis l'époque médiévale, le chapitre est la salle au sein de laquelle les décisions sont prises dans un monastère. D'où l'expression « avoir voix au chapitre ».

contribution les quelques milliardaires à la tête de la moitié des valeurs disponibles dans ce pays.

Bref, l'Élysée est au sommet d'une pyramide de pouvoir effectif depuis lequel il transfère du pouvoir, beaucoup de pouvoir, à des acteurs privés. Et c'est précisément pour cette raison qu'il faut le gagner.

2. Gagner la bataille économique ?

Une définition de la victoire pourrait être la prise de pouvoir économique. Beaucoup d'arguments vont dans ce sens. Les entreprises ont une importante marge de manœuvre pour agir : elles sont à l'origine de la majorité du carbone émis et ont donc un pouvoir direct sur le changement climatique, elles ont la puissance de feu de l'argent en masse, cumulant 3 000 milliards d'euros de PIB chaque année alors que l'État n'a qu'un budget annuel de 300 milliards d'euros, c'est-à-dire exactement dix fois moins[9]. L'impact du levier économique a de nombreux autres arguments en sa faveur, mais résiste-t-il à la banale évidence des ordres de grandeur ? Il y a 3,5 millions d'entreprises dans ce pays, dont 6 000 ETI[10] et 300 grands groupes dont les 40 plus performants constituent le fameux CAC 40. Quand l'AFEP[11], le lobby des 110 plus grands groupes français, une sorte de MEDEF en plus diabolique, s'accorde sur une mesure, ils sont 110 à s'entendre. Quand l'Élysée décide, il est seul à décider ; « il », le président de la République.

En outre, les 110 membres de l'AFEP, et les 6 000 ETI qui travaillent par centaines avec les entrepreneur·ses sociaux·les et les acteur·ices de la transition écologique par-ci par-là, n'ont aucune coordination, étant totalement dérégulés car soumis à la somme des intérêts privés et aux

9. Chiffres disponibles sur www.budget.gouv.fr, onglet « Budget de l'État ».
10. Entreprise de taille intermédiaire : entre 250 et 4 999 salarié·es.
11. Association française des entreprises privées.

rapports de force, et n'ayant pas besoin de se référer à une comptabilité extra-financière stricte, neutre et objective.

Nous mentionnons cela, car dans la comptabilité financière officielle, l'émergence du « commissariat aux comptes » et de « l'expertise comptable » a permis de poser, depuis 1969, des normes communes pour juger de la bonne santé des finances privées. Ces standards permettent aux entreprises d'évaluer leur capacité à créer des profits pour leurs actionnaires, qu'ils soient partagés ou non (quand bien même c'est tout le postulat du capitalisme[12] que d'imaginer que ces profits seront ensuite répartis). En tout cas, ruissellement ou non, aucune comptabilité d'entreprise n'intègre le partage de la valeur dans ses évaluations de finances.

Tout cela pour dire que le monde économique s'organise selon très peu de normes (1) ; que lorsqu'il s'entend sur des normes elles sont centrées sur la capacité à dégager des profits (2) ; et que les actions concertées entre entreprises ne sont ni transparentes ni efficaces du fait de leur très grand nombre (3). En miroir de cela, lorsque l'Élysée décide, il produit en moyenne, sous la Ve, 350 textes législatifs par législature – c'est-à-dire 70 par an (1). Ces textes sont centrés sur la puissance publique et l'intérêt général même quand ils sont votés par des libéraux·les (2) ; ils doivent porter le masque de la collectivité et ne peuvent assumer d'engraisser les 0,1 % les plus aisés (3) ; et surtout, ces 350 textes sont initiés, contrôlés et relus par le président de la République (4).

Si l'on résume, 1 homme produit ou initie 70 normes législatives, et toutes les conséquences normatives qui s'ensuivent en termes de campagnes, décrets, budgets, subventions et mises en application sous forme de services publics ou de régulations, par an. En face, les entreprises, si elles s'entendent, doivent être 40, 110, 6 000 ou 3,5 millions à

12. *Capital et idéologie* de Piketty (2019) revient sur ces présupposés infondés.

s'accorder sur des contraintes sans bien sûr renoncer à leurs intérêts propres. L'avantage de la loi c'est qu'elle s'applique aux 3,5 millions directement et en un seul texte.

Un tel dysfonctionnement n'est plus possible au regard de nos urgences collectives, où la nécessité est bien celle de reconnecter avec « une économie à nous[13] » qui se met au service de l'humain, et non plus l'inverse. Bien sûr, dans l'utopie que nous devons nourrir, il ne sera plus possible qu'un palais de l'Élysée puisse faire autant figure d'Anneau que dans le roman du Seigneur éponyme. Mais pour détruire l'Anneau, il faut d'abord s'en saisir.

Pour nous c'est très simple et très évident : prendre l'Élysée par la voie démocratique est aujourd'hui le moyen le plus efficace, fiable, non violent et durable pour changer le cours des choses et l'ordre du monde qui s'auto-détruit.

3. Les partis et l'élection présidentielle

Vous pensez que les partis politiques partagent cet objectif ? Ce n'est pas notre constat. Bien sûr la prise de l'Élysée ne sera jamais suffisante, tout efficace soit-elle : elle doit s'harmoniser avec pléthore d'autres champs dans la société pour que la transformation soit complète, sinon la Révolution se serait faite en un an ! Au lieu de ça, il aura fallu un siècle pour que la République s'installe dans la loi et les consciences (1792-1876[14]). Bien sûr la prise de l'Élysée comporte quelques prérequis culturels, médiatiques et financiers qu'il faut maîtriser avant d'agir.

Pour autant, ces prévoyances posées, la prise de l'Élysée n'a été ces dernières années la priorité d'aucun des partis politiques attestant avoir mesuré – bien que ce soit

13. Formule reprise du livre-manifeste de l'entrepreneuse Eva Sadoun, *Une économie à nous. Changer de regard pour redéfinir les règles du jeu*, Actes Sud, 2022.

14. De la proclamation de la Ire République à la victoire définitive et sans retour du camp républicain à l'Assemblée.

certainement sincère – l'ampleur de la crise écologique et sociale présente et à venir.

Mais les partis politiques ne sont ni les seuls responsables ni le cœur du problème.

> Ils ne sont pas les seuls responsables, car bon nombre d'activistes, syndicats, associations, mouvements et influenceur·ses ont renoncé à prendre part à la conquête du pouvoir en abdiquant par peur, égoïsme, confort ou en déléguant cette mission aux partis.

> Ils ne sont pas le cœur du problème car ils sont indispensables à la vie démocratique. Ils travaillent énormément et sont composés en très grande majorité de citoyen·nes honnêtes, dévoué·es et organisé·es.

> Le fait qu'ils ne soient ni les seuls responsables ni le cœur du problème n'enlève rien à leur responsabilité. Et c'est cette responsabilité qui a probablement motivé l'écriture de cet ouvrage. Les partis politiques conscients de l'urgence écologique, en renonçant à des stratégies pleinement et exclusivement centrées sur la victoire, n'ont pas assumé leurs rôles de visionnaires. Ils ont été emportés dans cette logique qui place la victoire comme l'une des composantes du match. Ils ont adopté l'hyper-réalisme des médias et des sondages. Comme sur le Tour de France, ils ont cru aux statistiques données sur chacun des coureurs qui enterrent déjà avant le départ la plupart d'entre eux. Dans ce renoncement à élaborer des stratégies de victoire, du côté des activistes on aime se tenir à distance de la politique politicienne en appelant « à voter pour l'écologie » sans se mouiller; du côté des politicien·nes, les stratégies électorales trop réalistes et cyniques prennent acte d'une victoire impossible avant même d'avoir été soumises au verdict populaire.

4. Notre découverte des partis politiques

Nous avons découvert les partis politiques à des moments très différents tou·tes les trois.

Mahaut, militante féministe, découvre l'arène politique plutôt « sur le tard », en 2018, lorsqu'elle entend Raphaël Glucksmann à la radio annoncer qu'il s'apprête à lancer un mouvement dont les leaders des luttes contre le réchauffement climatique, les injustices sociales et pour l'innovation démocratique seront les représentant·es. Elle qui a toujours voté Mélenchon notamment pour sa promesse de renouvellement, elle qui veut agir mais ne comprend pas la mécanique politicienne, est enthousiasmée. Elle écrit un mail et rejoint le pôle communication du mouvement bientôt consacré Place publique. Auprès de Raphaël Glucksmann, Claire Nouvian, Jo Spiegel, Diana Filippova et Thomas Porcher, elle apprend les rouages professionnels de la politique. Au fil des négociations avec les principales forces de gauche pour s'accorder sur un socle de 10 propositions qui fasse espérer une liste commune aux élections européennes de 2019, elle comprend vite que les partis préfèrent perdre divisés (notamment Génération·s et PCF, qui n'obtiennent finalement aucun siège) plutôt que gagner unis. Elle découvre avec stupéfaction le poids de la rancœur, des trahisons passées, et l'immaturité avec laquelle les responsables politiques prennent les décisions qui impacteront les millions de Français·es et d'Européen·nes : « Ok pour une liste, mais pas avec lui ; ok, mais sans elle ; d'accord, mais tou·tes derrière moi. » C'est la cour de récré. Elle quitte vite le navire quand elle voit qu'au passage les porteur·ses de causes si chères au récit médiatique de son mouvement ne parviennent pas à trouver leur place dans ces magouilles politiciennes, et se font bientôt avaler par les accords électoraux. Déçue, elle laisse la politique de côté, mais pas pour longtemps. Elle y retourne en tant que collaboratrice auprès d'Aurore Lalucq, jeune économiste élue au Parlement européen sur une liste semi-panachée PS-Place publique-Nouvelle donne-PRG, qu'elle accompagne sur les affaires nationales, notamment sur le projet d'une université d'été commune aux différents partis de gauche. Mais là aussi, ça capote. En 2022, stupéfaite devant les 89 sièges remportés par l'extrême droite mais galvanisée par la NUPES, elle cherche à s'y engager, mais comment, où? LFI pour son programme, les Verts pour leur ethos, le PS pour sa transparence? Pourquoi la NUPES n'a-t-elle pas de structure où il serait possible de s'engager sans choisir? Elle toque à toutes les portes, et c'est le PS qui lui ouvre. Elle y est aujourd'hui secrétaire nationale à l'égalité professionnelle.

Priscillia n'a jamais été encartée dans un parti ni même syndiquée. Pourtant, c'est bien au cœur des entreprises dans lesquelles elle travaille qu'elle observe attentivement les jeux de pouvoir et comprend que la politique se joue aussi en ces lieux, et plus particulièrement dans les grands groupes. Elle bassine ses collègues et ses ami·es, toujours à vouloir refaire le monde, avec ses questionnements sur le fonctionnement des institutions et de notre société, notamment dans les domaines de l'éducation, du travail, et au sujet des territoires ultramarins. Avant cela, elle participe aux grèves de son lycée, manifeste contre le contrat de première embauche (CPE) en 2006, suit de près la grande mobilisation de 2009 contre la vie chère en Martinique et en Guadeloupe et plus tard, en 2016, celle contre la loi Travail. Plus que le fonctionnement interne des partis politiques, ce sont leurs méthodes qu'elle découvrira, de manière assez brutale, lorsqu'elle sera hyper-médiatisée après avoir lancé sa cinquième pétition en mai 2018, acte qui donnera naissance au mouvement des Gilets jaunes le 17 novembre suivant. Elle verra le Rassemblement national et Les Républicains tenter de récupérer le mouvement à la fois sur les ronds-points et en plateaux TV, entre deux prises de contact désespérées avec elle et d'autres. Ils recevront une fin de non-recevoir. D'autres micro-partis ont tenté de contribuer au débat public en envoyant leurs travaux. Plusieurs militant·es de La France insoumise l'ont entretenue avec insistance en manifestations, rappelant que le parti portait des revendications démocratiques proches de celles du mouvement. Les membres de LREM étaient mobilisé·es sur les réseaux sociaux via des raids numériques et en plateaux TV pour « *l'abattre* », répétant leurs éléments de langage sans même connaître le dossier, de leurs propres aveux hors antenne. Le contact a été plus subtil avec les militant·es EELV, qui l'ont d'abord questionnée sur le fond de sa pétition traitant de la taxe carbone, et avec qui elle a échangé et partagé des plateaux et des tables rondes. Le PS, au pouvoir dans sa ville de résidence, après avoir refusé de soutenir le lancement de sa pétition, l'a finalement recontactée au moment de sa médiatisation ! Elle décline leur proposition d'échanger avec d'autres membres du parti. On lui proposera même des rencontres discrètes avec d'anciens hauts fonctionnaires… Elle en refusera la plupart. Harcelée et cyberharcelée de toutes parts, elle se (sur)protège en poursuivant ses actions avec méfiance. Elle refuse toutes les offres politiques qui lui sont faites entre 2019 et 2021 et préfère se former à la pratique de la politique via le programme « Investies[15] » en 2020-2021, puis à l'éthique et l'intégrité en politique au sein de l'Académie des futurs leaders en 2022. Cette année-là, pour l'élection présidentielle, elle publie un long communiqué pour rappeler le contexte d'émergence du mouvement des Gilets jaunes et comparer les programmes d'EELV et de LFI. Elle en conclut que le programme de cette dernière est plus en phase avec les revendications du mouvement, et qu'elle a par ailleurs plus de « chances » de gagner. Elle annonce voter pour le programme de « l'Avenir en commun » au premier tour, puis votera blanc au second, refusant de choisir entre la peste et le choléra. Elle observe très attentivement la réaction des partis à l'initiative de la Primaire populaire qui, selon elle, ont agi avec mépris en pensant pouvoir gagner seuls… Elle regrette que l'alliance de gauche NUPES émerge trop tardivement alors que la Primaire

15. Sous l'impulsion de Quitterie de Villepin, ex-candidate aux législatives de 2022, elles sont une soixantaine de femmes à participer à ce programme pensé pour les femmes qui envisagent de faire de la politique.

populaire existait justement dans ce but! Une alliance qui, selon elle, laisse de nombreuses cicatrices, dans les quartiers populaires notamment, où des militant·es de longue date désireux·ses d'entrer à l'Assemblée ont été méprisé·es, écarté·es au profit de candidat·es parachuté·es. Sa plus récente collaboration avec un parti est sa participation en 2023 aux états généraux de l'écologie, le projet de refondation d'EELV. Venus à elle précisément pour sa pensée critique concernant les partis et son attachement au concept de démocratie participative, elle intègre le comité citoyen des Verts, ouvert aux adhérent·es et au public, pour contribuer à cette refondation, démarche qu'elle qualifie d'« humble et nécessaire ».

Samuel découvre le PS en 2011 lors de la campagne de François Hollande. Lors de la primaire de la gauche, il fait campagne pour la ligne à gauche du PS sans y adhérer formellement. Pendant la présidentielle, il a été consulté avec 120 autres dirigeant·es d'associations de jeunesse par François Hollande candidat, vainqueur de la primaire. Samuel était depuis 2009 le président-fondateur de Coexister (jusqu'en 2015). Étudiant à la Sorbonne, l'essentiel de ses ami·es et camarades étaient membres du PS et des MJS[16]. Certain·es ont même été salarié·es de l'organisation de la primaire. Plutôt proches du courant de Martine Aubry, ces membres ont adhéré à l'aile gauche de l'UNEF[17] avant de faire campagne pour François Hollande

16. Le Mouvement des jeunes socialistes, officiellement indépendant du PS. Il est l'antichambre du pouvoir socialiste car il forme depuis des générations l'élite de la gauche institutionnelle. Tous les cadres socialistes depuis Jospin y ont été formés. Traditionnellement le MJS est plus à gauche que le PS lui-même ou incarne du moins sa ligne gauche.

17. L'Union nationale des étudiants de France est structurée autour de trois motions internes, l'une revendiquant le rapport de force, l'autre le dialogue et la dernière la « Majo », c'est-à-dire celle qui est l'équilibre entre les deux. Il est le syndicat étudiant majoritaire depuis les années 1960, bien qu'il fût parfois mis en difficulté par un nouveau syndicat de droite, l'UNI, fondé en

et de célébrer l'espoir du 6 mai 2012 à la Bastille. Pendant le mandat de Hollande (2012-2017), il a gagné beaucoup de prix organisés par le Gouvernement dont celui de La France s'engage, et il s'est retrouvé au cœur du conflit entre Manuel Valls et Jean-Louis Bianco s'opposant les deux conceptions de gauche de la laïcité, vieilles du conflit entre Briand et Combes en 1905. Pendant tout le quinquennat, il s'est rendu à l'Élysée deux à trois fois par an, autant que dans ses ministères de tutelle à l'Éducation et à la Jeunesse, pour échanger avec des conseillers, et deux fois avec le Président lui-même. Coexister dispose d'un siège au CESE et d'un rôle consultatif auprès de quatre instances gouvernementales depuis 2016. La victoire de Macron et l'arrivée à l'Élysée d'une flopée de socialistes libéraux·les l'a définitivement dégoûté du PS, et il s'est alors consacré à l'entrepreneuriat social de 2016 à 2021. Samuel n'a jamais été adhérent d'aucun parti politique, il a voté Mélenchon aux présidentielles 2017 et 2022, en s'abstenant au second tour la deuxième fois considérant que LREM et le RN font le jeu l'un de l'autre et se renforcent mutuellement. De plus, LREM est le premier parti « républicain » à ne pas opter pour le barrage contre le RN au second tour des législatives dans toute l'histoire de la Ve[18]. Il vote plutôt socialiste ou alliance social-écologique aux élections locales (à Paris et en Île-de-France), et écologiste aux européennes de 2014 et 2019. Il découvre l'essentiel du fonctionnement des partis politiques à l'été 2020 en initiant la Rencontre des justices, prémices de

1969, ou par ce que l'on appelle les « corporations », c'est-à-dire les associations d'étudiant·es non politisé·es défendant les intérêts des étudiant·es par discipline comme la FAGE.

18. Sur les 89 député·es RN élu·es en 2022, 61 ont bénéficié d'un duel avec la NUPES, sans front républicain soutenu par LREM. Et plus symboliquement sur la complaisance stratégique de LREM face au RN, lors des 8 triangulaires, dans 4 circonscriptions la NUPES était en tête et LREM ne s'est pas retirée.

la Primaire populaire. Sous Hollande, sa relation avec le Gouvernement était celle d'un citoyen engagé aux côtés du pouvoir. Sous Macron, aucune relation n'est possible tant leurs valeurs divergent. Cela a même coûté, et sans s'en cacher, certaines subventions à Coexister. Néanmoins Coexister est encore au CESE, représenté par une « coexistante », sous l'égide du Forum français de la jeunesse (FFJ).

Pour nous trois, la période 2018-2020 a été une période de formation accélérée concernant le fonctionnement des partis, leur culture, leurs présupposés, leur « bon sens » et leurs implicites. Chacun·e d'entre nous a découvert les partis en tant qu'interlocuteur·ice nécessaire en vue d'un changement de société. De fait, à l'origine de nos combats se trouve un désir de victoire. Dans les règles du jeu politique partisan tel que pratiqué actuellement, les partis ont encore un monopole incontestable sur la vie électorale. Les listes citoyennes et les candidat·es indépendant·es, même les plus populaires, se prennent des tollés humiliants sur tous les territoires. Les électeur·ices ont compris qui avait le pouvoir de gouverner, et au vu des règles qui régissent le financement de la vie politique actuelle, seules les grandes marques politiques peuvent, tant que faire se peut, s'asseoir autour de la table. Pourtant les électeur·ices ne le savent souvent pas, mais il faut 50 candidat·es réalisant au moins 1 % des voix aux élections législatives pour prétendre à un financement public. Cette petite règle toute bête favorise les grosses machines et détruit ceux qui s'aventurent sur le terrain des listes ou initiatives citoyennes. Les seuls contre-exemples que l'on puisse citer, à Marseille avec le programme du « Printemps marseillais », ou aux européennes avec Place publique, ont en fait reçu l'assentiment des partis. EELV puis le PS ont soutenu le Marseillais Benoît Payan, ancien numéro 2 de Michèle Rubirola devenu maire après la démission de celle-ci. Le PS a soutenu Place publique.

Dans nos combats respectifs pour les droits des femmes, contre la taxe carbone ou pour la laïcité, les partis politiques ont été des interlocuteurs incontournables et ils le sont toujours. De toutes nos surprises, découvrir qu'ils n'étaient pas orientés vers la victoire fut donc de loin la plus troublante.

Évoquons à présent ensemble les expressions, les raisons et les alternatives à cette atonie face à la victoire.

5. Ne pas vouloir gagner ou se contenter de perdre

Commençons par la fin, les alternatives d'abord. Quand ils ne veulent pas gagner, les partis essaient au moins de s'exprimer, de se faire connaître, de se positionner ou, d'une manière cynique, de garder une part de marché, nécessaire à tout rebondissement futur. Les partis peuvent aussi rechercher l'hégémonie dans leur camp, ou une certaine importance pour pouvoir négocier dans un univers qui ne reconnaît que le rapport de force électoral comme juge de paix. Et ce point est un désastre, nous en reparlerons. Concernant les raisons de ce renoncement à gagner, on trouve pêle-mêle les sondages et l'hyper-réalisme qui s'ensuit, l'incapacité à gouverner, l'absence de soutien et de lien avec la société civile organisée, le désamour généralisé des Français·es pour leurs partis. Enfin, concernant l'expression de ce renoncement, voici quelques exemples :

En 2016, avec la loi Travail, l'opinion est très largement contre Emmanuel Macron, alors ministre de l'Économie. L'émergence de Nuit debout et le début des *black blocs* en France sont les signaux d'une politisation nouvelle des classes diplômées et des jeunes auxquels les partis de gauche ne vont pas chercher à offrir de débouchés. La campagne de 2017 est une campagne d'une banalité déconcertante. À l'exception du revenu universel mal défendu ou argumenté, cette campagne est un vrai « *business as usual* » qui consacre le rejet du PS de François Hollande alors même que le parti est incarné par son premier détracteur, Benoît Hamon. Les deux autres blocs, identitaires et capitalistes (nous en reparlerons), avaient eux déjà saisi l'utilité de dépasser le clivage droite-gauche, ne serait-ce que dans le narratif. Marine Le Pen chasse sur les terres communistes depuis longtemps, et Emmanuel Macron a été élu avec 40 % des voix de sympathisant·es du PS et 40 % de celles de sympathisant·es de l'UMP, d'après un sondage au soir du premier tour. La gauche, elle, a présenté trois candidats[19], puis deux après le retrait de Yannick Jadot pour Benoît Hamon. La seule décision courageuse de cette élection. Car une autre décision courageuse aurait été pour le PS de se retirer de la campagne plus tôt et d'assurer sa solvabilité dans le cadre d'un autre processus que les élections. Jean-Luc Mélenchon au second tour en 2017, l'idée de la victoire aurait une autre résonance aujourd'hui.

En 2017 justement, alors que La France insoumise devient le premier parti de gauche à l'issue de la présidentielle, elle a les moyens de structurer une alliance pour les législatives et dispose de 5 ans pour capitaliser et gagner. Mais non ! L'objectif de LFI est, semble-t-il, de tuer le PS[20]. On en revient ainsi aux prérequis évoqués plus haut. La doctrine insoumise a très tôt affirmé que le PS était l'ennemi à abattre, et le PS le lui a bien rendu. Cette stratégie

19. Mélenchon, Jadot et Hamon.

20. Comme l'a exprimé le politologue Rémi Lefebvre au moment des négociations de 2022 : « La négociation en cours acte un rapport de force assumé de part et d'autre en faveur de LFI. Psychologiquement, Jean-Luc Mélenchon tient sa revanche. Il est issu du PS, estime avoir été maltraité depuis des années, il avait voulu remplacer ou détruire le PS, là il est arrivé à ses fins. » (*Sud Ouest*, 28 avril 2022). Et Clémentine Autain elle-même d'écrire sur son blog : « Si la FI doit être fer de lance, elle doit se garder d'agir de façon hégémonique avec les partenaires de la NUPES. » (www.clementine-autain.fr, « LFI : franchir un cap pour gagner », 21 août 2022).

officiellement utile pour gagner reposant sur la reconstruction d'une hégémonie est en fait totalement anachronique. D'abord parce qu'elle a dégoûté les Français·es de la gauche en les voyant s'insulter d'« islamo-gauchistes[21] » et de « collabos[22] » pendant 4 ans. Ensuite parce qu'elle repose sur une croyance en l'hégémonie tout droit issue d'un trotskisme putride et périmé. Au milieu, les Verts ont confondu politique et psychothérapie en laissant entendre à Yannick Jadot qu'il pouvait se rattraper et qu'il avait le droit à sa revanche.

Toujours en 2017, Jean-Luc Mélenchon semble oublier qu'il vient de faire campagne avec les communistes et les communistes pour lui. Une manière de coopérer serait de leur assurer un débouché à l'Assemblée par exemple. Mais la coopération n'est pas du goût de l'hégémonie. Résultat des courses, les partis de gauche n'obtiennent que 64 député·es alors qu'ils menaient dans 150 circonscriptions à la présidentielle. Une catastrophe. Les 2 années qui vont suivre ne seront qu'une permanente obsession de tuer le PS de Hollande. Même si l'on partage l'objectif de clore la parenthèse néolibérale du PS – c'est notre cas –, il faut en faire un objectif stratégique mineur. C'est-à-dire une variable d'ajustement. Or la mort du PS était devenue une fin en soi et

21. Même si le PS a vraiment changé de ligne depuis avril 2022, on oublie parfois que de 2017 à 2022, les socialistes ont participé pour une bonne partie d'entre eux à la chasse aux sorcières et à la diabolisation de la partie de la gauche qui lutte contre l'islamophobie, notamment en traitant d'« islamistes » et d'« islamo-gauchistes » les participants à la marche du 10 novembre 2019, organisée en soutien aux citoyen·nes musulman·es de France.

22. À quelques mois de la présidentielle, La France insoumise s'est singulièrement engagée dans le discrédit des participants à la marche organisée le 19 mai 2021 en soutien aux policiers en les traitant de « collabos », ce à quoi Jadot a répondu par un besoin de restaurer une police républicaine dotée de contre-pouvoirs, et en se dissociant des autres participants à la marche comme Zemmour. Plus récemment encore, Sophia Chikirou et Jean-Luc Mélenchon ont twitté et retwitté un parallèle entre Doriot – le collabo, maire de Saint-Denis à la veille de la Seconde Guerre – et Fabien Roussel.

non une externalité positive. Aujourd'hui ce point va beaucoup mieux, car davantage que la mort, ce que nous souhaitions tou·tes était un retour du PS à gauche, et ce retour a été consacré par la signature du programme de la NUPES.

En 2019 aux européennes, Raphaël Glucksmann lance le parti Place publique pour rassembler la gauche autour d'une force politique *ad hoc*. La stratégie peut paraître étonnante, vouloir unifier en ajoutant une candidature. On ne se moquera pas de la Primaire populaire qui produira finalement le même effet provisoire avec Christiane Taubira, mais les deux cas ont des similitudes, et des particularités. Les particularités concernent la temporalité. Glucksmann assume très tôt que pour parler aux partis, il faut les menacer et donc rajouter une offre sur le gâteau des parts de marché. Or à la Primaire populaire, le but était de ne présenter au vote que des candidat·es déjà déclaré·es. Règle avec laquelle Christiane Taubira a su jouer à son avantage en se déclarant candidate juste avant la date réglementaire de la Primaire populaire. Ce que Ruffin, Autain et Giraud n'ont pas fait, et ce qui explique leur non-présentation au vote de la Primaire populaire le 30 janvier 2022. Dans les deux cas en revanche, pour Place publique comme pour la Primaire, ces absurdités sont le fait des partis politiques. Si ces derniers acceptaient une discussion honnête, ambitieuse, longue, il n'y aurait nul besoin de créer des PP (Places publiques ou Primaires populaires) pour essayer de les rassembler. Car le point commun entre les deux – à la nuance près que Raphaël Glucksmann est élu député à la fin de l'histoire – tient dans le fait qu'aucune des deux forces n'a négocié pour obtenir sa part du gâteau. Place publique ne voulait presque rien. La Primaire populaire ne voulait rien.

Enfin, et c'est le plus déplorable : l'investissement réel dans des travaux collectifs au cours de la période 2020-2022. Jean-Luc Mélenchon se déclare le 8 novembre 2020, soit un an et demi avant la présidentielle. Rien dans sa stratégie de victoire, mais alors rien, ne prévoit secrètement, implicitement ou publiquement de place pour les autres forces politiques. Le message est clair : je vais vous détruire pour que vous veniez négocier à genoux. César et Vercingétorix version 2020. Si le projet politique de Jean-Luc Mélenchon inclut la victoire finale, celle-ci est toutefois reléguée au second plan d'une hégémonie idéologique et dogmatique à imposer au reste de la gauche. Une stratégie long-termiste qui pouvait se justifier en 1930, mais qui n'est plus à la hauteur de notre époque. Concrètement, il aurait mieux valu au pouvoir une gauche qui applique 80 % de l'Avenir en commun, suite à une coalition négociée, plutôt qu'attendre 2027 ou 2032 pour (re)prendre les rênes. Une nuance néanmoins : l'ADN de La France insoumise et de Jean-Luc Mélenchon, c'est l'Avenir en commun. Pour nous c'est le seul programme politique crédible construit depuis 10 ans. Il a été consulté, co-créé, implanté. Il est à la pointe de ce que les intellectuel·les de gauche et les associations ont compris des mécanismes systémiques d'oppression. Il préfigure véritablement les bases d'une société harmonieuse, durable et juste. Pourquoi aucune des forces loin derrière La France insoumise dans la course à la présidentielle n'a donc accepté de négocier sur la base de ce programme qui était, sans aucun doute, le plus avancé, le plus solide et le plus crédible ? Mais il faut bien reconnaître au premier tour de la présidentielle une certaine vertu : LFI a réussi à imposer depuis avril 2022 un « programme de gauche » aux partis de gauche. De ce fait, ce sont les autres partis de gauche qui sont responsables du passé. S'ils avaient vu, entendu, accepté en amont la claire et nette prééminence de l'Avenir en commun sur notre bloc électoral, nous aurions gagné beaucoup de temps.

6. Abdiquer la victoire

Si gagner avait été une priorité, la seule certitude sondagière aurait été que gagner seul était impossible. Les sondages de second tour n'ont jamais la même valeur avant et après le premier tour. Jean-Marie Le Pen au second tour de 2002 avait été sondé à moins de 5 % avant le premier tour, alors qu'il fera tout de même 16 %. On peut en conclure que les sondages réalisés avant le premier tour et qui donnent perdant·e un·e candidat·e de gauche n'ont pas peu de valeur, mais aucune. Nul·le ne peut prévoir, y compris l'électeur·ice sondé·e, comme il·elle réagira face à un second tour inédit. Le contexte et le traitement médiatique influencent les émotions, la réflexion, le discernement. Il aurait donc été satisfaisant de se qualifier au second tour en prenant la barre des 30 % comme objectif. Si Jadot, Roussel et Hidalgo avaient compris cette impériosité et l'élan historique de l'Avenir en commun, nous aurions été, ensemble, au second tour. En 2017, Le Pen et Macron se qualifient avec respectivement 21 % et 24 % des voix, puis en 2022 avec 23 % et 27 %. Le ticket d'entrée au second tour est donc à 25 %.

Imparfaits, piégeux, parfois piégés[23], les sondages sont pour la démocratie une véritable menace – à beaucoup d'égards que nous n'évoquerons pas ici. Néanmoins, s'ils font souvent des erreurs de prévision, ces erreurs restent limitées. Par exemple, sous la Ve, aucun sondage n'a donné plus de 5 points d'écart avec la réalité. On peut donc dire que le crash test des sondages est à 5 points, 6 points si l'on est pessimiste. En prenant ce pessimisme – ou optimisme – dans l'autre sens, il n'existe aucune situation, aucun monde, aucune prévision où il serait possible à la gauche de qualifier un·e candidat·e au second tour en ayant plus de 2 ou 3 candidat·es sur la ligne de départ. Nous excluons ici les candidatures d'extrême gauche qui se sont

23. Voir l'exposé fondateur de Pierre Bourdieu, « L'opinion publique n'existe pas ». Exposé fait au centre culturel Noroit à Arras en janvier 1972, et paru dans *Les Temps modernes*, 318, janvier 1973. Exposé repris dans *Questions de sociologie*, les Éditions de Minuit, 1981. Nous renvoyons aussi aux travaux plus récents d'Alexandre Dézé, *10 leçons sur les sondages politiques*, De Boeck Supérieur, 2022.

incarnées de 1969 à 1995 à travers un seul candidat réalisant de 1,06 % à 5,3 %[24] ; puis de 1995 à 2002 à travers deux candidats concurrents réalisant progressivement de 9,97 % à 1,33 % des voix au premier tour[25]. En nous concentrant sur le spectre de la gauche sociale-démocrate au sens véritable du terme, c'est-à-dire celle qui accepte le jeu de la démocratie pour engager des réformes sociales plutôt que de passer par la dictature du prolétariat[26], les sondages, même les plus optimistes, gonflés de 5 à 6 points sur l'hypothèse d'une campagne réussie et d'un soulèvement populaire, témoignent du fait qu'il était impossible d'espérer gagner sans être uni·es. Mais cela ne s'arrête pas à une simple somme d'intentions de vote. Bien au contraire.

Ce sont les sondages sur l'intérêt et l'espérance des électeur·ices pour une candidature de rassemblement qui sont les plus parlants. Le sondeur Cluster17, réputé proche de La France insoumise, ou du moins utilisé par ses cadres comme référence, a publié le 19 décembre 2021 un sondage selon lequel 68 % des électeur·ices étaient favorables ou très favorables à une grande primaire de la gauche. Les sondeurs plus institutionnels évoquent 75 % d'avis favorable, et les chiffres montent à 85 % quand on parle de « candidature de rassemblement » sans mentionner de primaire. C'est un

24. Arlette Laguiller réalise le résultat record de 5,3 % en 1995 face à Jospin et Chirac après 14 ans de présidence de Mitterrand. C'est davantage que Pécresse, Jadot ou Hidalgo en 2022. Cet exemple montre l'effondrement de la gauche parlementaire et de l'extrême gauche révolutionnaire dans l'électorat depuis 20 ans.

25. La Ligue communiste révolutionnaire et Lutte ouvrière font 9,97 % à deux lors de l'élection de 2002 – élection à l'origine de la défaite de Jospin et de la montée de l'extrême droite. On a souvent pointé du doigt la responsabilité de Taubira dans cette débâcle, mais c'est mal regarder de près cette passion pour l'esprit de courant et de chapelle de la gauche française qui n'a pas su profiter de son état de grâce et qui a projeté la Gauche plurielle dans la défaite collective.

26. Dans cette définition « pure », le courant incarné par François Hollande représente plutôt le social-libéralisme et n'a rien de social-démocrate.

consensus plus net que le rejet de la réforme des retraites. D'autres sondages montrent même que le refus d'aller voter a pu être pour la gauche une conséquence de la dispersion de ses candidatures, perçue comme un manque total de crédibilité et de sérieux au vu des enjeux. Non pas qu'il eût fallu lisser le discours pour se réconcilier, mais les partis auraient dû se donner les moyens d'un conclave en s'enfermant trois semaines dans une ferme jusqu'à un accord ambitieux. Seulement ils n'ont connu que le rapport de force pour se jauger... Heureusement, il nous reste au moins la nette hégémonie de l'Avenir en commun, que La France insoumise semble parfois confondre avec sa propre hégémonie.

En revanche, une victoire, même peu probable, restait possible dans l'hypothèse d'un rassemblement ambitieux : l'alliance du PS et de LFI. L'alliance écologistes-insoumis·es aurait donné un goût d'improvisation, et l'alliance socialistes-écologistes aurait été une sorte de réchauffé d'un Hollande vert. La haine entre socialistes et insoumis·es ne s'est pas traduite chez les électeur·ices. Ce que les électeur·ices ont massivement rejeté, c'est François Hollande et *a fortiori* Manuel Valls. Les municipales 2020 et les régionales 2021 témoignent d'ailleurs de l'attachement des électeur·ices de gauche aux socialistes pour les mandats locaux. Dans les territoires, les électeur·ices socialistes n'ont jamais considéré les insoumis·es comme de faux·sses républicain·es, anti-laïc.ques et incapables de gouverner. De même, les électeur·ices insoumis·es n'ont jamais considéré les socialistes comme des traîtres, souvent ému·es à juste titre par leur dévouement et leur constance locale. Dans beaucoup de territoires de la diagonale du vide, les seuls groupes locaux qui font vivre la démocratie partisane toute l'année et surtout au-delà des présidentielles sont socialistes ou communistes. Et beaucoup d'électeur·ices se souviennent que Jean-Luc Mélenchon, bien qu'il ait rompu avant les autres avec la ligne sociale-libérale, est un socialiste et qu'il appartient à cette grande famille politique.

Les chiffres, les sondages, les études sociologiques étaient limpides. Pourtant les dirigeant·es des partis de gauche, Jean-Luc Mélenchon le premier, ont enterré la possibilité d'une alliance très en amont de la présidentielle. Le seul objectif du leader de LFI à ce moment-là était de retrouver une hégémonie à gauche. Nous ne disons pas que, dans les dernières semaines, Mélenchon n'a pas cru à sa victoire et qu'une partie de son entourage n'était pas sincère en espérant gagner ou du moins se qualifier. Néanmoins, la stratégie mise en place 18 mois plus tôt était une stratégie d'hégémonie et non une stratégie de victoire. Et pour les autres partis de gauche, le constat est le même : il valait mieux perdre divisés que gagner unis. Cette phrase paraît absurde, pourtant elle est un vrai point de doctrine pour communistes, socialistes et écologistes.

Stupéfait·es, nous en venons alors à nous demander : comment est-ce seulement possible ? Deux grandes raisons expliquent ce dogme. Le jeu politique partisan fonctionne comme un gâteau, un gâteau électoral avec des parts de marché. Et les professionnel·les de la politique le savent : pour exister, il faut détenir une part, aussi infime soit-elle. Cette part se revend, s'échange, s'achète, se négocie. C'est cette part minuscule des Nouveaux démocrates et ses 2 député·es qu'Aurélien Taché a vendus aux Verts pour être racheté lors du mercato de l'été 2022 et devenir député écologiste. S'associer en une alliance électorale, c'est prendre le risque de léguer sa part sans n'avoir rien en échange (si ce n'est la victoire). Mais à titre individuel, du point de vue du parti qui cherche principalement à s'allier, la garantie pour lui d'exister par lui-même au-delà de cette alliance devient plus faible. C'est ce que le PS a bien montré de 1981 à 2017 en organisant la vassalité absolue des forces de gauche, et en monopolisant parfois de manière exclusive les identités politiques. La période 1997-2002 semble faire exception avec une stratégie de « Gauche plurielle », mais qui a fini par se retourner contre elle-même car elle n'avait pas été pensée en termes d'équilibre diversité-unité mais d'équilibre diversité-hégémonie. C'est toute la différence et nous en reparlerons. À savoir que la survie des partis politiques dépend de l'Assemblée nationale. Chaque député rapporte 37 119 € par an, et chaque voix au premier tour 1,52 € par an pendant 5 ans[27]. Or, dans le cadre d'une alliance, c'est le parti leader de l'alliance qui décide s'il octroie une autonomie ou des pouvoirs particuliers aux éléments qui le composent. Un·e leader nourri·e par l'esprit de concorde aurait confiance en son leadership et pourrait continuer de soutenir financièrement et politiquement les minorités de sa coalition. Mais un·e leader formé·e au parti socialiste des années 1990, *a fortiori* trotskiste dans son adolescence, ne croit qu'en l'hégémonie et préfère étrangler les minorités de sa coalition, voire les éliminer, en remplaçant à l'intérieur de sa part de gâteau électoral ses ancien·nes allié·es par de véritables soldat·es obéissant·es et dévoué·es. C'est un peu la différence entre le Saint-Empire romain germanique, qui tolérait dans sa coalition de très hauts niveaux d'indépendance, entraînant à la fois une domination sur toute l'Europe mais aussi une grande instabilité due à un très faible pouvoir central, et le royaume de France cherchant à travers l'intégration territoriale de 987 à 1715 à faire de ses fiefs vassaux des parties intégrantes du territoire royal. Peut-être que la vie politique française, dans son inconscient, n'a pas l'esprit de coalition pour des raisons historiques profondes ? La question n'est pas bête quand on

27. Décret n° 2023-585 du 11 juillet 2023 pris pour l'application des articles 8, 9 et 9-1 de la loi n° 88-227 du 11 mars 1988 modifiée relative à la transparence financière de la vie politique.

voit la facilité avec laquelle les Allemand·es construisent les coalitions au pouvoir.

En résumé, pour chaque communiste et écologiste, la survie et l'existence politique de son parti dépendent de leur nombre de sièges à l'Assemblée sous la marque EELV ou PCF ainsi que du financement spécifique qui vient avec pour organiser l'auto-détermination et le prochain rapport de force avec le parti leader de la coalition. Car la coalition ne fonctionne pas sur la coopération mais la domination. Une sorte de capitalisme politique en somme. Quelle ne fut pas notre surprise, au moment de la Primaire populaire, de recueillir de si nombreuses confidences nous expliquant que l'enjeu de cette présidentielle était « d'augmenter le nombre de député·es du parti », « de peser davantage à gauche », « de reprendre le leadership sur la gauche », ou encore « d'imposer l'écologie comme seul projet politique crédible ». En dehors des micros, des conférences, des événements, nous avons souvent recueilli la parole, franche, de cadres politiques attestant de « coups à trois bandes[28] » en cours de préparation, clairement désintéressés de la victoire finale.

Une seconde raison vient expliquer l'adage « mieux vaut perdre seul et identifié, que gagner en groupe et effacé » : la conception du *continuum droite-gauche*. Les professionnel·les de la politique sont en majorité des personnes n'ayant connu que ce milieu tout au long de leur vie. Rares sont celles et ceux qui sont passé·es par des sphères de la société où la politique est tenue à distance ou mal comprise, incomprise. Bien que ce soit de plus en plus le cas chez les insoumis·es, et chez les écologistes aussi dans une moindre mesure, la majorité reste néanmoins rompue à l'exercice.

28. Le « coup à trois bandes » vient du billard. Il s'agit de faire rebondir la boule sur les trois bords avant de venir taper la boule finalement visée. En politique, nous entendons souvent cette expression pour parler d'une stratégie alambiquée, très éloignée de l'objectif final.

Cette professionnalisation s'accompagne de composantes de formation communes et partagées. Et au cœur de cette formation : le clivage droite-gauche. Le problème à ce sujet n'est pas tant la croyance en son existence, dans laquelle seulement un quart des Français·es admet se reconnaître, mais sa *rigidité*. Ce clivage est pensé par les dirigeant·es politiques comme un axe en 2D. Autrement dit, chaque offre politique, chaque candidat·e est plus ou moins à gauche que moi. Schématiquement sur ce continuum on trouve le PS, puis les Verts, le PCF, et enfin LFI, juste avant la limite historique avec l'extrême gauche[29]. Dans la réalité, ce continuum tolère au moins un axe en 3D, qui pourrait inclure le programme économique dans un sens (régulé ou dérégulé), et le programme sociétal dans l'autre (conservateur ou progressiste). Cela placerait le PCF moins à gauche que les Verts dans un cas, et plus dans l'autre. Mais en fait, dans la réalité de l'électorat, ce continuum en 2D ou en 3D n'existe pas. Douter entre Zemmour et Mélenchon se fait, passer de Macron à Le Pen aussi, aimer Roussel et Fillon de même. Les rigoristes nous répondront que c'est aux partis politiques d'éduquer les masses pour leur faire prendre conscience de ce genre d'absurdités. Mais chacun·e a ses raisons, et elles ne sont pas toujours absurdes.

29. Le terme *extrême gauche* est employé depuis 1920 pour désigner les groupes, mouvements, organisations et partis politiques « qui se situent à la gauche du Parti communiste » (« (Rabaut) Jean – Tout est possible ! Les "gauchistes" français 1929-1944 », compte rendu de lecture par Nicole Racine-Furlaud dans la *Revue française de science politique* en 1975). Les principaux partis d'extrême gauche furent d'obédience maoïste ou trotskiste, souhaitant le renversement du capitalisme en faveur d'une société sans classes sociales, mais ne souhaitant pas de représentation dans les assemblées parlementaires car désireux de rester à l'écart des accords de désistement électoral et du gouvernement. En France, ils se sont toujours tenus à l'écart du Cartel des gauches (1924), du Front populaire (1936), du Front républicain (1955), du Programme commun de la gauche (1972), de la Gauche plurielle (1997) et de la NUPES (2022). À l'inverse, tous les partis qui cherchent la représentation et la coalition constituent la gauche électorale traditionnelle.

Alors qu'il traversait la Bourgogne cet été, Samuel a pris deux auto-stoppeurs en voiture. À peine à bord, les deux jeunes hommes ont commencé à parler de politique et tous deux lui ont expliqué avoir hésité pendant longtemps entre Marine Le Pen et Jean-Luc Mélenchon pour trouver le meilleur moyen de « lutter contre ceux qui contrôlent tout », les oligarques, les milliardaires, les financiers américains et qataris. Il y avait un vrai mélange de complotisme, de fantasme et d'inexactitude dans leurs propos, mais il y avait surtout une colère légitime contre un sentiment d'impuissance et une forme de contestation de la perte de souveraineté, qu'elle soit nationale, populaire ou individuelle. Ils ont conclu en disant avoir finalement choisi Marine Le Pen car ils étaient chrétiens, et Samuel de répondre que pour les mêmes raisons il avait préféré Mélenchon. Ainsi s'engage une nouvelle conversation où Samuel explique pourquoi la radicalité de l'Évangile converge davantage avec l'Avenir en commun. Citations à l'appui, notamment Matthieu 25 : 41-46, il développe sur le seul moment où Jésus parle du *jugement dernier* pour dire que ceux qui connaîtront l'enfer seront ceux qui n'auront pas accueilli les migrants, nourri les affamés, vêtu les nus, etc. Quelques semaines plus tard, l'un des deux auto-stoppeurs écrit à Samuel pour lui dire qu'il n'avait jamais lu l'Avenir en commun, et qu'il croyait que Marine Le Pen disait la même chose. Et d'ajouter une question : « Pourquoi la gauche déteste-t-elle la France ? » À cette question, la réponse réside sûrement dans la nécessaire résurgence d'un patriotisme de gauche, vraiment républicain, et proprement hérité du drapeau de la Révolution, le drapeau tricolore porteur de nos idéaux pour lequel des jeunes gens sont morts par milliers.

Pour en revenir au continuum, on peut lui ajouter la notion d'indifférence ou de confiance au sein d'un espace. Pour beaucoup de jeunes, les voies socialistes, écologistes, communistes et insoumises constituent des traditions complémentaires et attractives pour différentes raisons. Cette complémentarité s'explique notamment par l'esprit de bloc. Nous reparlerons plus tard des trois blocs à l'œuvre selon trois systèmes de valeurs, et de l'orientation des fins et des moyens, ou des priorités et des variables, entre ces trois. Le problème de ce continuum, au-delà d'opposer la théorie et la réalité empirique des électeur·ices, est qu'il produit des grilles d'analyse qui empêchent de réfléchir et font l'effet d'une pensée sectaire. Pendant des mois, la première question que se posaient les partis de gauche était de savoir où se situait la Primaire populaire sur l'échiquier, oubliant de fait qu'elle pouvait se situer nulle part, au-dessus, à côté, en attente, ou à plusieurs endroits. Ces lunettes sont mortifères car les catégories qu'elles imposent sont réductrices. Elles font office de croyance limitante et entraînent inutilement la méfiance ou la concurrence.

Nous avons évoqué deux raisons pour lesquelles les partis de gauche préfèrent perdre avec leurs identités plutôt que gagner ensemble. Bien sûr en « *on*[30] » aucun parti n'assumera une telle réalité. Ce que nous venons d'écrire sera taxé de fantasme, de supercherie ou de mensonge. Soit. Dans ce cas, prenons pour preuve des faits plus observables que nos témoignages personnels.

7. Des comportements qui trahissent les intentions

L'un de ces comportements concerne l'utilisation de l'agenda. Au cours des très nombreuses réunions des partis politiques comme au cours des échanges avec les journalistes, une pratique saute aux yeux : la tactique occupe de loin le plus clair du temps de travail de ces professionnel·les. Le programme et la mobilisation sont confiés à de petits groupes

30. Le « on » consiste à sourcer toute prise de parole dans les médias. Le « off » consiste à l'anonymiser. En politique, cette pratique a conduit à certaines dérives, dont celle de ne rien assumer de concret et de clair en « on », mais d'assassiner ses adversaires ou ses collègues en « off ». Certains pays, comme la Belgique, peuvent lever le « off », ce qui avait causé des difficultés à Nathalie Loiseau en 2019 lorsqu'un journaliste du quotidien belge *Le Soir* avait décidé de publier en « on » les propos très vexatoires de la députée sur ses collègues.

opérationnels tandis que les chef·fes passent l'essentiel de leur temps à faire des projections pour réussir autant leur offre électorale – et récupérer la part de marché qui va avec – que leur casting électoral. Quand Jean-Luc Mélenchon dit que, n'ayant pas le même programme, « nous ne pouvons pas nous entendre », il a deux solutions quant à l'affectation de son temps et de ses équipes. Une option réaliste, qui consiste à partir au front face aux autres programmes, et une option idéaliste, qui consiste à tout faire, tout tenter, tout essayer, avec patience, humilité et résilience pour trouver un projet commun. Il faut reconnaître que se retrouver en face du PS expliquant encore, entre la présidentielle et les législatives, « que la retraite à 60 ans n'est pas possible » rend la tâche ardue. Du côté insoumis, on peut se demander que faire d'un tel mur? Néanmoins, les relations, ne serait-ce qu'humaines entre les dirigeant·es, ont été quasi inexistantes pendant 5 ans. Aucun·e observateur·ice intime des partis ne contesterait cette réalité concernant l'affectation du temps… et de l'énergie. Une affectation courageuse consisterait à prioriser le temps du côté de la sincère conversation. Or même les rencontres organisées par Jadot en avril 2021 faisaient partie d'une vaste opération de communication. Il s'agissait pour ce dernier de dominer le leadership, pour Faure de sortir les insoumis du jeu, et pour Mélenchon de se placer au-dessus de la mêlée en envoyant ses agent·es à sa place. D'ailleurs très concrètement, dès la sortie, cette rencontre fut un pugilat. Faure a prétendu qu'un accord serait passé entre les écologistes et les socialistes, ce que Bayou a démenti en direct sur Twitter. Les insoumis ont dit que tout était déjà réuni chez eux pour gagner, Roussel n'étant pas venu. Jadot de fait, en maintenant sa candidature et en essayant de débrancher la Primaire populaire, ne s'est pas comporté comme un leader souhaitant gagner ou faire gagner la gauche, mais comme l'un des porte-drapeau des écologistes essayant de gagner des parts de marché à gauche.

Deuxième comportement évident : la présidentielle comme juge de paix. Quelle tristesse d'avoir besoin d'un premier tour pour jouer un tel rôle. Les partis de gauche ont les moyens – surtout associés – d'organiser le vote de 2 à 3 millions de personnes sur les 8 millions d'électeur·ices ancré·es dans le bloc éco-social[31]. Les marxistes rétorqueront que les 3 millions de la Primaire étaient plus à droite que les 8 millions dans leur ensemble et que cela a favorisé les centristes. C'est vrai… jusqu'à ce que cela change ! Et les partis ont le pouvoir de le faire changer. En vérité il est plus simple d'utiliser l'élection officielle organisée par l'État pour se départager que d'organiser une élection soi-même. Le changement de ton du PS et des écologistes après leurs débâcles respectives au premier tour de 2022 montre bien le poids qu'il revêt dans la répartition du pouvoir entre les forces politiques. Mais ce juge de paix est vicieux. D'abord parce que les 22 % de Mélenchon ne lui appartiennent qu'à moitié – les sondages de la semaine suivante oscillaient entre 50 et 60 % de votes d'adhésion, le sondeur Cluster17 évoquant 65 %. Ensuite parce que les autres partis actuellement soumis aux insoumis·es vont prendre rendez-vous avec l'avenir pour restaurer l'équilibre, ce qui donne notamment l'obstination absolue des Verts à vouloir présenter une liste indépendante aux européennes de 2024 pour se compter[32] !

31. Mediapart, « À gauche, l'écosocialisme s'impose comme trait d'union », www.mediapart.fr, 18 juin 2023 [en ligne].

32. Il faut bien comprendre que le rapport de force est une telle culture dominante dans le jeu politique actuel que tous les rapports entre partis nécessitent de connaître le poids des uns vis-à-vis du poids des autres. Concrètement, une décision au sein d'une coalition, une répartition des sièges, de l'argent ou du temps de parole, tout va être mesuré à l'aune de la réalité de l'écart entre les forces. Évidemment ce rapport change, et il nécessite des scrutins réguliers pour voir son évolution. Par exemple à la présidentielle de 2022, LFI a réalisé 22 %, les Verts 5 %, le PCF et le PS 2 % chacun. Cela veut dire qu'au sein d'une coalition à 31 points, LFI détient 70 % des parts, les Verts 16 %, et le PS et le PCF 7 % chacun. On assiste à une sorte de capitalisme électoral où les électeur·ices représentent des parts de marché. 2 ans après la présidentielle ce rapport de force a probablement

Une fois encore ! L'élection ici ne sert donc plus à prendre le pouvoir, mais à organiser les rapports de force entre partis.

8. Les raisons historiques et sociologiques de cette abdication

Il existe de nombreuses raisons historiques à ces comportements soi-disant rationnels, qui le furent peut-être autrefois. De fait, l'alternance entre la droite et la gauche de 1965 à 2017 a structuré 50 années d'une rythmique bien ficelée où chaque défaite n'était que les prémices de la prochaine victoire. Le bipartisme, et le déni du populisme d'extrême droite, ont fait prendre de mauvaises habitudes. La mécanique huilée de l'alternance a fait penser que tout était question de patience, et les faits ont plutôt donné raison aux politicien·nes. D'un point de vue présidentiel, de 1965 à 2017, on compte 5 mandats de droite, 3 mandats de gauche et 1 mandat du centre. D'un point de vue parlementaire, on compte 27 ans à droite, 20 ans à gauche et 5 ans au centre. Les calculs sont bons. La gauche est légèrement en retard, ce qui va bien avec son rôle de force motrice de l'histoire et de représentation des damné·es de la Terre. Mais finalement, du point de vue des professionnel·les de la politique, chacun·e est satisfait·e. Sans compter que pendant cette alternance bien ficelée, le parti minorisé joue tout de même un rôle, financièrement et politiquement. Financièrement parce qu'il dispose de 30 à 40 % du gâteau financier électoral, largement de quoi vivre et salarier des militant·es. Politiquement parce qu'il

changé, d'autant qu'il avait été très déterminé par le vote utile en faveur de LFI. Les Verts souhaitent donc aller aux européennes seuls « pour se compter » ; c'est-à-dire pour comparer leur résultat aux 3 autres forces de la gauche pour ajuster l'état actuel du rapport de force entre eux. Et c'est là que nous comprenons que nous sommes otages de vieilles logiques. Plutôt qu'opter pour un quatre-quarts, ce qui aurait un sens philosophique certain, les partis utilisent les élections pour découper le gâteau. Tout ce fonctionnement, cela dit, n'aurait pas de raison d'être sans la culture hégémonique et dominatrice de LFI.

est l'opposition quand il n'est pas la majorité, et la majorité quand il n'est pas l'opposition. Son action et son influence s'inscrivent donc – voire s'enracinent – dans la durée.

Puis vient un problème conjoncturel, et qui augmente l'impératif de victoire du premier chapitre: ce que nous appelons la gauche n'est pas sûr de pouvoir survivre aux changements du temps. Elle a déjà disparu aux États-Unis et dans beaucoup de démocraties occidentales comme en Italie ou en Grèce. De plus, l'opposition n'est pas forcément progressiste. En France, elle est même de plus en plus fasciste, dans l'arène politique partisane comme dans les médias, et récemment dans la rue.

Le clivage droite-gauche a connu trois périodes successives, dont nous proposons ici une lecture[33]. La première, de 1789 à 1848, est fondée sur l'égalité politique et les droits fondamentaux. À droite on est pour le veto royal puis contre la République, à gauche on est contre le veto royal puis pour la République, avec son cadre institutionnel mais aussi son système de valeurs s'appliquant à l'abolition des privilèges, de la féodalité, et progressivement du jacobinisme. Ici, d'un point de vue politique, on a donc une droite illibérale et une gauche libérale. Une deuxième période, de 1848 à 1940, est fondée sur l'économie et la lutte des classes. À droite on représente les intérêts de la classe dominante et à gauche ceux des prolétaires. En France, une synthèse profonde, proposée par la gauche, va s'opérer entre l'idéal républicain, les droits humains et le matérialisme historique de Marx. Cette synthèse est modelée en particulier par Jaurès qui inscrit la gauche dans la Nation et pas seulement dans l'Internationale. *« Un peu d'internationalisme éloigne de la patrie; beaucoup*

33. L'historien et sociologue Marcel Gauchet a dressé un portrait passionnant de ce clivage et de ses périodes dans son livre *La Droite et la Gauche. Histoire et destin*, Gallimard, 2021.

d'internationalisme y ramène », disait-il, comme pour signifier que Nation et Internationale s'articulent de manière indéniable. Dès 1848 d'ailleurs, en pleine Révolution, le débat sur la couleur du drapeau français rouge ou tricolore incarne cette nouveauté du clivage des classes, qui s'inscrit dans le cadre d'une victoire de la gauche d'avant. La République triomphe définitivement en 1876, les monarchistes disparaissent, et l'illibéralisme politique meurt. Les droits fondamentaux sont incontestables et incontestés. Puis, de 1940 à 2017, un consensus entre les deux anciens bords du clivage domine la vie politique. Le gaullisme et le communisme produisent avec le CNR[34] un système politique non purement capitaliste en instaurant la Sécurité sociale et la planification – de Gaulle lui-même s'opposait d'ailleurs au capitalisme –, mais pas purement socialiste non plus. Ce consensus issu de la Résistance va organiser une droite et une gauche des valeurs dites sociétales, composées de conservateur·ices et de progressistes, au sein d'une France républicaine, sociale et démocratique.

La nouveauté depuis 2017 est l'existence d'un débouché politique majeur et solide pour trois blocs qui ne faisaient jusqu'alors pas partie de cet arc. Nous en reparlerons plus tard avec des descriptions plus approfondies, mais l'on peut d'ores et déjà les identifier. On constate qu'un bloc capitaliste assume vouloir sortir du sillage du CNR, déjà avec Sarkozy et *a fortiori* avec Macron. Qu'un bloc fasciste dissimule son projet anti-républicain et anti-démocratique au nom de valeurs identitaires et nationalistes. Et enfin qu'un troisième bloc axé sur les justices sociale et environnementale propose une nouvelle séquence dans l'histoire politique

34. Conseil national de la Résistance. Alliance ayant rassemblé tant bien que mal les forces gaullistes, communistes et libertaires pour affronter la barbarie nazie.

française en structurant son projet autour de la seule question qui compte : allons-nous survivre au changement climatique ?

B. Qui, que faire gagner, et pourquoi ?

Gagner n'était jusqu'alors qu'une priorité marginale pour les partis politiques de gauche. Par cynisme, réalisme ou dogmatisme, nous avons pu voir que leurs doctrines, leurs comportements et leurs fondements historiques les ont placés en dehors de cet impératif de victoire. Mais cela est en train de changer.

Dès lors, si nous envisageons le pouvoir par l'intermédiaire des partis de gauche, quels sont au juste les éléments, les composantes que nous voulons voir gagner ?

1. Faire gagner la vie, contre le profit et l'exclusion

La politique s'attèle finalement à la tâche très simple de penser la communauté. Son exercice est révélateur de la place du collectif dans la société. Quand la société est harmonieuse, la politique perd de sa pertinence. Quand la société est dysfonctionnelle, la politique est le miroir qui le lui dit en premier. De là vient l'expression la plus souvent utilisée à gauche : « Tout est politique. » De fait, la problématique de l'équilibre entre « la collectivité contre l'individu » et de « l'individu dans le collectif » se répète dans tous les domaines de la vie humaine. La vie publique certes, mais aussi privée, familiale, professionnelle. Mais attention, ne nous y trompons pas : le clivage dont user en politique ne doit pas être « le collectif contre l'individu », vision binaire qui a posé les germes du stalinisme dans le communisme ou du génocide chez les Khmers rouges, mais plutôt « l'individu dans le collectif » vs « l'individu contre le collectif ». Dans les deux cas, on retrouve l'individu et le collectif. Aucun des deux ne sait écraser l'autre, c'est la nature de leur relation qui change. Dans un cas l'individu s'intègre dans une solidarité mutuelle dont il bénéficie lui aussi. Dans l'autre, il exclut pour dominer. À juste titre, on peut donc dire que les riches font sécession, car c'est de leur retrait de la solidarité et du sentiment d'appartenance à une seule autre communauté que procède l'exclusion visible des plus vulnérables.

Quand nous avons voulu faire de la politique, il s'est trouvé de manière évidente que la gauche était le meilleur vecteur, le plus sain, le plus juste, le plus adapté à nos aspirations profondes. Et pourtant nous étions très au clair sur le fait de ne pas vouloir faire gagner la gauche, mais voir une victoire de la gauche faire gagner la vie.

La vie biologique n'est certainement pas suffisante. Quand on parle de la vie, nous parlons bien de la vie *digne*. C'est-à-dire de la vie capable de s'épanouir au-delà de la seule recherche de ses conditions de subsistance et donc de sa survie. C'est-à-dire la vie après avoir complété les prérequis matériels à son émancipation.

À l'équation selon laquelle la politique est signifiante de notre relation à la communauté, on pourrait ajouter un deuxième paramètre : le temps. La politique et l'histoire sont ensemble révélatrices de certains manichéismes philosophiques. De grands épisodes historiques sont aujourd'hui adoptés comme très largement consensuels, alors qu'ils étaient en leur temps violemment clivants. L'issue de la Seconde Guerre mondiale, l'abolition de l'esclavage, l'abolition des privilèges, et même tout récemment le mariage pour tou·tes ont connu avec le temps une adhésion massive, qui dépasse à présent les 90 à 95 % de soutien. Personne n'oserait aujourd'hui contester le bien-fondé de l'abolition de l'esclavage, et même la droite actuelle ne souhaite plus revenir sur le mariage pour tou·tes. Deux décisions politiques qui n'ont absolument aucun rapport, si ce n'est qu'elles sont considérées *a posteriori* – et *a posteriori* seulement – comme évidentes et justes. À tel point qu'il paraît difficile d'imaginer que l'on ait pu en débattre.

On pourrait penser que la politique et l'histoire se vivent de manière cyclique et qu'elles donnent rendez-vous de manière régulière aux citoyen·nes pour défendre leurs intérêts les plus partagés plutôt que les intérêts de quelques-un·es.

À n'en pas douter, l'époque actuelle est et sera fort concernée par ce type de rendez-vous. La politique et l'époque – donc l'histoire – nous mettent au pied du mur. Le relativisme démocratique, qui met sur un pied d'égalité théorique toutes les opinions, est mis en difficulté par l'impérieuse nécessité de sauver l'humanité. Nous en reparlerons de nombreuses fois dans ce livre, mais pour nous, ce contexte si singulier ordonne à la politique le rôle premier et principal de protéger la vie, en particulier la vie humaine.

Faire gagner la vie, c'est donc anticiper, rechercher, identifier tout ce qui peut la menacer. Ici, là-bas, aujourd'hui, demain, là où la vie est menacée, la politique doit la protéger. Très vite, on découvrira que la vie humaine est en interaction systémique avec beaucoup d'autres formes de vie, que l'humain·e fait partie d'une très large biodiversité qu'il·elle nourrit et dont il·elle est nourri·e. C'est toute cette vie-là qu'il faut préserver.

Mais dès lors, faire gagner la vie, c'est aussi et plus précisément protéger la vie de tous les humain·es. Même si notre communauté politique immédiate n'est pas globale, aucune vie humaine ne peut être hiérarchisée sans dévaloriser la vie humaine dans ce qu'elle a de plus digne. Si la vie humaine est un absolu à préserver, ce sont toutes les vies individuelles qui nécessitent d'être protégées. Cette vision d'intégralité entraîne donc un impératif d'accueil et d'hospitalité vis-à-vis de toutes les formes de migration. Par devoir, par nécessité, par intérêt aussi parfois, par honneur enfin. Un projet politique qui défend la vie ne peut avoir d'intérêt national plus haut que celui de protéger le·la premier·e humain·e qui vient frapper à sa porte pour demander de l'aide. On reconnaît justement l'humanisme dans cette spontanéité à tenir pour infâme la mauvaise foi consistant à dire qu'« on ne peut pas accueillir toute la misère du monde ». D'abord parce qu'il ne s'agit jamais de ça. Ensuite parce que la migration est la spécificité de la très courte histoire de l'humanité. Enfin parce que les migrations vont être l'un des grands rendez-vous de l'histoire à venir. Et nous ne pourrons choisir qu'entre la guerre et la solidarité. On pourrait ajouter sur ce point que la France, dans ce qu'elle a de plus patriotique, est une nation basée sur le dépassement de l'identité raciale ou ethnique, et que sa composition est le fruit d'une mixité unique en son genre. L'attribution de la citoyenneté aux juif·ves en 1791 et les vagues de migration depuis 1830 sont la France. Il y aurait pléthore de littérature à recommander ou même à écrire pour montrer que la migration c'est la France, mais nous nous contenterons de le rappeler ici par cette affirmation : l'hospitalité, c'est la France. Pas toujours dans les faits, mais du moins dans l'idéal. La France a quelques singularités qui font d'elle un peu plus qu'un territoire à l'ouest de l'Europe : elle est un projet politique universaliste enthousiasmant. Parmi ses singularités, l'accueil inconditionnel et le refuge pour celles et ceux qui luttent sont au cœur du récit de la France révolutionnaire et de sa devise.

Tout cela étant dit, le récit national et patriotique est l'une des racines incontestables de ce que nous appelons commodément la gauche. Sans chercher à comprendre depuis quand il est devenu l'apanage des fascistes et des identitaires, pointons simplement du doigt quelques absurdités pour ne rendre à l'extrême droite que ce qui la caractérise vraiment : l'exclusion. Cela peut paraître surprenant, mais le patriotisme est une idée de gauche, forgée par la gauche et portée par la gauche. Dès 1788 le parti patriote est celui qui appelle à la tenue d'états généraux. Puis de 1789 à 1795, les patriotes défendent l'idée républicaine à l'extrême gauche de l'Assemblée constituante (89-91), de la législative (91-92), puis de la Convention (92-95). L'idée de patrie est construite en miroir de l'absolutisme religieux. Là où l'identité individuelle de « sujet » procédait du roi, lui-même procédant de Dieu, la Révolution française a inversé la pyramide et a proposé de faire de la *patrie* un ensemble de ressources territoriales incluant la mise en partage de l'alimentation et de l'énergie dont les bénéficiaires communs deviendraient des citoyens, et dont les administrateurs seraient des représentants élus. La patrie, c'est l'idée des « communs » appliquée jusqu'aux confins de la nation. Au moment du débat sur les 230 ans de la Terreur (1793-94), ce fut l'occasion de rappeler à quel point la République avait été en danger lors de son apparition, et combien de sacrifices il avait fallu pour la protéger et pour que nous puissions en jouir jusqu'aujourd'hui. Face à cette République en danger, l'uniformisation territoriale et nationale a été la réponse conjoncturelle des révolutionnaires ; à nous de répondre par de nouvelles contributions en temps de paix. Aujourd'hui la Révolution a inspiré une très large partie de l'humanité et des modèles démocratiques, et la République n'est non seulement plus en danger, mais elle est en plus en situation de co-leader dans toute l'Europe. Il est peut-être donc temps de revaloriser des éléments qui ont été effacés dans la peur dans le passé, comme les 546 terroirs de France, les langues régionales, ou encore les noms originaux des 101 départements (comme la Dordogne dont les habitants s'appellent encore aujourd'hui les Périgourdins). La force de cette dialogie réside dans l'équilibre puissant qui a été créé entre unité et diversité. L'un ne peut fonctionner sans l'autre. L'unité de la patrie, ses ressources, notre eau, notre alimentation, notre territoire, nos montagnes et nos vallées forment un commun étymologiquement « patriotique », que nous aimons et dont nous jouissons. Nous nous en servons comme socle pour accueillir l'immense diversité des terroirs français et des origines extra-nationales, mais aussi pour renforcer notre hospitalité à venir. Protéger la vie, c'est donc redonner vie aux communs de la nation, à la patrie partagée et à sa variété, qui seront encore renforcés par les Français·es de demain.

2. Le camp de la vie : ancré à gauche, ouvert à tou·tes, héritier des luttes

Si la vie devient la boussole de notre action politique, alors il devient plus facile de faire le tri. Pour les militant·es de gauche, l'enjeu de cette décennie est d'aider notre camp à faire comprendre que les blocs capitaliste et nationaliste, héritiers de politiques destructrices, pratiquent, défendent et promeuvent, quand ils sont au pouvoir, des politiques elles aussi néfastes pour la vie sur Terre. Soit parce qu'ils sont majoritaires depuis des décennies dans l'essentiel des démocraties du monde et qu'ils ont, depuis le début des années 1980, promu l'ultralibéralisme pour mettre les grandes entreprises et les ultra-riches au pouvoir direct ou indirect. Soit parce qu'ils ont représenté une forme d'alternance en Inde, en Russie, au Brésil, aux États-Unis et qu'au moment de leur exercice ils ont renforcé l'exclusion des minorités, l'intolérance, le racisme et le patriarcat. À l'opposé, qu'on l'appelle gauche, bloc des justices, front populaire écolo ou arc humaniste, cet espace politique que nous défendons est l'héritier de tous les progrès commémorés chaque année.

La proximité d'une fin possible de l'humanité est une opportunité pour mettre en lumière ce qui détruit l'humanité. Nos deux concurrents ont construit des modèles politiques basés sur l'exploitation et l'exclusion, dont les destructions sont visibles dans les pays où ils gouvernent. Parfois ils ont même gouverné ensemble, comme en Amérique latine avec les dictatures « ultra-libérales » visant à protéger le marché et les États-Unis face au peuple.

Ces deux blocs majoritaires, capitalisme et nationalisme, posent farouchement deux diagnostics et ne proposent que deux solutions. Le premier dit que nous sommes confronté·es à une possible fin de la civilisation industrielle, à laquelle nous devons répondre par la croissance et le progrès technique. Le second dit que nous sommes confronté·es à un « grand remplacement[35] », auquel nous devons répondre par le durcissement de la notion de frontières et l'exclusion de celles et ceux qui ne doivent pas rester à l'intérieur. Au cœur de ces deux réponses résident deux passions : l'argent et l'identité.

Notre espace politique doit trouver les manières de se réapproprier ces deux notions fondamentales en les utilisant comme moyens dignes et privilégiés de parvenir à nos objectifs. À la fois parce que, pour nous, ce sont des moyens et non des fins, mais aussi parce que ce sont des moyens efficaces qui rejoignent l'aspiration profonde de beaucoup de nos contemporain·es.

L'argent est le moyen privilégié pour repenser l'économie en termes d'échange, et donc de lien et de solidarité.

L'identité est le moyen privilégié pour faire sens de la biodiversité humaine, et donc composer avec la singularité de chaque individu et de chaque collectivité.

À gauche nous avons eu tendance, à tort, à utiliser ces notions pour nous diviser. Or nous avons une véritable offre philosophique à défendre sur ces deux sujets.

L'argent a servi de prétexte pour rejeter une partie de l'entrepreneuriat social et des systèmes économiques sociaux ou solidaires ; l'identité de prétexte pour définir

35. Théorie complotiste d'extrême droite développée par Renaud Camus dans son livre *Le Grand Remplacement*, David Reinharc, 2011.

ou redéfinir l'universalisme selon les termes de la droite. Mais notre socle fondamental est beaucoup plus puissant. Il veut redéfinir complètement le cap de notre économie, la tourner vers le bien commun et non plus vers quelques intérêts privés, la mettre au service de l'humain et non plus l'inverse. Il veut rompre avec l'ultra-financiarisation des ressources, qui ne sert que les très riches et l'économie « irréelle ». Le PIB, créé dans les années 1930 pour évaluer l'effort de reconstruction d'après-guerre, est encore aujourd'hui le seul outil pour mesurer la pertinence de notre économie. Mais est-il encore vraiment pertinent? En n'étant tourné que vers le calcul de la croissance, il est incapable de servir aux défis écologiques et sociaux de notre siècle. Nous voulons donc de nouveaux indicateurs macroéconomiques pour calculer l'utilité sociale de notre structure productive, pour la rendre inclusive, pour la mettre au service du vivant, de la vie.

3. La multiplication des urgences

Gagner dans cette période ne peut pas être un objectif à moyen ou long terme. Les stratégies longues ne collent plus avec le tic-tac climatique. Et il faut le répéter avec acharnement : les stratégies longues ne suffisent plus. Car c'est peut-être le point le moins perçu par les dirigeant·es des partis politiques progressistes. Les urgences sont trop nombreuses pour que les normes qui structurent les processus de décisions ne placent pas la victoire des « conscient·es » au-dessus de tout le reste, y compris de leur propre existence. En d'autres termes, le courage politique consisterait à prendre le risque de perdre son appareil politique au profit de la victoire d'un autre « conscient·e » plutôt que de le sauver dans une défaite collective.

Urgence sociale d'abord et avant tout, cause et conséquence de notre action, urgence climatique masquée. On ne protège pas le climat par amour de la Terre. Le climat et la biodiversité sont une question humaniste. L'écologie politique est un humanisme. « L'écologie sans lutte des classes, c'est du jardinage » arborent souvent les cortèges de manifestants à Paris et en France. L'écologie émerge pour proposer une solution à l'exploitation sans limites de la Terre et de nos ressources. Ce même élan d'exploitation que le capitalisme a étendu aux travailleur·ses, aux peuples, aux opprimé·es (femmes et minorités en premier lieu). L'écologie propose une vision holistique, complètement systémique de l'oppression, pour en sortir.

Urgence climatique *stricto sensu* ensuite. Et la démocratie comme moyen de remédier aux deux urgences. Une démocratie stratégique, car l'appropriation collective entraîne des choix tournés vers la vie, et la vie collective. La démocratie est utile car la transparence et l'information provoquent la résilience et le partage. La démocratie est garante de l'intérêt général dans ce contexte de conflit entre intérêts de quelques-un·es, ou de tou·tes.

4. La menace existentielle, opportunité de renouveau pour l'humanisme

La menace existentielle pesant sur l'humanité n'est pas aussi nouvelle qu'on le croit. Déjà, au XXe siècle, la philosophe allemande naturalisée Américaine Hannah Arendt irrigue l'essentiel de son œuvre de cette menace réelle et réaliste. Aujourd'hui, les deux façons de détruire l'humanité, par la guerre ou par l'effondrement, nous posent une question sur le rôle et le sens de l'espèce humaine. Cela exige donc de la politique de penser son discours dans une perspective anthropologique. Non pas anthropocentrique, mais au moins « philadelphe » (qui aime son frère/sa sœur) comme le disaient les révolutionnaires. Cette nouvelle philadelphie doit structurer le clivage existentiel que vivent les êtres humains, dans lequel chaque philadelphe doit prendre ses responsabilités et risquer de tout perdre pour tou·tes nous faire gagner.

La philadelphie, c'est l'humanisme version radicale. C'est l'amour profond que les humain·es doivent se porter entre eux, au-delà de la condescendante philanthropie.

Évoquer la fin de l'humanité ou la destruction de la vie sur Terre est encore perçu comme une forme d'extrémisme de la pensée, un abus de langage, une outrance. Pourtant l'hypothèse est bien réelle, et l'histoire de l'humanité très courte. Si l'on rapporte l'histoire de la Terre à une année, n'oublions pas que nous n'apparaissons que le 31 décembre à 22 h 30, et que l'écriture n'est inventée qu'à 23 h 59 m 50 s[36]. Tout porte à croire que la naissance de l'humanité pourrait être un accident ou une très brève parenthèse dans l'histoire de la vie. Hannah Arendt avait déjà évoqué cette menace à plusieurs reprises en mentionnant le nucléaire, et elle la considérait comme le grand révélateur de l'humanisme. C'est parce que l'humanité peut s'éliminer qu'elle devient une fragilité à protéger, à défendre, à aimer. Sans cela, l'humanité serait une donne. Mais l'humanité n'est pas une donne, nous en avons fait une variable. De ce point de vue là, il faut assumer, dire et redire que les politiques peuvent être philadelphes ou misanthropes, c'est-à-dire favorables ou défavorables à l'existence de l'humanité. C'est audacieux, il est vrai, de parler de l'humanité avec autant de recul et de chercher à faire saisir à l'esprit humain que cette existence n'est pas une donne, mais une chance qu'il faut protéger et dont la suite dépend directement de notre responsabilité collective. La philadelphie est un terme peu connu, mais qui pourrait s'avérer très utile dans les prochaines années. Littéralement, à la racine grecque, il s'agit d'aimer l'humanité en tant que famille. Le préfixe « phil- » vient du verbe *aimer* (*philein*), et « -adelphie » renvoie aux frères et sœurs d'une même famille

36. Pierre Thomas, « Histoire de l'Univers, de la Terre et de la vie rapportée à une année », www.planet-terre.ens-lyon.fr, 15 février 2001 [En ligne].

sans distinction de genre, comme « *siblings* » en anglais. La philanthropie parle aussi d'amour de l'humanité, mais prise en tant que collectif. La philadelphie serait davantage le fait d'aimer les humain·es individuellement, comme des frères et sœurs et indépendamment de leur genre.

Faire gagner la vie digne, en gagnant l'élection présidentielle, est donc notre mantra. Cet objectif n'est pas forcément clairement partagé, ni clairement énoncé, du fait de tout ce qu'il implique et de la hiérarchie des priorités qu'il induit. Mais nous proposons une idée désirable et indissociable de la victoire.

Alors gagner oui, mais comment ?

II. Cinq postulats stratégiques si l'on veut *vraiment* gagner

Si l'objectif de victoire est enfin partagé, nous pouvons commencer à débattre de la manière d'y parvenir. Nous ne reviendrons pas ici sur les paradigmes qui n'ont pas fonctionné, mais ils sont nombreux : la croyance en l'hégémonie sur l'ensemble de la gauche pour reproduire le modèle du PS de 1974 à 2012, la paranoïa trotskiste, l'entrisme dans les associations, la discipline de parti, la personnalisation du leader. Critiquer les partis, ou exercer une pression sur eux, n'est pas irresponsable, c'est au contraire une tentative de réconciliation populaire. C'est la non-volonté de gagner qui est irresponsable. Les activistes ou électeur·ices qui exercent une pression sur les partis n'en font pas baisser l'impact ou la popularité mais, au contraire, augmentent l'attractivité d'un camp capable de penser par la base et de se remettre en question. Elle est en train de disparaître, cette génération pour qui « la force va à la force », et elle est en train de naître, cette génération pour qui « l'espoir va à la coopération ».

Fort·es de nos expériences depuis plus d'une décennie dans la relation avec le pouvoir soi-disant socialiste (2012-2017), ou avec les partis de gauche dans les différentes campagnes de 2007, nous avons identifié cinq postulats, comme les doigts de la main, qui ensemble forment un tout capable de taper du poing sur la table et d'inverser la tendance du rapport qui s'est établi dans la société. Ces cinq postulats sont ici proposés comme boussole, comme prérequis, comme base de départ à toute discussion stratégique puis tactique en vue de la victoire du camp de la vie dès 2026 dans les communes françaises, et en 2027 à la magistrature suprême.

A. Prendre acte de la période d'exception : l'exemple de 1876

Le premier postulat est la nécessité de ne plus traiter la politique comme elle l'a été par les mêmes acteurs depuis la Seconde Guerre mondiale. Nous sommes à la veille de la prochaine guerre. Celle contre le changement climatique. Et peut-être celle contre le fascisme. Mais nous ne sommes plus au lendemain de la précédente guerre. Ainsi nous ne pouvons plus considérer la politique comme un jeu bien huilé et fréquent imposant sa rythmique organisée et sa danse programmée.

La difficulté, de ce point de vue, est la très grande domination d'individus faisant de la politique depuis plus de 30 ans et qui peinent à modifier des *habitus* et des comportements qui n'ont plus aucune pertinence. Mitterrand, en s'engageant corps et âme dans la course à la présidentielle à partir de 1965 et jusqu'à sa victoire en 1981, a progressivement renié sa propre dénonciation du « coup d'État permanent ». Tactiquement ou cyniquement, les mitterrandien·nes ont trouvé dans la Ve République une manière de faire gouverner la gauche progressiste, et de fait Mitterrand reste aujourd'hui le président ayant le plus long exercice de toutes les Républiques françaises depuis la Révolution. La gauche réelle – ou supposée – a gouverné 20 ans sur les 65 ans de la Ve, la droite 32 et le centre libéral 13. Cette alternance dans laquelle chacun a trouvé son bénéfice a nivelé la politique par le soi-disant « centre » en alignant tous les bords sur un ultra-libéralisme nuancé à droite, et un rapport conservateur ou progressiste à la société à gauche. En réalité, tous les gouvernements depuis 1958, exception faite des 2 premières années de Mitterrand, ont été des gouvernements libéraux.

La recomposition en trois blocs, provoquée notamment par l'agressivité d'Emmanuel Macron et l'âpreté de sa politique anti-sociale et anti-environnementale, a durci les deux autres blocs en ramenant la gauche à son utopie originale – la République sociale et la Commune –, et la droite à un vichysme plus ou moins assumé.

Cette période n'a donc rien d'ordinaire tant par l'adversité qu'elle prépare que par la fin du cycle bien huilé des alternances partagées.

L'année 1876 est une source d'inspiration importante pour notre réflexion sur les périodes d'exception. Puisse la gauche comprendre le courage qu'il a fallu cette année-là. Pour comprendre l'exception de 1876, il faut revenir en septembre 1870. Le 2 septembre, Napoléon III est fait prisonnier par les Prussiens après la défaite de Sedan. Le 4 septembre, la République est proclamée par Gambetta dans la liesse populaire, mais la guerre n'est pas terminée. Le siège commence devant Paris dès le 30 septembre, et malgré la très forte mobilisation républicaine de nouveaux soldats français et étrangers venus pour tenter de renverser le cours du conflit, la France signe l'armistice le 23 janvier de l'année suivante, cède l'Alsace et la Moselle, et organise dans la précipitation des élections législatives le 8 février 1871, sans aucune campagne électorale.

Ces élections sont remportées par une large majorité de monarchistes, qui prônent un retour au modèle de 1815 (absolutiste) ou de 1830 (constitutionnaliste). La liste légitimiste obtient en effet 28 % et la liste orléaniste 33 %, soit un total de 61 % ou 396 sièges à l'Assemblée sur les 638[37] de l'époque. La gauche républicaine fait 17 %, les libéraux 11 %, les républicains modérés 7 % et une liste à 4 % prône même le retour du bonapartisme. Bref, c'est l'hécatombe.

Pendant 5 ans, tous les républicains, conservateurs et progressistes, radicaux et modérés, libéraux et de gauche, vont œuvrer à garantir les acquis de la Révolution et à reconstruire un modèle démocratique et républicain. La bataille pour l'adoption des lois constitutionnelles en 1875 est âpre, mais les monarchistes se trouvent pris à leur propre jeu, acceptant des règles démocratiques qu'ils croient à leur avantage au vu du score de 1871.

Puis vient 1876. Les républicains de tous bords considèrent, à juste titre, que la période d'exception nécessite une politique et une stratégie électorale inédites. Ainsi, ils ne présentent qu'un seul candidat par circonscription et ce dans toute la France ! Résultat des courses : ils obtiennent 55 % des voix et 361 sièges aux législatives du 5 mars 1876. Le président de la République de l'époque, Patrice de Mac Mahon, qui était monarchiste, n'accepte pas la cohabitation avec un Premier ministre républicain issu de la majorité et dissout l'Assemblée le 16 mai 1877. De nouvelles élections sont organisées en octobre, et la coalition républicaine remporte 60 % des voix et 325 sièges dans une Assemblée réduite à 533 sièges.

L'Assemblée est alors pleinement républicaine et peut commencer les travaux d'ampleur qui vont définitivement ancrer la République dans la vie politique française. En 1881 est votée la liberté de la presse, l'école gratuite et obligatoire en 1882, la liberté syndicale en 1884, la liberté

37. Aujourd'hui l'Assemblée nationale compte 577 députés.

d'association en 1901 et la liberté de conviction par le biais de la laïcité en 1905.

Ce qui opposait les partis de la coalition républicaine aux élections de 1876 et 1877 était donc rigoureusement plus violent que ce qui oppose aujourd'hui les partis de la NUPES. Mais ils ont compris que sans la République, la Révolution aurait été vaine. Avec le temps, les minorités monarchistes et bonapartistes ont perdu du terrain, et ce qui était le courant républicain est devenu le cadre de l'arc démocratique français actuel.

Les droites monarchistes sont greffées au boulangisme[38] et aux courants nationalistes assumés s'accommodant de la République – donc ont disparu – dans les années 1880.

Sans l'exception de 1876, nous n'aurions donc pas eu cette IIIe République qui reste le plus long régime ayant été en place en France depuis la Révolution, et qui a posé les bases de l'État-providence, de la solidarité nationale, et de l'utopie universaliste.

Bien sûr, voir les républicains gagner les élections n'a pas été synonyme de travail accompli : il a fallu une longue et profonde transformation des mentalités pour installer la République comme norme fédératrice et pour transcender les clivages du débat public. Le fait de mourir au front pour le drapeau entre 1914 et 1918 va renforcer massivement l'adhésion de la société au modèle républicain, ce modèle qui n'avait rien d'une évidence et sur lequel repose pourtant aujourd'hui l'essentiel de nos libertés et acquis sociaux.

De la même manière, une victoire électorale du bloc des justices ne suffira pas à abolir les velléités fascistes et capitalistes de notre société. Difficile de dire qui des deux est

38. Idéologie populiste anti-système et anti-oligarchie de la IIIe République qui fédérait un agrégat d'électeurs populaires autour du racisme, du nationalisme et de la haine des juif·ves et de l'Allemagne.

l'œuf ou la poule. Dans l'immédiat, les mesures d'urgence à adopter pour ralentir la destruction de la vie sur Terre sont telles que la prise de l'Élysée par la voie démocratique peut être considérée comme un prérequis, et même comme un outil pour convaincre d'œuvrer à la transformation de la société, des mœurs et de la culture.

Et, dans cette bataille culturelle, il est une autre mesure d'urgence qui pourrait changer la marche de l'histoire : l'indépendance des médias. Comme sous la Restauration, les médias contemporains ont atteint un niveau de dépendance inouï, du jamais-vu depuis la proclamation de la liberté de la presse il y a 143 ans. La très nette prééminence des médias privés, doublée d'une attaque en règle contre les médias publics et indépendants qu'ils accusent d'être partiellement de gauche alors qu'ils expriment le bon sens et la vérité, est un point effrayant de notre actualité. Un média comme France Inter, qui donne la parole au prorata des élections législatives[39], c'est-à-dire avec une nette majorité pour le Gouvernement, est considéré par les médias privés comme un média partisan de la gauche. La fenêtre d'Overton, ce spectre qui détermine l'acceptable et l'inacceptable dans le débat public, a totalement glissé vers la droite dure au point que son centre de gravité se trouve maintenant entre l'ultralibéralisme et le nationalisme identitaire.

Les Français·es n'ont que très faiblement conscience de la violence de cette situation et accordent encore une certaine confiance – quoique relative – à l'information produite par les médias privés.

En réalité les médias privés, sciemment ou non, roulent pour leurs actionnaires et leurs intérêts davantage que pour la vérité et l'information. Une mesure simple consisterait

39. Au cours d'une législature (le mandat exercé par une Assemblée, actuellement la 16e de la Ve), le temps de parole dans les médias publics est calculé au prorata des résultats au premier tour des législatives.

à légiférer sur l'indépendance des médias ; une mesure utopique inspirée de l'esprit de la Commune serait de rendre impossible pour des actionnaires privés de détenir un organe de presse. Une association qui reçoit des dons ne peut rémunérer ni ses actionnaires ni ses dirigeant·es[40]. De ce fait, il n'est pas absurde d'imaginer que le statut juridique d'un organe d'information ne puisse être détenu ni par une entreprise ni par des actionnaires individuel·les participant à la concentration des médias.

L'épisode récent du pivot drastique dans la ligne éditoriale du *Journal du dimanche*[41] a sonné le glas définitif de l'idée naïve selon laquelle « les médias ne sont pas influencés par leurs propriétaires ». Une fois au pouvoir, une loi d'urgence pour la sauvegarde de la démocratie consisterait donc à créer un nouveau statut juridique pour la presse en définissant des obligations devant lui assurer l'indépendance. Les associations convictionnelles et religieuses ont un statut avec leurs droits et leurs devoirs, les syndicats aussi. Il est temps de le faire aussi pour la presse.

Pour travailler à apaiser les tensions qui traversent la NUPES, nous proposons une maxime qui devrait être à la base de la pensée politique de chacun des 4 partis qui la compose : « Parce que les circonstances l'exigent, même le pire d'entre nous est meilleur que tou·tes les autres. » Autrement dit, pour un·e écologiste, la position pro-nucléaire et pro-viande de Fabien Roussel devrait être considérée comme moins périlleuse que les vues d'Emmanuel Macron ou de Marine Le Pen. Il faudrait lire cette phrase tous les matins. De même pour un·e socialiste ou

40. Sauf exceptions très strictes. Un·e président·e d'association peut toucher une indemnité à 75 % du SMIC ou recevoir un salaire s'il s'agit d'un mouvement d'éducation populaire de plus de 3 ans et gèrent un budget annuel de plus de 500 000 €.

41. En juin 2023, le journaliste d'extrême droite Geoffroy Lejeune est nommé à la tête du journal.

un·e insoumis·e, les mesures les plus radicales ou les plus molles de l'un et l'autre des partis devraient être considérées comme meilleures que celles de nos véritables adversaires. Ainsi, même dans la détestation, même dans la différence la plus évidente, la NUPES doit savoir que rien n'est possible sans elle. On ne s'embête pas du choix de sa chemise ou de ses vacances quand on n'a pas encore de toit. La NUPES, dans sa forme actuelle ou une encore plus ambitieuse, c'est notre maison commune. Ne plus en être, c'est vivre dans la rue. Il faut le comprendre avec cette intensité.

Premier postulat donc : nous sommes dans une période d'exception, et aucune de nos pires détestations mutuelles ne peut justifier un soupçon de division entre nous. Sans cela, nous laisserons à nos enfants un désastre.

B. Prendre acte de la tripolarisation de la vie politique et de la caducité du clivage droite-gauche

La tripolarisation n'est pas une exception française, elle traverse les démocraties du monde entier. Quand une troisième voie se dessine et parvient à se hisser au pouvoir, elle renvoie les deux autres blocs dos à dos, rejetant toute collaboration avec l'un comme avec l'autre. L'idée ici n'est pas de dire si elle est souhaitable ou si nous devons nous en tenir au strict clivage droite-gauche comme le revendiquent Piketty et Cagé dans leur essai politique[42], mais de prendre acte d'une réalité, de la considérer comme solide, et d'en faire une opportunité pour être la voix de l'équilibre, la ligne de crête, la position médiane entre les deux extrêmes : l'extrême argent et l'extrême identité.

42. *Une histoire du conflit politique. Élections et inégalités sociales en France, 1789-2022*, Seuil, 2023.

Cette tripolarisation est précédée d'un affaiblissement majeur du clivage droite-gauche. D'abord parce qu'une minorité de contemporains s'y reconnaissent, et ensuite parce que ceux qui s'y reconnaissent ne partagent pas la subtilité de ce continuum qui place les acteur·ices politiques sur un axe linéaire du plus à droite au plus à gauche. Or il n'est pas absurde d'hésiter entre Macron et Le Pen, ou de voter Mélenchon puis Macron dans la même élection. Autrement dit, les électeur·ices, peut-être victimes de la grande dépolitisation de l'information et du débat public, ne se positionnent pas comme des parts de marché bien identifiables. Le seul endroit où l'on voit ce continuum politique dans ce pays, c'est l'hémicycle de l'Assemblée. On peut s'en attrister, on peut le regretter, mais on ne peut pas le nier. 43 % des jeunes (18-24 ans) ne se positionnent pas sur le continuum droite-gauche, selon une enquête récente. Pour la génération de leurs parents (45-56 ans) et celle de leurs grands-parents (66-76 ans), ce non-positionnement concerne 25 % des interrogé·es[43].

Nos deux blocs concurrents, basés respectivement sur un discours capitaliste et nationaliste, l'ont compris bien avant nous, notamment parce qu'ils sont moins politisés que nous, dans le sens où ils nourrissent moins l'intérêt collectif. Pour le capitalisme, la boussole c'est l'intérêt privé ; pour le nationalisme, c'est l'intérêt de quelques-un·es. De ce fait, ils ont moins de peine à s'affranchir de la formation politique élémentaire, de l'histoire des idées et de la sociologie électorale. Ils sont pragmatiques et cyniques.Sans suivre leur cynisme, mais tout en restant réalistes, nous devons prendre acte qu'une élection se gagne avec l'assentiment de 51 % du corps électoral. Marine Le Pen et Emmanuel Macron jouent sur l'affaiblissement du clivage droite-gauche depuis 10 ans, et ça paye.

43. Étude menée par les instituts Harris et Montaigne, « Une jeunesse plurielle. Enquête auprès des 18-24 ans », www.institutmontaigne.org, février 2022 [En ligne].

Pourquoi ?

Parce que ce clivage représente pour beaucoup de nos concitoyen·nes, sans avoir complètement tort, une alliance objective dont l'intérêt, pour la droite *et* la gauche, est l'alternance. Ce clivage symbolise la fin de la représentation démocratique et la création d'une caste perçue comme oligarchique à la tête de la vie politique française. Dès 2017, Macron comme Le Pen ont mis en avant des visages inconnus et spontanés, des profanes de la politique pour occuper la fonction de député·e. Quant à 2022, même si la NUPES a fait émerger de nouvelles personnalités comme Rachel Keke[44], 90 % des personnes investies dans les circonscriptions étaient issues de la bande de copain·ines proche du·de la chef·fe de chaque parti. *Copain·ines* est ici à entendre non pas en tant qu'amitié sincère, mais en tant que camaraderie militante proche. Le top 30 de l'entourage de chacun·e des chef·fes de parti, ceux ayant contribué à sa campagne et sa carrière, a été garanti de trouver une place, rétribution du militantisme à l'ancienne. L'investiture est donc encore une méthode de gratification, alors qu'elle devrait être une méthode de renouvellement et de représentativité. Et s'il faut récompenser le militantisme, alors trouvons d'autres mécanismes et perspectives, notamment en fluidifiant les échanges entre les associations et les partis. L'idéal resterait bien sûr la rétribution immatérielle de la conscience tranquille. Mais nos responsables politiques en sont-ils·elles capables ?

La caducité du clivage droite-gauche explique donc pourquoi Le Pen et Macron ont été plébiscités dès 2017. Pourtant, Mélenchon l'avait aussi compris en proposant un mouvement liquide, en donnant à La France insoumise

44. Députée d'origine ivoirienne, elle a joué un rôle majeur dans la grève (en 2019) du personnel de chambre de l'hôtel Ibis des Batignolles à Paris – la plus longue de l'histoire de l'hôtellerie. Elle a dénoncé les conditions de travail que ses collègues et elle enduraient, ainsi que les actes de violence subis.

un format beaucoup plus en prise avec l'évolution de la société. Reste encore la question démocratique en interne à régler.

Pour gagner, on ne peut plus faire référence à la gauche comme étant un projet de futur, mais plutôt comme à des racines et une histoire. C'est à la gauche que nous devons tout ce pour quoi nous nous battons. Mais pour gagner, la gauche devra s'entourer de courants qui ne s'identifient pas spontanément à elle. Notre bloc des justices, notre arc humaniste, notre « camp de la vie » – appelons-le comme nous voulons – a des racines dans la gauche des luttes, et des branches dans toute la société. Ces branches doivent maintenant atteindre les ancien·nes électeur·ices de la droite gaulliste par exemple, qui refusent la course au profit et rejettent le nationalisme, mais aussi les électeur·ices conservateur·ices qui aiment la France des terroirs, des pays locaux, et qui rejettent la mondialisation agressive de Macron et l'identitarisme nauséabond de Marine Le Pen.

Les deux blocs auxquels nous faisons face appartiennent à une internationale. Le bloc nationaliste à une internationale identitaire, où l'objectif de pureté d'un groupe dépend des autres, et le bloc capitaliste à une internationale libérale, où le profit recherché au sommet de la hiérarchie des normes méprise les droits et les limites de la planète.

Notre bloc social-écologique peut quant à lui développer un récit enraciné dans les neuf limites planétaires[45] et le

45. Les limites planétaires sont les seuils que l'humanité ne devrait pas dépasser pour ne pas compromettre les conditions favorables de son développement et pour pouvoir durablement vivre dans un écosystème sûr, c'est-à-dire en évitant les modifications brutales et difficilement prévisibles de l'environnement. Ce concept a été proposé par une équipe internationale de vingt-six chercheurs et publié en 2009. Sur les neuf processus retenus comme limites, car ensemble ils remettent en cause la stabilité de la biosphère, huit ont été chiffrées par les chercheurs et six ont déjà été franchis. Ces neuf limites sont : le changement climatique, l'érosion de la biodiversité, la perturbation des cycles biogéochimiques de l'azote et du phosphore, les changements d'utilisation des sols,

minimum humanitaire, où la vie est la finalité de l'action publique, la vie digne et libre grâce à l'épanouissement de tou·tes et de chacun·e.

Dans cette logique de tripolarisation, nous pouvons enfin polariser contre les camps qui polarisent. De fait, notre bloc, s'il était hégémonique en tant que bloc (comme les républicains sur les monarchistes et bonapartistes de 1876 à 1898) et qu'il anéantissait la pertinence intellectuelle de l'offre libérale et de l'offre identitaire, serait le seul bloc dans lequel la société ne serait pas polarisée. Concrètement, dans un monde libéral il y aura toujours les riches et les pauvres, dans un monde identitaire il y aura toujours les « eux » et les « nous ». Or dans un monde écologique et social, nous vivrions dans une société sans races et sans classes avec nos singularités comme seules distinctions. Au-delà de l'utopie, c'est véritablement dans ces formules que réside la nature de chacun de ces projets de société.

– Le bloc capitaliste polarise entre riches et pauvres. Il renforce le conflit social. Il accentue les inégalités, augmente à la fois le nombre de pauvres et de milliardaires et produit davantage de carbone, tuant les vies les plus fragiles ici et là-bas – racisé·es[46], populations des pays

l'acidification des océans, l'utilisation mondiale de l'eau, l'appauvrissement de la couche d'ozone, l'introduction d'entités nouvelles dans l'environnement (pollution chimique) et l'augmentation des aérosols dans l'atmosphère.

46. En France, le mot *racisation* apparaît dans l'ouvrage *L'Idéologie raciste* de la sociologue Colette Guillaumin (Éditions Mouton, 1972). Elle développe une conception relationnelle du racisme en insistant sur l'existence des rapports de domination. Pour elle, la « racisation » désigne l'assignation à un statut minoritaire : les individus du groupe majoritaire et dominant « racisent » lorsqu'ils nomment et catégorisent. Dans les années 2010, le mot *racisé* a fait son apparition, utilisé comme adjectif ou comme substantif, dans le vocabulaire de divers groupes politiques français pour désigner les personnes victimes de « racisme systémique ».

dits « du Sud », femmes et enfants, personnes en situation précaire, personnes LGBT[47].

– Le bloc nationaliste polarise entre pur·es et impur·es, en l'occurrence ici entre Français·es de souche et Français·es immigré·es ou migrant·es ou réfugié·es. Il renforce l'exclusion, le racisme et la hiérarchisation des individus.

– Notre bloc, contrairement à ce dont il est accusé, ne mettra au ban ni les hommes, ni les riches, ni les Français·es, ni les Blanc·hes. Il entend les inclure, mais dans une perspective plus égalitaire. Il n'est pas ici question de faire sans, mais plutôt avec le concours de. Est-ce utopique de viser un statut équivalent entre celles et ceux qui, depuis toujours, sont opprimé·es, et celles et ceux qui, depuis toujours, jouissent de privilèges ? Il paraît que personne n'est (vraiment) libre tant que les autres ne le sont pas. Malgré la peur de l'exclusion qui est la leur, bien que difficilement acceptable ou compréhensible, c'est aussi un rendez-vous avec l'histoire qui les attend : en être ou ne pas être ?

En nous servant de cette tripolarisation, notre proposition est donc de polariser contre celles et ceux qui polarisent.

Premier postulat : nous vivons une période d'exception. Deuxième postulat : nous sommes divisé·es politiquement en trois systèmes de valeurs qui traversent toute la société et nous voulons polariser notre système pour faire gagner l'harmonie.

C. Prendre l'Avenir en commun pour acquis

Troisième postulat : la nécessité d'organiser notre offre programmatique autour de l'Avenir en commun puis

47. Nous renvoyons sur ce dernier point à l'enquête de Cy Lecerf Maulpoix examinée dans son livre *Écologies déviantes. Voyage en terres queers*, Éditions Cambourakis, 2021.

du programme de la NUPES rédigé en mai 2022. Les 650 mesures de ce dernier sont certainement appelées à évoluer et à être débattues.

Quand la Primaire populaire a commencé, il a fallu 2 mois pour réussir à faire émerger, entre les 17 partis de gauche, des consensus autour des 4 principaux. Aujourd'hui, nous sommes plus fort·es parce que nous pouvons considérer comme acquis le fait que l'Avenir en commun est le programme préféré des Français·es progressistes, humanistes, ou simplement de gauche.

N'oublions pas qu'Olivier Faure, sur France Inter, nuançait encore la retraite à 60 ans après la présidentielle et avant les législatives. Il ne faisait pas de la retraite à 60 ans un prérequis mais se concentrait sur les annuités[48]. Pourtant à l'automne il était en première ligne contre la réforme, ayant adopté la position de la NUPES. Et pour cause, c'est la position la plus populaire et la plus représentative sur le sujet. Il faudrait donc organiser tous les prochains débats programmatiques en partant de l'Avenir en commun et du programme de la NUPES en en proposant bonifications, amendements et modifications, pour ne pas avoir le vertige de la page blanche.

Avec la NUPES, Jean-Luc Mélenchon a eu le mérite de faire revenir la gauche à gauche. Entre-temps, une gauche libérale (la motion Territoires de progrès au sein d'En marche, héritière de Dominique Strauss-Kahn et surtout de l'Élysée 2012-2017) et une gauche identitaire (Printemps républicain) ont usurpé le terme de *gauche* et cela a renforcé la confusion sur la nature même du clivage droite-gauche. Pour cette raison, nous ne pouvons nous contenter d'être de gauche ou de parler pour la gauche. Il nous faut à la fois nous séparer de ces gauches-là qui nous

48. *L'invité de 8h20 : le grand entretien*, par Nicolas Demorand et Léa Salamé (23 mai 2022).

ont trahi·es, mais aussi rejoindre d'anciennes droites qui s'alignent sur le bloc des justices.

Cela étant dit, l'Avenir en commun apparaît effectivement comme un acquis. Ce qui ne l'est pas en revanche, c'est le leadership de La France insoumise en tant qu'organisation politique. Sa culture, son style, son langage sont très peu représentatifs de la société, et la difficulté est l'immense déni de la garde rapprochée de Jean-Luc Mélenchon à ce sujet. Lui prétend parler « dru et cru », mais il fantasme certainement la réalité de celles et ceux qui n'ont pas à manger dans leur assiette. Nous ne sommes pas dans *Germinal*, et la souffrance, bien réelle, des pauvres dans notre pays n'est plus celle des mineurs de fond. La plupart des Français·es se sentent impuissant·es face à leur réalité et n'ont pas besoin qu'on leur explique la vie. C'est en particulier une attitude néfaste lorsqu'il s'agit de personnes qui soutiennent explicitement l'Avenir en commun qui en viennent à se faire « engueuler » sur Twitter comme de jeunes enfants indiscipliné·es.

Les 22 % de Mélenchon au premier tour comportent une large part de scepticisme à l'égard de LFI et de Jean-Luc Mélenchon lui-même, mais les électeur·ices avaient compris la situation d'exception avant les partis. Une quantité astronomique de socialistes, écologistes, communistes et même libéraux·les ou nationalistes repenti·es ont voté pour Jean-Luc Mélenchon par responsabilité, par sens de l'histoire et des priorités. De fait, les mêmes électeur·ices, sur les 8 millions de Français·es clairement ancré·es dans le bloc des justices, ont voté socialiste aux municipales et régionales, écologiste aux européennes et insoumis à la présidentielle.

Pour rendre la NUPES féconde, LFI et Mélenchon doivent comprendre qu'ils ne sont pas propriétaires de ces 22 %, sinon ils risquent à la fois de perdre les électeur·ices, dégoûté·es de se sentir récupéré·es, et de voir les partis minoritaires de la NUPES riposter par d'autres mises en place du rapport de force, en proposant par exemple des listes différentes aux élections européennes.

Nous prenons le pari que si Manuel Bompard faisait une déclaration sur les scores de la présidentielle en rendant à César ce qui est à César – c'est-à-dire à l'union ce qui est à l'union en proposant un parlement de la NUPES non proportionnel au résultat des législatives et un comité de direction quadripartite égalitaire ne donnant pas l'avantage à LFI –, les Verts retireraient leur liste des européennes. Cette liste irresponsable est la réponse à une autre irresponsabilité : la culture de l'hégémonie et de l'autorité chez LFI, le tout enrobé dans la croyance faussement lucide – comme si celles et ceux qui pensent le contraire étaient naïf·ves – qu'il est impossible de se parler avec bienveillance et franchise et que tout dialogue comporte une part d'intérêt et de rapport de force. Quelle fausse idée de la conversation, sur laquelle s'est pourtant construit le débat à gauche…

D. Aligner projets, comportements et récits pour résoudre le rejet des partis par les citoyen·nes

Après la nécessité de prendre acte de la période d'exception, de polariser contre ceux qui polarisent et de partir de l'Avenir en commun, nous en arrivons à notre quatrième postulat : aligner projets, comportements et récits.

Et c'est probablement le point le plus difficile pour cette gauche-là. La NUPES a l'un des plus forts taux de cadres élu·es à l'Assemblée, nous l'avons évoqué, mais chaque chef·fe de parti est entouré·e de ses compagnon·nes de route ; les circonscriptions gagnables n'ont pas donné lieu à une désignation locale et populaire ; 10 des 12 députés·es NUPES de la Seine-Saint-Denis habitent les quartiers gentrifiés de Montreuil ; la société civile ne participe pas activement aux délibérations de la NUPES, renvoyée à un rôle de pourvoyeuse de manifestant·es lors des mouvements sociaux. Quel dommage quand on sait que c'est la première fois depuis 1981 que toutes les circonscriptions de Seine-Saint-Denis votent à gauche.

Tout un imaginaire désirable reste à construire, et un récit enthousiasmant avec. Les chef·fes des partis de la NUPES auraient tout à gagner en vivant et en pratiquant des choses qu'ils·elles considèrent comme naïves ou ringardes : une formation sérieuse à la communication non violente ; une session de formation à la culture de la coopération et de la décision collective ; un week-end de cohésion au vert sans téléphones portables ; l'abolition de la tradition du « off » qui impose la trahison et les commentaires sournois comme normes culturelles. Nous prenons même un deuxième pari : s'ils·elles le faisaient, nous gagnerions en 2027. Nous avons un énorme enjeu à rendre crédibles et sérieuses toutes ces propositions récentes qui renforceraient les liens du collectif.

Quelle ne fut pas notre surprise quand, en approchant de la présidentielle, nous avons croisé dans les innombrables réunions Zoom des vieux briscards nous traitant de start-uppeur·ses ou de mielleux·ses rêveur·ses, alors que tout·es jeunes que nous sommes, nous ne faisions que proposer un temps de partage de la météo de chacun·e, une écoute du centre[49], une culture de la bienveillance. Il est vrai que les libéraux·les et les entreprises ont repris à leur compte ces nouvelles techniques pour en faire des outils détournés de politique du bien-être au travail, au service de la performance et de la rentabilité. Mais au diable !

49. Méthode de concertation et de coopération promue notamment par l'organisation citoyenne l'Université du nous. Il s'agit de laisser le groupe s'exprimer sans cadrage préalable par une force dominante.

Comme pour la patrie, les terroirs, la Nation et l'entrepreneuriat, ne laissons pas à nos adversaires le privilège de réutiliser les concepts que nous avons inventés pour en faire des outils au service de leurs projets mortifères. Battons-nous pour maintenir notre autorité sur ce qui est issu de notre créativité. Sans esquiver le débat sur l'anniversaire de 1793, n'oublions jamais que la violence révolutionnaire est venue en réponse à une violence vertigineuse perpétrée de tout côté, à laquelle les républicains ont tenté de répondre par une magnifique constitution qui s'est retrouvée menacée par des Vendéens manipulés par l'Église et la somme de toutes les monarchies étrangères. Nous sommes des idéalistes, nous sommes des non violent·es, nous sommes des humanistes. Quand la Résistance prend les armes face au nazisme, elle le fait en prenant acte de l'absence totale d'alternative, mais elle s'emploie dès 1945 à organiser le désarmement de la milice. Ne soyons pas les chimères de nous-mêmes et revenons à la pureté de nos idéaux.

Sur d'autres sujets encore le manque d'alignement est terrifiant. Sur la lutte antiraciste, quand il s'agit de représenter les minorités racisées et d'apporter clairement son soutien aux leaders de la cause antiraciste ; sur la lutte féministe, quand il s'agit de gérer l'affaire Quatennens ; sur la lutte écologiste, quand il s'agit de soutenir les Soulèvements de la Terre[50] ; etc.

50. Les Soulèvements de la Terre est un collectif écologiste et contestataire fondé en janvier 2021. Ce mouvement est opposé à l'accaparement des terres et lutte contre certains projets d'aménagement, notamment les mégabassines, des autoroutes, ou encore le projet de ligne à grande vitesse Lyon-Turin. Il exprime ses revendications par des manifestations et mène des actions de désobéissance civile ainsi que de sabotage des infrastructures industrielles qu'il considère comme polluantes. Il rassemble une centaine d'associations et de collectifs. En juin 2023, le ministre de l'Intérieur Gérald Darmanin annonce la dissolution du mouvement, provoquant de vives réactions, notamment de la part d'Amnesty International et de la Ligue des droits de l'homme. Cette

E. Repenser l'unité dans la diversité

Ce cinquième postulat, stratégique, est tout à la fois le plus ambitieux, le plus complexe, et le plus indispensable à notre plaidoyer. Le manque d'unité dans la diversité est pour nous le problème duquel découle l'essentiel de tous les autres problèmes de la gauche. Il naît d'une confusion probablement installée depuis la Révolution et non résolue depuis. Il naît d'une passion française non traitée. Il naît aussi d'une absence de discussions et de conversations sur la question.

Mettons les pieds dans le plat : l'unité n'est pas l'uniformité, la diversité n'est pas la division. Tout réside dans cette maxime.

– « L'unité n'est pas l'uniformité », c'est dire qu'unité n'est pas synonyme d'hégémonie. Être uni·es ne peut en aucun cas signifier se ressembler, être d'accord ou s'aligner sur tout. C'est même souvent le contraire. L'unité sans différences effectives, c'est l'uniformité. Donc l'unité en soi ne peut pas être uniforme, c'est là le sens profond de l'unité.

– « La diversité n'est pas la division », c'est dire que l'existence de désaccords, de divergences, et même la conflictualité ne doivent pas nous séparer. La seule division que nous reconnaissons et que nous n'abandonnerons qu'après avoir gagné, c'est celle qui nous oppose à la doxa capitaliste et aux doctrines identitaires. Ici nous voulons la division parce qu'il y a rupture. Il y a rupture sur notre conception de l'humain, dans son anthropologie la plus fondamentale. Il y a rupture sur notre perception du danger, sur le diagnostic écologique. Il y a même rupture sur ce qui est considéré comme bien ou mal, mais nous nous contenterons de dire

dissolution est suspendue par le Conseil d'État deux mois plus tard sans pour autant être annulée.

qu'il y a rupture car nous n'acceptons pas ce qui est injuste, là où eux en acceptent une part incompressible.

Une saine harmonie entre unité et diversité trouve davantage ses racines dans l'histoire américaine et européenne que dans l'histoire républicaine. En France, la violence avec laquelle de puissantes forces ont essayé d'empêcher la Révolution a laissé une forte habitude de suspicion à l'égard de la divergence. Une pièce magnifique de Joël Pommerat, intitulée *Ça ira (1) Fin de Louis,* narre entre autres les mois d'avril à août 1789 et montre avec une grande acuité comment l'histoire contemporaine française s'est construite dans cette dualité: pour être uni·es renforçons l'uniformité, car toute divergence peut aisément devenir la division. C'est ainsi que les départements ont perdu leurs noms séculaires rattachés aux terroirs locaux, que les régions ont retrouvé leurs noms d'ancienne province seulement à partir de 1986, que la première liste de principes de la République indiquait qu'elle était « une et indivisible » (remplacé depuis par « indivisible, laïque, démocratique et sociale », le « une » ayant disparu par respect pour les territoires d'outre-mer et les collectivités particulières, selon de Gaulle).

La pensée jacobine et ses deux héritières, la montagnarde et la girondine, ont fondé le salut de la République sur la centralité, l'uniformité et une forme – pas nommée comme telle à l'époque – de standardisation.

À l'inverse, la culture européenne, empreinte de 1 600 ans de Saint-Empire romain germanique au sein duquel principautés, comtés et duchés vivaient sous la concorde d'un empereur symbolique au faible pouvoir central mais au rôle de grand harmonisateur, a donné à la naissance de l'Union européenne une devise très claire: « Unie dans la diversité ». Ces deux notions apparemment contradictoires sont ainsi ramenées à ce qu'elles sont vraiment: un simple paradoxe. C'est-à-dire une contradiction qui n'en est pas une. Ce que l'équipe de France de football, faisant exception, a bien intégré puisque l'on peut lire sur le liseré des maillots « Nos différences nous unissent ».

De même, les États-Unis ont eu pour devise officielle jusqu'à la guerre froide « *E pluribus unum* » (« De plusieurs nous ne sommes qu'un »). La suite logique et évidente de la relation fédérale instaurée entre les 13 premières colonies indépendantes, et la suite de la Constitution des États-Unis, fondée sur la libre entente d'États souverains. Paradoxalement dans une Nation comme la France, statistiquement beaucoup plus diverse que les États-Unis ou l'Union européenne, c'est-à-dire sans la présence d'une nette majorité ethnique ou religieuse comme c'est le cas en Europe et aux États-Unis avec des majorités blanches et chrétiennes, nous devrions être les premier·es à vivre et à incarner cette diversité pour la garantir, et non à l'inverse la craindre.

Du fait de cette erreur de jugement qui pose la divergence comme une menace, et la nécessité d'être uniformes pour être uni·es, la France a digéré ces termes en intégrant deux peurs irrationnelles. Première peur : si nous ne sommes pas d'accord, nous ne pouvons pas marcher ensemble (tandis que les Anglo-Saxons sont à l'aise avec le « *agree to disagree* », c'est-à-dire « d'accord de ne pas être d'accord », y compris au sein d'une coalition). Deuxième peur : si nous manifestons une divergence, nous créons de la division. Le problème, c'est que notre génération, de plus en plus cosmopolite, a fait de la coopération dans la diversité et de la recherche de consensus forts et dynamiques une véritable expérience épanouissante et émancipatrice. Pour de plus en plus de jeunes électeur·ices depuis 30 ans, la diversité ou la coopération ne signifient pas synthèse molle mais, au contraire, visage glorieux de l'équipe de France en 1998 et en 2018 ainsi que rues inondées de la diversité française.

Aujourd'hui le mal fondateur de la NUPES est de penser qu'elle a besoin d'uniformité pour être unie alors qu'au contraire, l'exaltation des différences et des nuances de ses 4 partis dans un socle commun serait de nature à considérablement la renforcer et la rendre attractive. Cela présuppose d'en débattre, de construire des espaces de dialogue, de répartir points d'accord et de désaccord, de consolider proportionnellement ce qui nous rassemble et ce qui nous distingue. Et de toujours nous rappeler que ce qui nous rassemble, ce sur quoi nous convergeons, est fondamentalement plus important et essentiel que le reste, dans l'absolu déjà, du point de vue des idées, mais dans le contexte surtout, face à des adversaires avec qui nous ne partageons quasiment aucun commun (démocratie sur le papier[51], refus théorique de la violence, conservatisme des élections, mémoire de la lutte contre le nazisme) et avec qui la rupture se situe au centre de ce qui fait une vision politique : l'humain d'abord ; les Français·es d'abord ; l'argent d'abord.

Nous proposons à ce titre de redynamiser la Rencontre des justices, d'en faire une fête et de la considérer comme une université d'été organisée par les mouvements d'activistes et d'entrepreneur·ses plutôt que par les partis de la NUPES. Ces derniers pourraient quant à eux y débattre avec leur peuple de gauche, dans le respect de la différence, au sein d'une coalition d'urgence – comme les socialistes et les républicains-conservateurs ou républicains-libéraux ont su débattre au sein des coalitions républicaines de 1876 et 1877 pour faire tomber le monarchisme. Car oui, la tâche n'est pas moindre aujourd'hui. Entre insoumis·es, écologistes, communistes, socialistes ainsi que progressistes et humanistes sans chapelle choisissant le camp de la vie et mettant la priorité sur la justice, il faut faire tomber nos deux adversaires pour faire advenir le projet partagé d'une VIe République écologique et sociale.

51. Rien ne dit que, une fois au pouvoir, le bloc nationaliste maintienne la démocratie.

Maintenant que notre rapport à la diversité a été repensé, prenons le temps de regarder de quoi se compose cette magnifique diversité de la gauche dans une troisième partie.

Et n'oublions pas nos cinq doigts de la main : exception, tripolarisation, l'Avenir en commun, alignement et union !

III. Différentes traditions politiques, un seul objectif

Pour gagner, nous croyons à l'importance des identités, des traditions et des histoires de chaque parti, qu'il faut savoir célébrer et valoriser à l'occasion de leur rencontre. Comme vous le voyez, une fois repensé notre rapport à la diversité, nous ne sommes plus à un paradoxe près.

Ici nous développerons l'idée que l'unité est tout sauf une simple stratégie d'addition, qu'il s'agit d'un vrai projet politique en soi. Au commencement de l'idéal européen, avant que l'Union européenne ne devienne libérale, l'Europe et sa devise « Unie dans la diversité » disaient quelque chose d'un projet profond de réconciliation et d'harmonie de la société humaine. Ainsi, l'unité et la diversité de notre coalition écologique et sociale sont de même bien plus qu'une accumulation de propositions politiques : l'unité est une proposition en soi, car elle préfigure l'harmonie et la vie que nous défendons.

A. Petit éloge de la NUPES

1. Une alliance inédite…

Née de l'échec à présenter un·e candidat·e de gauche au second tour de la présidentielle de 2022, la NUPES est la forme d'union de la gauche la plus aboutie que l'histoire ait connue. En rassemblant entre le 28 avril et le 6 mai 2022, à la veille des élections législatives, les insoumis·es, les écologistes, les communistes et les socialistes, elle va plus loin encore que le Programme commun de 1972 et la Gauche plurielle de 1997 puisqu'elle présente directement une candidature unique dans la plupart des circonscriptions. Et nombreux·ses sont les candidat·es – David Caviglioli en Charente[52], Kevin Vacher à Marseille, pour ne citer qu'eux – qui cèdent leur place avec félicité pour donner de plus grandes chances au collectif (et qui méritaient plus leur place que les parachuté·es des négociations). Dès le premier tour, la NUPES se qualifie dans 362 circonscriptions : elle arrive en tête dans nombre de suffrages avec 25,85 % des voix, devant la coalition pour la majorité présidentielle Ensemble ![53]. Pour la première fois, la NUPES a joué la fin des ego pour s'imposer, avec 151 sièges, comme la principale force d'opposition à la macronie, qu'elle prive d'un coup de la majorité absolue qui lui avait jusqu'ici permis de conduire sans résistance son entreprise de destruction sociale, écologique et démocratique. Qui aurait imaginé, juste six mois auparavant, un tel score aux législatives pour une alliance de la gauche ? Sûrement pas les partis concernés eux-mêmes.

Sans la cohabitation qu'elle ambitionnait, la NUPES est tout de même parvenue à réinstaller le débat démocratique dans une Assemblée nationale qui en a si longtemps été privée. Elle familiarise de nouveau les oreilles aux notions de « niche parlementaire », « motion de censure », « amendement ». Elle réinvestit le champ politique en dénonçant l'idéologie que le président Macron faisait passer pour un strict pragmatisme

52. *L'Obs*, « Vive la NUPES ! (Et par pitié, cessez de rayer ma voiture) », 14 mai 2022 [En ligne].

53. L'accord de coalition rassemble, en mai 2022, trois partis : La République en marche, le Mouvement démocrate et Horizons. Quatre autres partis sont mentionnés (avec leurs logos) sur le site officiel : Agir, Territoires de progrès, Parti radical et En commun.

économique. Sans la NUPES, point de mobilisations contre la vie chère, contre les retraites, contre la loi Immigration. Sans la NUPES, point d'engagements pour la hausse du SMIC à 1 500 €, la retraite à 60 ans, la VIe République, les jeunes générations, le gel des prix des produits de première nécessité en pleine crise sociale durable. Pour la première fois depuis longtemps, la gauche affirme être prête à gouverner. Ce que son programme partagé, l'Avenir en commun, fort de 650 propositions, rend crédible. Incomprise et boudée hier par la plupart des leaders d'opinion, la gauche est désormais soutenue par plus de 170 économistes, à l'instar de Thomas Piketty, Gabriel Zucman et Julia Cagé, ajoutant du crédit à sa projection gouvernementale.

Pour une fois, le récit n'est pas celui de querelles de chapelle ; il est à l'alliance, à la joie, à l'harmonie dans la différence, à la possibilité de la discussion, notamment autour des 33 « mesures de nuance » laissées à la sagesse du débat parlementaire. Dans les médias, les candidat·es et porte-paroles de la NUPES supplantent la pratique du « off » et du commérage qui faisait tant de mal à la qualité du débat public (et détournait tant de gens de la politique) en valorisant combats communs, camarades, ou voisins. Ce faisant, la coalition fait aussi émerger des profils neufs et constructifs qui font « de la politique autrement » : Marie-Charlotte Garin, Louis Boyard, Arthur Delaporte, Rachel Keke, Carlos Martens Bilongo… Ces jeunes député·es sont d'ailleurs les plus enclin·es à s'associer dans des plaidoyers ou des propositions législatives, comme on l'a vu avec la proposition de loi cherchant à garantir le droit aux vacances pour tou·tes à l'été 2023. Elle consolide enfin des profils connus, à l'instar de Clémentine Autain, Boris Vallaud ou encore Sandrine Rousseau, ce qui permet à la gauche d'imposer pour la première fois depuis longtemps des sujets dans le débat public sur nos modes d'existence, notre modèle économique, nos aspirations collectives.

Par la NUPES, et contrairement au flou idéologique que l'on aurait pu attendre de l'alliance de plusieurs forces, la gauche choisit son camp : elle choisit la rupture et met fin à la parenthèse sociale-libérale qui a trop de fois déçu. Elle présente une gauche pluraliste, féministe, éco-socialiste, dans l'air du temps. Pour la première fois depuis longtemps, elle ne se fait pas dicter le vocable politique par la droite : c'est elle qui le lui dicte. Elle n'est pas forcée de se positionner par rapport à telle ou telle sortie, telle ou telle annonce ou proposition : c'est elle qui impose aux autres de se positionner. Elle est plus que jamais entendue sur l'irréversibilité climatique, l'injustice fiscale, environnementale et sociale, la réduction nécessaire du temps de travail, le droit à la retraite, aux loisirs et à la paresse, la nécessité d'un renouveau démocratique. Elle est un support politique aux dénonciations qui se multiplient depuis plus de 5 ans contre un système libéral malade synonyme d'hyper-concentration des richesses et des pouvoirs, de mondialisation anxieuse, de toute-croissance ravageuse, de fragilité géopolitique, d'hégémonie sur les femmes, les enfants, les minorités de genre, ethniques, économiques, religieuses et sur les étranger·es. Si elle est discréditée, criminalisée, qualifiée de « wokiste », d'« extrême », de « terroriste » par ses adversaires, c'est précisément parce que ces derniers mesurent le poids et la centralité que la gauche, à travers elle, occupe de nouveau dans l'espace politique. Pour toutes ces raisons, la NUPES n'est donc pas qu'un accord, qu'une victoire électorale. Elle est un nouvel espoir, un nouveau projet politique contre la violence libérale et nationaliste. Elle est un premier pas vers la victoire.

2. … mais insuffisante

Et pourtant, la NUPES ne suffit pas. D'abord parce que les modalités de sa création révèlent sa grande fragilité : faite dans l'urgence, en quelques jours, alors qu'elle était réclamée depuis des années – des décennies même – par son électorat, elle s'est aussi faite dans la brutalité habituelle avec laquelle la politique agit, et avec laquelle il faut rompre tout à fait. Trop d'injustice dans l'évincement à la dernière minute de candidat·es ayant pourtant dépensé une énergie folle à faire campagne, dans le parachutage de candidat·es négocié·es au détriment de candidat·es légitimes dans les quartiers populaires. Trop d'injustice aussi quand la NUPES oublie délibérément de rappeler les tentatives et les projets ayant permis son existence : festivals des idées, Ensemble ![54], Place publique… et surtout la Primaire populaire. Car sans Primaire populaire, point de NUPES. Pourquoi la NUPES arrive-t-elle donc si tard alors que la Primaire s'était déjà précédemment proposé, dans la lenteur nécessaire, d'unir la gauche ? N'oublions pas que c'est grâce à la pression de l'électorat de gauche qui a pour une fois été institutionnalisé, quantifié, constitué en lobby efficace œuvrant pendant des mois auprès des cadres des partis, que la maturité nécessaire à une alliance a été atteinte. En ce sens, la Primaire populaire a recréé le dialogue entre les partis et a installé dans les esprits la *possibilité* d'une alliance.

La Primaire populaire, testament à la NUPES

Toute nouvelle en France, la Primaire populaire est née le 5 mai 2021 à l'initiative de l'entrepreneur social Samuel Grzybowski, co-auteur de ce livre, et de la militante écologiste Mathilde Imer. Elle est lancée par le collectif la Rencontre des justices qui regroupe depuis juillet 2020 des entrepreneur·ses sociaux·les, des militant·es écologistes, féministes et antiracistes. La Primaire populaire est portée par « 2022 ou jamais »,

54. Nous ne parlons pas de la formation issue de la coalition des candidat·es macronistes et associé·es, mais bien du mouvement lancé par la députée Insoumise de Seine-Saint-Denis Clémentine Autain en 2013, et intitulé dans sa totalité Ensemble ! Mouvement pour une Alternative de Gauche, Écologiste et Solidaire.

une association fondée le 15 février 2021 et destinée à œuvrer à ce qu'un·e candidat·e unique à gauche soit désigné·e démocratiquement pour 2022. Au travers de la constitution d'un socle programmatique commun, des parrainages citoyens et du vote au jugement majoritaire – mode de scrutin qui permet aux citoyen·nes d'attribuer une mention allant de « très bien » à « passable » pour chaque candidat·e – s'exprime un suffrage plus informé et nuancé. Sans autre candidat·e déclaré·e qu'Anne Hidalgo au 8 décembre 2021, la Primaire deviendra un projet d'investiture populaire semblable au mouvement *Sunrise*, très influent désormais dans les issues électorales américaines.

Mais à la fin du mois d'octobre 2021, 5 candidat·es de gauche se sont déjà engagé·es sans aucune alliance prévue. La Primaire populaire cherche alors à installer une dynamique citoyenne qui portera un·e seul·e candidat·e, et par là même à devenir un outil de légitimation sur la base des votant·es. Reposant sur 5 000 bénévoles formé·es dans 150 groupes locaux, et avec 18 salarié·es financé·es grâce à un crowdfunding ayant rassemblé plus de 43 000 donateur·ices, la PP (Primaire populaire) s'est aussi installée dans le paysage médiatique et politique par la joie de son militantisme, chose nouvelle à gauche. Pied de grue devant les sièges d'EELV, du PS et de LFI, nounours qui circule dans l'espace public pour distribuer des câlins, etc., cette bonhomie détonne avec le manque criant de tendresse des partis à l'égard de l'initiative. Ce fut non seulement un refus catégorique de Jean-Luc Mélenchon, de Yannick Jadot et – avant qu'elle ne change d'avis – d'Anne Hidalgo, mais encore des critiques acerbes dans les médias, l'organisation d'un harcèlement de masse sur les réseaux sociaux, des menaces de plaintes, et même une tentative de débranchage avec argent et sièges à l'appui.

En dépit de tous ces empêchements, la Primaire populaire parvient à réunir 540 000 soutiens (signature d'une pétition) qui se transforment en 467 000 inscrit·es, puis enregistre un taux de participation s'élevant à 84,1 %, soit près de 400 000 votant·es, clairement davantage qu'à la primaire des écologistes (quatre fois plus) ou qu'à celle du congrès des Républicains. Surtout, elle a instillé une vérité statistique dans la musique médiatique entourant la présidentielle : en répétant que 85 % des électeur·ices de gauche et des écologistes souhaitaient le rassemblement, les porte-paroles de la Primaire ont confronté suffisamment tôt les chef·fes de parti sur le sujet. À la veille de la présidentielle, les sondages montent même à 95 %. Mais alors que le vote de la Primaire a désigné Christiane Taubira, elle se retire le 3 mars, et la Primaire appelle dès le 5 mars à voter pour le candidat le plus clairement favorable, Jean-Luc Mélenchon. Vécu par beaucoup comme une trahison, cet épisode de la PP acculée par le jeu partisan peut aussi être lu comme la preuve qu'une structure politique est toujours capable de ne pas ajouter au chaos et choisir de se « ranger » derrière un·e candidat·e dans l'objectif de faire gagner la grande famille progressiste. Beaucoup se sont interrogé·es sur le fait de ne pas soutenir le second candidat le plus plébiscité, Yannick Jadot, mais le vote, périmé depuis 2 mois, n'avait jamais été un classement. La PP, suite à un vote interne, voulait montrer qu'il était possible d'être un mouvement citoyen et de faire de la politique autrement en privilégiant la finalité sur la survie de l'organisation.

La Primaire a ses défauts, son lot d'erreurs, qui tiennent principalement à l'ingénuité avec laquelle ses membres, non professionnel·les de la politique, l'ont conduite dans un jeu d'expert·es. Un peu comme si des amateur·ices du jeu des 7 familles s'étaient invité·es à une partie de bridge. Mais la PP a tout de même instauré le principe et la pratique d'une base programmatique commune, accouchant de 10 mesures de socle commun qui seront reprises ensuite dans les 650 propositions du programme partagé l'Avenir en commun. Les militant·es de la Primaire sont en effet parvenu·es en avril 2021 à réunir, plusieurs heures par semaine, les représentant·es de plus de 15 partis politiques pour élaborer un projet fédérateur qui constitue l'héritage de la NUPES, née pile une année plus tard. Les partis impliqués ont ensuite contesté avoir participé à cette élaboration, mais de nombreux témoignages, dont celui de la sociologue Dominique Méda, attestent de l'existence de ces réunions et de la co-construction de ces 10 mesures jusqu'à l'approbation collective du 29 avril à 11 heures. C'est l'émergence de l'identité « Primaire populaire » le 5 mai qui a fait rétropédaler les partis, n'assumant plus d'avoir participé à cette démarche.

À peine née, et faute d'avoir été pensée en dehors d'un contexte électoral, la NUPES se fracture : dès sa création, le cadre de sa longévité n'est pas assuré puisque les député·es élu·es sous son étiquette ne veulent plus constituer un seul et même groupe parlementaire à l'Assemblée. Trop de prétendues divergences sont exposées, exagérées, sur les retraites, la sortie de l'OTAN, l'Ukraine, le Mercosur, le nucléaire, la chasse, l'agriculture, le vote à 16 ans… Mise à l'épreuve des échéances électorales, elle se fissure : dès le printemps 2023, Marine Tondelier, secrétaire nationale d'EELV, annonce qu'il n'y aura pas de liste commune aux élections européennes du fait de divergences de programme, notamment sur la politique internationale où elle présente comme irréconciliables les positions des partis sur « la Chine, l'Ukraine, la défense européenne[55] » alors que cela ne relève pas de la compétence européenne mais bien de la présidence française pour laquelle, là, elle souhaite un·e candidat·e unique. Contradiction relevée par l'eurodéputée LFI Manon Aubry, qui appelle à dépasser les contradictions et à poursuivre l'ambition commune de la NUPES[56] rejointe par la députée de Paris Sandrine Rousseau, elle-même du camp des Verts… C'est à n'y rien comprendre de nouveau ! Mais au fond, comment en vouloir aux Verts quand ils·elles ne font que répondre à la posture hégémonique, fièrement fausse détentrice des 22 % présidentiels, de LFI ? Les Verts font aux européennes ce que le PS fait aux locales et LFI aux nationales… et qu'ils se reprochent mutuellement ! La NUPES se divise et s'allie selon l'opportunisme des un·es et le placement des autres, elle continue de jouer le jeu politicien que tout le monde déteste. Sur l'affaire Quatennens, LFI perd non seulement la confiance de bon nombre de ses sympathisant·es, celle des féministes, mais encore celle de sa fraîche famille politique qu'elle n'a pas jugé utile de consulter et en dehors de laquelle, en toute logique, le député siégera désormais. Illisible, la NUPES recommence bientôt les erreurs, s'exposant aux critiques faciles, caricaturales mais stratégiques du camp Macron. Elle retombe dans les vieux travers de la gauche, sourde aux volontés lasses de son électorat, puisque près de 4 sympathisant·es de gauche sur 5 veulent bel et bien une liste unique aux prochaines élections européennes[57]. Face à l'atrocité commise par le Hamas le 7 octobre 2023

55. *Le Journal du dimanche*, « Européennes : Marine Tondelier réaffirme son souhait de présenter une liste écologiste séparée de la NUPES », 14 mai 2023 [En ligne].
56. « Liste commune de la NUPES aux européennes : stop aux caricatures ! Ma réponse à Marine Tondelier et aux écologistes », www.manonaubry.eu, 2 mai 2023 [En ligne].
57. *Le Journal du dimanche*, « SONDAGE. Européennes : 76 % des sympathisants de gauche pour une liste unique de la NUPES », 24 août 2023 [En ligne].

et à l'atroce réplique d'Israël sur Gaza les jours, les semaines suivantes, c'est un conflit complexe, extérieur, dramatique, qui aura raison d'elle, et qui conduira la NUPES à l'outrance, l'insolence, l'indécence, l'irréparable de n'avoir pas pris le recul, la distance dont *elle* avait le luxe, pour trouver une position commune, appeler d'une seule voix au cessez-le-feu, à la paix, afficher l'entente respectueuse, résolument engagée contre l'antisémitisme, le racisme, l'islamophobie, ou se taire tout à fait.

En pleine tourmente, alors que les un·es annoncent un moratoire sur les travaux de l'union, que les autres appellent à une nouvelle union comme si on n'en était pas déjà au 200e chapitre, la NUPES reste la forme la plus aboutie aujourd'hui d'union politique à gauche, mais elle ne saurait l'être demain. Elle ne peut qu'être une étape, un seuil.

3. Plus aucun parti ne doit jamais gouverner seul

Face à ces succès et ces limites, on entend, on comprend partout qu'un « acte II de la NUPES » est nécessaire. Mais il faut aller bien plus loin, viser bien plus haut qu'une simple saison 2 de *24 heures chrono* version alliance politique. Il faut accorder la lenteur nécessaire à la formation du rassemblement populaire majoritaire que la gauche devra incarner, il faut assurer la transversalité entre les mouvements politiques, mais aussi avec l'action syndicale, associative, citoyenne ; en bref, asseoir une base réellement populaire. Plus aucun parti seul ne doit se présenter, seulement cette coalition globale, politique, citoyenne et sociale, pour espérer incarner notre idéal de coopération au sein de la société, et gagner.

Nous avons pour cela besoin des 4 partis « majoritaires » de gauche – PS, EELV, PCF, LFI – et de ce que nous appellerons le « parti abstentionniste », celui des orphelin·es de la politique, trop déçu·es ou floué·es pour continuer de voter, jamais suffisamment enthousiasmé·es par une proposition en particulier, et, surtout, dans l'attente d'un collectif assez lisible et fort pour les emporter, un collectif capable d'embrasser la cohérence de leurs convictions et la différence des membres qui le composent. Nous avons besoin de ces 5 partis, mais nous ne devons pas en faire seulement une somme d'identités, de revendications et de propositions : il faut chercher l'enrichissement additionnel, ce qui émerge de la transcendance, le supplément d'âme de ce que l'on appelle *l'union*. Aller chercher ce qui naît précisément de l'alliance des forces, des passés, des expériences, des erreurs, ce qui naît de la différence, de la réconciliation aussi, avec l'idée que c'est l'hybride qui nous rend collectivement plus fort·es. Nous y reviendrons.

B. La tradition socialiste de gouvernement

1. Un immense héritage…

L'expérience socialiste de gouvernement est longue, plurielle et prolifique : c'est à l'aune de cette grande histoire, et de la capacité réformatrice des socialistes à l'épreuve du pouvoir, qu'il faut savoir réhabiliter le socialisme dans ce qu'il a légué, et le réinscrire dans ce qu'il a encore à offrir. Unifié·es en politique à travers la SFIO[58] dès 1905 – à laquelle fusionneront les différents courants (guesdisme, blanquisme, réformisme…) – et derrière la figure de Jean Jaurès, les socialistes gagnent très tôt les municipalités grâce à une large base militante où se côtoient ouvrier·es, paysan·nes, artisan·es, intellectuel·les, fonctionnaires, urbain·es, ruraux·les. Au Gouvernement dès le 3 mai 1936 avec Léon Blum et le Front populaire, on doit aux socialistes de nombreuses réformes pour le maintien desquelles on

58. Section française de l'Internationale ouvrière, qui prendra le nom de Parti socialiste en 1969.

lutte aujourd'hui : augmentation des salaires, conventions collectives, congés payés, semaine de 40 heures. De même sous de Gaulle ou encore pendant le tripartisme (SFIO, PCF, MRP[59]) de 1947 : vote des femmes, Sécurité sociale, nationalisations des énergies. L'exercice le plus important du pouvoir socialiste est bien sûr celui de François Mitterrand, à partir de 1981, qui voit adopter la retraite à 60 ans, la vague de nationalisation de toutes les banques, l'abolition de la peine de mort, la hausse du SMIC, du minimum vieillesse et des allocations familiales, la cinquième semaine de congés payés, la semaine de 39 heures, les lois Auroux sur la démocratie en entreprise. Sous la cohabitation avec Jacques Chirac, les 35 heures, la couverture maladie universelle (CMU), le PACS. Sous François Hollande, le mariage pour tous.

Et puis c'est aussi dans l'exercice du pouvoir que le PS s'est professionnalisé : il est devenu un parti relativement transparent, reposant sur une démocratie interne stable, une structure classique et lisible avec délégué·es et représentant·es intermédiaires ou locaux·les, des fédérations très identifiées, des cadres formé·es, une transmission organisée, des rôles et postes attribués, des militant·es accompagné·es et intégré·es dans des logiques de carrière et de trajectoire définie.

2. … et des errements dramatiques

Indéniablement, c'est aussi aux manettes que les socialistes ont systématiquement et grandement déçu : perte de la confiance populaire, culture du renoncement, manque de courage, non-respect des accords passés avec leurs partenaires, ces schémas se répètent à chaque ère socialiste, de Blum à Hollande. Mais ce qui a tué le Parti socialiste, c'est

59. Mouvement républicain populaire.

surtout son mariage avec les logiques du néolibéralisme. Pour penser rester crédible en tant que « gauche de gouvernement », par crainte de se voir taxer d'incompétence, le PS a repris à son compte les pseudo-évidences formulées par le camp ultra-libéral, camp auto-proclamé du sérieux et de la modernité économiques. Ce faisant, pendant plus d'un demi-siècle, le PS a laissé libre cours, quand il ne s'y est pas carrément plié, à la mise en œuvre de ses politiques – flexibilisation de l'emploi, privatisation et rationalisation des services publics, rigueur et austérité de la dépense, libéralisation de la finance, course effrénée à la croissance et aux échanges mondialisés –, politiques adoubées dès lors d'un bord comme de l'autre de l'échiquier et présentées comme autant de vérités scientifiques auxquelles il faut se conformer. En étant pourtant au pouvoir, le PS a ancré dans l'imaginaire collectif l'idée d'une gauche impotente face à l'argent et aux puissances économiques, de sa complicité dans la noyade grecque à sa proactivité dans la mise en place du CICE[60]. Le socialisme s'est embourbé dans l'autorité rhétorique de ses adversaires : il a lui aussi bientôt parlé de « plans de sauvegarde de l'emploi » pour parler de licenciements, de « masse salariale » pour parler de travailleur·es, d'« archaïsme » pour parler du syndicalisme, de « charges » pour parler de cotisations sociales, de « compétitivité » pour parler d'économie, et de « croissance » pour parler d'exploitation des richesses.

Trahison et désarroi, voilà ce que la patine du temps a laissé comme héritage de cette longue période de gouvernance du socialisme, dont la lecture divise jusqu'aux plus fidèles de ses partisan·es. La tradition de gouvernement

60. Entré en vigueur le 1er janvier 2013 dans le cadre du Pacte national pour la croissance, la compétitivité et l'emploi, le crédit d'impôt pour la compétitivité et l'emploi (CICE) n'a finalement favorisé le redressement ni de l'industrie française, ni du commerce extérieur, ni de l'emploi, pour un coût de plus de 100 milliards d'euros.

du PS constitue précisément l'ambiguïté de son pedigree : c'est à la fois ce qui en fait sa qualité, ce qui l'a constitué en parti politique crédible, organisé, porté par des cadres connaisseur·ses et expérimenté·es, mais c'est aussi là que réside le souvenir amer qui le discrédite aujourd'hui aux yeux de beaucoup, ce qui fait dire « plus jamais ça », ce qui a installé la défiance non seulement à son égard, mais encore à l'égard des assimilé·es, donc de toute la gauche – il est d'ailleurs intéressant de constater avec quelle facilité nous pouvons mettre toute la gauche dans le même panier lorsqu'il s'agit de la critiquer, mais jamais lorsqu'il s'agit de l'organiser. Quant aux socialistes, c'est peut-être dans la douce amertume laissée par leur passé gouvernemental que réside la magnanimité qu'on leur accorde, car nous ne saurions dire qui aurait fait mieux en étant aux manettes, aucune autre majorité à gauche ne les ayant encore tenues. Quel parti pourrait sérieusement avancer qu'il ne ferait pas d'erreurs, pas de compromis l'éloignant drastiquement de ses promesses une fois pris dans l'exercice du pouvoir ? En ce sens, l'expérience du PS doit nous permettre de ne pas réitérer ces erreurs, de tirer les leçons ayant trait aux conditions et aux moyens de programmer une autre politique.

C'est d'ailleurs ce que fait le PS lui-même depuis quelques années, dans son choix d'humilité, de repentance et de reconstruction. Dans sa profonde rétrogradation, le PS a aussi cessé d'incarner l'hégémonie vassalisante de la gauche, cette place lui ayant été piquée par LFI, qui fait fi de la trajectoire manifestement morbide qu'elle annonce. Le PS enfin tire les leçons de son passé et le montre en faisant le choix de la clarification : en s'alliant à la NUPES, il a choisi de rompre avec cette gauche traditionnelle de gouvernement, cette social-démocratie trop entachée, cette ancienne hégémonie brutale aussi. C'est alors à l'aune de ce nouveau chapitre, et fort·es des précédents dans ce qu'ils ont de grand comme de petit, que nous avons encore besoin du socialisme.

C. La tradition écologiste de participation

1. Un ancrage dans les luttes

L'écologie politique française est née dans les luttes. Son acte fondateur, c'est le Larzac qui, dans les années 1970, voit se rencontrer plusieurs mondes pour défendre ces terres contre le projet d'extension d'un camp militaire : des scientifiques qui embrassent une vision apolitique de l'écologie, et des contestataires de Mai 68 qui, au moment où l'utopie communiste s'essouffle, trouvent dans l'écologie un nouvel idéal de transformation politique et sociétale. L'époque est également marquée par le premier sommet de la Terre à Stockholm, les marées noires en Bretagne, la catastrophe de Seveso[61] et le rapport Meadows sur « les limites à la croissance ». C'est par cet ancrage originel dans l'urgence, la lutte et la diversité idéologique que s'est fondée la tradition écologiste en France, et on le retrouve dans les combats contre le nucléaire du Bugey – « baptême de l'écologie de ce côté-ci de l'Atlantique » selon Arthur Nazaret[62] – à Fessenheim, contre le projet d'aéroport de Notre-Dame-des-Landes, l'artificialisation du Triangle de Gonesse, le tunnel ferroviaire Lyon-Turin, le barrage de Sivens, les centres Amazon et les mégabassines. Partout la

61. Résultat d'une fuite de dioxines de l'usine chimique Icmesa, à environ 40 kilomètres au nord de Milan, la catastrophe de Seveso du 10 juillet 1976 provoque à la fois des hospitalisations pour les enfants des communes voisines et la mort de plusieurs dizaines de milliers d'animaux d'élevage. C'est à la suite de cet événement que les responsables européen·nes créeront la directive Seveso en 1982, afin de prévenir tout risque d'accident majeur sur un site industriel présentant un risque connu.

62. *Une histoire de l'écologie politique. De René Dumont à Nicolas Hulot*, La Tengo, 2019.

même diversité de combattant·es, des naturalistes et amoureux·ses de la nature aux féministes, maoïstes et anarchistes. Partout aussi la même défiance envers l'État et la structuration en contre-pouvoir. C'est à l'aune de cette multi-identité que l'écologisme, érigé en parti en 1984, a assis sa participation politique en France.

Et c'est cette place accordée au respect des minorités, à la différence et au pluralisme interne, aux identités et courants de pensée, qui en fait toute la richesse politique. En témoignent par exemple la maturité et la détermination avec lesquelles les écologistes conduisent des réformes féministes : on peut citer l'éga-conditionnalité ou le budget genré du maire de Lyon Grégory Doucet, le dépôt d'un amendement pour la parité au sein du cabinet présidentiel par la députée Marie-Charlotte Garin, la bataille culturelle que mène Sandrine Rousseau pour dépasser « l'androcène[63] ». Mais surtout, cette intégration de tou·tes dans l'orientation stratégique du parti passe par une place particulière accordée à la démocratie participative, d'autant que l'objet climat implique nécessairement une parole citoyenne forte. Au moment des élections municipales, à Strasbourg, Bordeaux, Lyon, Annecy ou Poitiers, Jeanne Barseghian, Pierre Hurmic, Grégory Doucet, François Astorg et Léonore Moncond'huy avaient tous placé la démocratie locale et la participation citoyenne au cœur de leur campagne et de leurs projets pour leur ville. À Grenoble, aux mains d'Éric Piolle depuis presque 10 ans, la tradition des consultations citoyennes est ancienne.

Et la part belle accordée au pluralisme citoyen est aussi ce qui fait le succès européen des Verts. Avec ce type de scrutin proportionnel permettant d'avoir des compositions

63. Selon Sandrine Rousseau, c'est un « terme qui permet de lier extractivisme, colonialisme, capitalisme et patriarcat ». Voir à ce sujet l'essai qu'elle a co-écrit avec Adélaïde Bon et Sandrine Roudaut, *Par-delà l'androcène*, Seuil, 2022.

bigarrées et larges, les écologistes enregistrent depuis toujours des scores importants aux échéances européennes. Ce succès culmine notamment en 2009 lorsque la liste Europe Écologie décroche 16,28 % des voix et 14 sièges. Celle-ci était composée de personnalités aussi différentes que le soixante-huitard libéral Daniel Cohn-Bendit et l'altermondialiste José Bové.

2. Le complexe du bonsaï

Mais à l'échelle nationale, c'est précisément dans cette puissance pluraliste que réside la fragilité politique des Verts. Se construire en alternance radicale loin de l'institutionnel, ou se rendre compatibles avec l'exercice du pouvoir au risque de se sentir « seul·e à la manœuvre », comme Nicolas Hulot[64] ? Garder le purisme et la légitimité écologistes hérités des luttes, ou accepter de fondre l'écologie dans une alliance plus globale mais stratégiquement payante ? Opter pour le sectarisme ou l'ouverture ? Radicalité militante ou réformisme pragmatique ? Bataille idéologique ou conquête électorale ? Voilà ce qui tiraille, voire déchire depuis des années, et toujours plus à mesure que l'écologie devient une urgence collective admise par le plus grand nombre, la famille écologiste. Voilà ce qui explique pourquoi être identifié·es « à gauche » est encore abhorré par une bonne partie d'entre elles et eux.

Voilà aussi ce qui explique son immaturité organisationnelle : alors que son programme est au cœur de l'urgence collective, EELV fonctionne encore comme un petit parti qui peine à tenir une ligne, se professionnaliser, adopter une structure fonctionnelle, s'unifier, et donner l'image d'un parti de gouvernement. Son origine plurielle lui fait défaut : dès 1975, un an après que les écologistes ont fondé

64. Alors ministre de la Transition écologique et solidaire, Nicolas Hulot démissionne du Gouvernement le 28 août 2018.

la fédération d'associations Mouvement écologique, l'unité est rompue avec le départ des Amis de la Terre. Puis dès que les Verts sont créés en 1984 et, partant, que la participation politique de l'écologisme est actée, le parti brille par son illisibilité, son inopérabilité, son impuissance : dépourvu de président·e et de secrétaire général·e, il coupe systématiquement les têtes dès qu'elles émergent un peu trop. Toutefois, pour ne pas gommer les individualités, il adopte pas moins de 4 textes fondateurs, témoins des divergences, errements et dilemmes de l'écologie politique en France. C'est ce que Cécile Duflot, leur ancienne secrétaire nationale, avait appelé, pour chercher à le dépasser, « le complexe du bonsaï » – soit la difficulté pour les Verts de grandir, de s'unir, sans que de l'extérieur on ne comprenne d'ailleurs tout à fait ce qui les sépare.

Voilà, enfin, ce qui explique son incapacité à prendre le pouvoir à l'échelle nationale dans un contexte pourtant plus que jamais favorable, et alors que depuis quelques années l'écologisme parvient à conquérir les métropoles. René Dumont obtient 1,32 % des voix en 1974, Eva Joly 2,31 % en 2012, Yannick Jadot 4,63 % en 2022. En 50 ans, aucun n'a donc encore réussi à dépasser les 5 %. Malgré cela, les écologistes annoncent très tôt après la création de la NUPES partir seul·es aux élections européennes, sachant parfaitement que c'est une tactique à géométrie variable (ils·elles annoncent par contre aussi vouloir un·e candidat·e unique pour la présidentielle de 2027) et surtout court-termiste. Comme nous l'avons dit, élaborer une stratégie politique sur le strict calcul de sièges supplémentaires à gagner est non seulement d'un cynisme regrettable, mais encore fait fi de ce qu'une alliance structurelle pourrait signifier en termes de réinvestissement de l'électorat jusqu'ici abstentionniste. Une fois encore, les Verts n'ont certainement pas jeté la première pierre.

Prisme idéologique central aujourd'hui, l'écologisme politique est fondamental pour que soit viable une alliance globale des forces à gauche, autant pour sa sensibilité à la participation citoyenne que sa prise en compte des minorités et sa connaissance des luttes. Ces vertus ne prennent tout leur sens et ne servent une chance réelle de gagner qu'en étant mises au service d'un collectif encore plus grand. C'est d'ailleurs dans cette perspective que Les écologistes entament leur « refondation » en 2023, pour devenir un « grand mouvement ».

D. La tradition communiste de résistance

1. L'alternative révolutionnaire

En tant que parti de résistance de la Seconde Guerre mondiale, « parti des 75 000 fusillés », le PCF a tout au long du XXe siècle joué un rôle fondamental dans l'antimilitarisme, l'anti-colonialisme, l'anti-libéralisme, l'égalité politique et sociale... Et à l'heure où les extrêmes droites avancent partout en Europe, il est un héritage plus que précieux. Mais il ne joue pas qu'un rôle historique, mémoriel : avec sa base populaire forte, il reste inscrit dans l'actualité et sa projection continue d'être pertinente.

En tant que parti qui pense et produit de la réflexion (notamment grâce à sa proximité avec le journal *L'Humanité*, la revue et média en ligne *Regards*, la fondation Gabriel-Péri...), l'esprit communiste est judicieux pour l'époque : alternative révolutionnaire et dépassement du capitalisme, émancipation par le travail et prise de contrôle des modes de production des travailleur·euses, défense de la paix et libre développement de la personne humaine, chacune de ces positions fait sens dans le tournant ultra-libéral que prend la France depuis 50 ans, dans le retour de la guerre en Europe et la remise en question de droits fondamentaux. La pertinence actuelle du PCF se justifie également en termes de représentation, d'incarnation. À rebours de la ploutocratisation de notre personnel politique, le PCF reste un parti majoritairement composé d'ouvrier·es, y compris à sa tête. Les communistes ont d'ailleurs bien compris le rôle qu'ils·elles avaient encore à jouer au XXIe siècle en proposant une réorientation stratégique de leur parti lors de leur 38e congrès en 2018, à l'issue duquel est adopté leur « manifeste du Parti communiste du XXIe siècle[65] ».

2. Un isolement choisi

Toutefois, le potentiel transformatif du PCF n'a aujourd'hui de sens que si le parti sort de la stratégie d'autonomie adoptée depuis quelques années. Sur un plan électoral d'abord, en décidant d'aller seul aux élections européennes de 2019, ne décrochant alors que 2,5 % des voix exprimées, il s'est classé en dixième position et n'a obtenu ni député·es européen·nes, inédit pour le parti, ni remboursement des frais de campagne. Aux départementales de 2021, il perd sa dernière « banlieue rouge » dans le Val-de-Marne, détenue depuis 1976. À la présidentielle de 2022, décidant là aussi d'y aller seul après des décennies d'alliance, il fait 2,3 % des voix. Cette stratégie perd donc de son sens en termes de mobilisation également, puisque selon Ipsos, seulement 1 % des ouvrier·es s'est prononcé pour la liste communiste aux européennes, contre 40 % pour le RN. Enfin, l'autonomie du PCF et comment elle s'exprime sur le plan idéologique – que ce soit par la volonté d'un productivisme fort peu compatible avec un siècle nécessairement écologiste où la réduction du temps de travail est essentielle, ou par un retour de la thématique souverainiste contre les immigré·es et autour des « travailleurs

65. « Pour un manifeste du Parti communiste du XXIe siècle », www.enavant-lemanifeste.fr, 18 mars 2020 [En ligne].

français »[66] – sont tout bonnement parfaitement inquiétants. Alors que, à l'inverse des Verts, la rigidité ancienne de la ligne du parti et sa tradition de centralisme démocratique risquent d'ostraciser plus encore le PCF, celui-ci aurait tout intérêt à remédier à son auto-effacement en se régénérant dans le collectif. Et en poursuivant, d'ailleurs, sa participation aux gouvernements successifs et à la majorité plurielle de gauche comme il l'a fait tout au long du XXe siècle.

E. L'expérience insoumise de massification

1. Une assise populaire

Sur la base d'un programme construit sur 10 ans, programme le plus radicalement pertinent, transformatif, abouti et sérieux aujourd'hui proposé de par sa promesse de renouvellement, et grâce à son leader plus que charismatique et très largement présidentiable, LFI s'est positionnée sur l'échiquier comme le mouvement décideur de gauche. Mais c'est surtout dans sa stratégie de conquête des masses que LFI se distingue.

Alors que le PS et le PCF souffrent d'une désuétude manifeste dans leur façon de communiquer, LFI se démarque par sa modernité, notamment sa présence numérique, et sa capacité à donner envie, à créer un mouvement réellement citoyen. En se différenciant explicitement des partis politiques boudés par l'électorat de gauche, en se proclamant « mouvement » à sa création en 2016 plutôt que « parti », LFI a mis toutes les chances de son côté pour réussir à ancrer son identité dans une mobilisation large

66. *Le Point*, « Présidentielle : Fabien Roussel, une autre menace pour Marine Le Pen », 17 janvier 2022 ; « 2022 : Fabien Roussel défend une "France souveraine" où "on produit français" », 10 mars 2022 [En ligne].

et populaire. Ses outils de communication, très novateurs, détonnent avec ce que l'on a l'habitude de voir en politique: YouTube, Discord, Facebook, Twitter, Instagram, Twitch, plateformes de jeux vidéo en ligne, doubles meetings grâce à l'utilisation d'hologrammes, le tout rassemblant un demi-million de personnes en 24 heures... LFI a les codes du nouveau monde pour devenir tout aussi viral que proche de son électorat, en renouvelant les méthodes, les tons, les narratifs employés. Et surtout en engageant une campagne permanente, notamment en ligne.

Et cette innovation politique paye: elle plaît bientôt au-delà du politique et au-delà de la France, ce qui, en retour, contribue aussi à son succès. Personnalités et intellectuel·les du monde entier (Jérôme Kerviel, Mark Ruffalo, Pamela Anderson, Julian Assange, Edward Snowden, Noam Chomsky, Naomi Klein...) expriment solennellement leur soutien au candidat Jean-Luc Mélenchon, adoubant dans le même geste LFI pour sa capacité à raconter de nouveau à gauche une *success story* à la française.

2. *Un nouvel hégémonisme*

Mais cette capacité à massifier et à redonner goût à la politique a un coût: structure ultra-pyramidale et opaque, manque de démocratie interne derrière un chef central, providentiel et tout-puissant, qui multiplie erreurs, outrances, provocations, agitations. En tant que leader de la gauche, LFI réitère l'hégémonie vassalisante qu'elle a si énergiquement cherché à détruire chez le PS, et reproduit les pires réflexes des partis, elle qui prétendait qu'elle n'en serait jamais. Les investitures s'organisent selon un système d'approbation à main levée, et par des membres pour partie tiré·es au sort. L'orientation stratégique du parti appartient au noyau dur gravitant autour de Jean-Luc Mélenchon – qui lui incarne sa droite ligne – et laisse peu de place aux militant·es. Régulièrement, des cadres et élu·es dénoncent la gouvernance de LFI et l'absence d'« instance de décision collective ayant une base démocratique » comme l'ont formulé les (ex-)responsables Charlotte Girard, Manon Le Bretton, Hélène Franco et d'autres dans une note de 2019[67]. Le repli et le manque de diversité à la nouvelle tête du mouvement sont également pointés du doigt par les cadres Clémentine Autain, François Ruffin et Alexis Corbière en 2022[68]. Ce verrouillage paraît difficilement compatible avec les projections externes de LFI pour la France, notamment celles visant à dépasser la crise démocratique actuelle pour instaurer une VIe République crédible… À force de chercher à tout prix à se distinguer par leur insoumission, certains élu·es LFI semblent ne plus pouvoir lâcher le registre de l'indignation, de la colère, quitte parfois à provoquer des faux débats, ou adopter des positions radicales par principe, au mépris d'alternatives plus constructives, notamment avec les forces qui lui sont voisines. La reconquête de l'identité programmatique à gauche par la LFI est ce qui a fait sa force. Mais, devenue une méthode aveugle – et le positionnement persistant sur le Hamas en octobre 2023, dans un moment d'émotion collective, a opéré comme la goutte d'eau –, c'est désormais ce qui fracture la NUPES.

LFI doit apprendre à jouer sa partition, à mettre sa capacité de mobilisation au service de plus grand qu'elle, sans quoi elle se transforme en l'ennemi qu'elle a toujours voulu combattre.

F. Le vivier abstentionniste

Un « parti » ultra-puissant en France, souvent d'ailleurs qualifié de « premier parti de France », c'est l'abstention.

67. *Le Monde*, « Une note interne à La France insoumise dénonce "un fonctionnement dangereux pour l'avenir du mouvement" », 6 juin 2019 [En ligne].
68. *Libération*, « "Problème de démocratie à LFI" : Clémentine Autain poursuit la fronde », 18 décembre 2022 [En ligne].

Elle a atteint des records aux dernières élections régionales et municipales, particulièrement chez les 18-24 ans qui comptabilisent 87 % de non-votant·es. Sans atteindre le pic de 1969[69], l'abstention a encore enregistré une nette progression à l'élection présidentielle de 2022 en culminant à 28,01 %. Au second tour, quasiment la moitié des jeunes – 41 % des 18-24 ans – ne s'est pas exprimée. Puis au premier tour des législatives de 2022, l'abstention s'est élevée à 52,9 %, un score inédit sous la Ve République, et à 53,7 % au second tour. 70 % des moins de 35 ans n'ont pas voté.

Mais à rebours des commentateur·rices trop hâtif·ves à juger de la dépolitisation des Français·es, et notamment des jeunes Français·es, nous sommes convaincu·es que c'est au contraire la politique qui n'est pas à la hauteur des ambitions des Français·es pour leur pays. Manque cruel de représentation, systèmes partisans incompréhensibles, corruption, guéguerres internes, absence de projections crédibles et fortes sur les sujets de fond, paternalisme et mépris de nos représentant·es… Tout ceci explique la détestation et la défiance des Français·es à l'égard du système politique, notamment son aile gauche, système qui pour beaucoup d'entre eux·elles n'est tout simplement plus crédible pour œuvrer à changer la vie.

Près de 4 Français·es sur 5 pensent que les responsables politiques ne se préoccupent pas de leur sort, qu'ils·elles sont déconnecté·es de la réalité et ne servent que leurs propres intérêts[70], tandis que 60 % les considèrent comme les premier·es coupables du déclin français[71].

69. Cette année-là, l'abstention au second tour de la présidentielle était montée à 31,15 %.
70. Étude menée par le Centre de recherches politiques de Sciences Po, « En qu(o)i les Français ont-ils confiance aujourd'hui ? Vague 13 », www.sciencespo.fr, janvier 2022 [En ligne].
71. Étude menée par Harris, « Le cœur des Français 2022 », www.harris-interactive.fr, 24 août 2022 [En ligne].

La détestation de la politique est générale, mais elle est encore plus prégnante chez les jeunes générations : plus de 8 jeunes sur 10 ne croient pas en l'action politique[72]. Après « l'erreur fondamentale de méthode » dans la gestion de la crise des Gilets jaunes ; après l'appel à « plus de proximité et d'humanité », la promesse d'un « monde d'après » dans lequel « rien ne serait plus jamais comme avant », l'engagement à se « réinventer » suite à la réélection de 2022 ; après l'assurance de défendre « sans filtre » les revendications citoyennes de la Convention citoyenne pour le climat ; après l'annonce d'une « refondation parlementaire » suite au coup de force inédit sur la réforme des retraites ; après la répression policière meurtrière des « jours d'apaisement », comment croire encore aux bienfaits de la politique ? Comment croire encore que les personnalités politiques se sentent concernées par les promesses qu'elles font, bien qu'elles soient censées créer, *« dans cet océan d'incertitude qu'est l'avenir par définition, des îlots de sécurité sans lesquels aucune continuité, sans même parler de durée, ne serait possible dans les relations des hommes entre eux*[73] » ?

Dans l'analyse « géo-sociale[74] » titanesque à laquelle se sont livré·es les chercheur·ses Julia Cagé et Thomas Piketty dans leur *Histoire du conflit politique*, on apprend que la chute de la participation électorale au cours des dernières décennies « s'accompagne d'un écart croissant de participation entre les territoires riches et pauvres », phénomène

72. Frédéric Dabi et Stewart Chau, *La Fracture. Comment la jeunesse d'aujourd'hui fait sécession*, les Arènes, 2021.
73. Hannah Arendt, *Condition de l'homme moderne*, Calmann-Lévy, 1961 paru en langue originale en 1958.
74. Notion empruntée au philosophe Bruno Latour dans son essai, *Où suis-je ?* La Découverte, 2021. Il y développe le concept de « classe géo-sociale » pour parler d'une nouvelle classe politique écologique qu'il appelle de ses vœux, et dont la préoccupation ne serait plus de veiller à la seule production économique, mais aussi aux conditions de reproduction de la vie.

qui n'existait pas ou peu au cours des 2 siècles précédents. Aux dernières élections législatives, le taux de participation moyen dans les 10 % des communes les plus aisées a été supérieur de près de 11 points à celui observé dans les 10 % des communes les plus pauvres. L'abstention s'exprime donc d'abord chez les classes populaires.

Si celles-ci s'excluent progressivement du jeu électoral, c'est parce qu'elles sont doublement découragées. En pratique d'abord, du fait d'une succession d'arbitrages politiques qui fragilisent leur vie, leur environnement, leurs économies, leurs projections, leurs opportunités, leur corps. Phénomène dont l'auteur Édouard Louis a si bien décrit le processus dans son livre *Qui a tué mon père*, qui raconte l'histoire de son père, cet ouvrier physiquement et psychologiquement cassé par la politique : *« Hollande, Valls, El Khomri, Hirsch, Sarkozy, Macron, Bertrand, Chirac. L'histoire de ta souffrance porte des noms. L'histoire de ta vie est l'histoire des personnes qui se sont succédé pour t'abattre. L'histoire de ton corps est l'histoire de ces noms qui se sont succédé pour le détruire. L'histoire de ton corps accuse l'histoire politique.*[75] *»* 5 € en moins d'APL et Macron « leur enlève le pain de la bouche », une prime scolaire de 100 € supprimée et c'est la possibilité « d'aller voir la mer » qui s'en va, une réforme qui facilite les licenciements et c'est « le destin de toute une famille » qui sombre. *« La politique est une question de vie et de mort »*, résume-t-il d'une seule voix avec Youcef Brakni du Comité Adama[76].

Les classes populaires sont découragées en symbole ensuite, car l'offre politique, selon Thomas Piketty et Julia Cagé, a glissé vers une représentation bourgeoise et

75. Édouard Louis, *Qui a tué mon père*, Seuil, 2018.
76. « Youcef Brakni et Édouard Louis : Reporterre, La politique est une question de vie et de mort », 30 novembre 2018 [En ligne].

élitaire – sinon élitiste –, qui n'est plus capable de représenter ses territoires et ses populations. Cette auto-exclusion des catégories déçues par un système électoral dont ils ne comprennent plus les règles renouvelle le concept de « cens caché » développé par le politiste Daniel Gaxie[77]. Ce dernier met en lumière le fait que les citoyen·nes n'accordent pas le même intérêt et la même sollicitude au fonctionnement politique selon le sentiment de compétence qu'ils·elles pensent avoir par rapport à la politique. Ces inégalités de « politisation » créent donc un « cens caché », c'est-à-dire qu'elles conduisent à retrouver la même répartition sociale face à la donne politique aujourd'hui qu'aux XVIIIe et XIXe siècles, quand les femmes et les classes populaires n'avaient ni le droit de voter ni de se présenter aux élections.

L'abstention est donc une revendication éminemment politique. D'ailleurs, si le vote blanc était reconnu comme une expression démocratiquement valable, il ferait drastiquement changer l'offre politique et bon nombre d'abstentionnistes s'y convertiraient. Rappelons par exemple qu'à la présidentielle de 2022, plus de 2,2 millions de personnes ont voté blanc lors du second tour du scrutin, soit 6,35 % des votant·es.

C'est donc avec le « parti abstentionniste » que la gauche doit composer pour gagner, et cela passe entre autres par la fin de l'isolement des partis, ce qui permettrait d'aller reconquérir les classes populaires, nécessité absolue pour la gauche si elle veut retrouver son identité, mais aussi d'aller chercher les jeunes générations – perdues dans l'illisibilité des projets qui surjouent les différences et les querelles intestines – qui sont de fait particulièrement sensibles à une alliance structurelle des partis et la fin de l'artificialité droite-gauche. Pour un·e jeune engagé·e sur les questions

77. Daniel Gaxie, *Le Cens caché*, Seuil, 1978.

dites « progressistes » aujourd'hui (climat, conditions sociales, démocratie), ça n'a pas beaucoup plus de sens de faire partie du PS, du PCF ou de EELV que de LFI. De l'alliance des différences, des traditions respectives que l'on a évoquées, naît forcément autre chose que la simple somme des électeur·ices. De cette alliance naît la promesse pour un parti de ne plus jamais gouverner seul, le gage du retour d'un idéal fort, ambitieux, courageux, loin des logiques de castes et des micro-ambitions. Elle rend possible ce qui est souhaitable, et non plus l'inverse. Au cœur, l'abstentionniste est un orphelin : il attend d'être cueilli par cette proposition.

D'autres y parviennent, comme au Portugal, où se sont alliés au fil des élections le camp socialiste, les communistes, les Verts et le Bloc[78] pour faire front contre la droite et permettre des changements concrets dans la vie des citoyen·nes. Des mesures sociales ont ainsi été prises par le Gouvernement grâce au soutien du Bloc et du PC : augmentation du salaire minimum, allègement de l'impôt sur les revenus les plus bas, hausse des petites pensions de retraite, rétablissement de certains jours fériés qui avaient été supprimés, etc. Ce programme a été résumé par le slogan du PS, martelé sur l'ensemble des supports de communication : « *Portugal Melhor* » (« Un Portugal meilleur »). Alors pourquoi pas une France meilleure ? Quand l'Espagne déjoue la victoire des droites aux dernières élections législatives en présentant une gauche alliée, moderne, on y croit encore. À l'inverse, l'effondrement des gauches en Italie et en Grèce doit nous alerter. Nous n'avons pas le choix que de résister.

78. Alliance résultant de la fusion de deux partis d'extrême gauche d'obédience maoïste et trotskiste, et du parti démocratique qui avait vu le jour en réponse au régime autoritaire que le pays a connu des années 1930 à 1970.

La gauche des partis rassemblés pourrait être une grande démonstration de force politique, non seulement parce qu'elle célébrerait la gauche diverse, représentée par plusieurs courants idéologiques et fière de ces différences, qu'elle serait prête à se parler et à s'écouter, mais encore parce qu'elle marquerait une évolution dans le système partisan lui-même, depuis trop longtemps dysfonctionnel et éloigné des volontés populaires, sociales. Pour gagner ensemble, pour ouvrir cette possibilité à la société dans son ensemble et se réconcilier avec les masses, il faut non seulement allier les partis, mais il faut aussi les changer.

IV. Mêmes partis, nouveaux fonctionnements

Au-delà de devoir ajuster chaque force politique en fonction de ses limites propres, historiques, organisationnelles, idéologiques et composer avec l'exigence démocratique des abstentionnistes, les partis politiques de gauche, tous sans exception, doivent impérativement faire leur mue. C'est une condition *sine qua non* pour gagner.

Car s'ils ont certes une grande responsabilité dans les défaites successives de la gauche, nous ne souhaitons pas pour autant la fin des partis. Nous pensons au contraire qu'ils sont absolument nécessaires à la vitalité démocratique. On osera même affirmer que la démocratie n'existerait pas sans partis.

Mais ils sont devenus des machines aux rapports humains ultra-violents, aux règles de financement, d'investiture et de promotion opaques, obsolètes et pipées. Alimentant la défiance grandissante des citoyen·nes à l'égard de la politique en général, ils sont devenus le contraire de ce qu'ils sont censés promouvoir. Supposés conquérir le pouvoir, ils sont des machines à perdre. Si bien que l'appartenance partisane est déjà pour beaucoup, notamment les plus jeunes d'entre nous, un signe d'échec – ce que Macron a bien compris en faisant d'En marche un « mouvement ». Pour gagner, il faut donc changer.

A. Les partis, acteurs incontournables de la vie démocratique

Il existe en sociologie politique de nombreuses définitions des partis. Selon Raymond Aron, ils sont « *des groupements volontaires plus ou moins organisés qui prétendent, au nom d'une certaine conception de l'intérêt commun et de la société, assurer seuls ou en coalition les fonctions de gouvernement*[79] ». Ici ils sont surtout censés prendre et exercer le pouvoir. Quant à Benjamin Constant, il les voit comme « *une réunion d'hommes [et de femmes] qui professent la même doctrine politique. C'est-à-dire qu'ils participent à la construction de l'opinion publique et des choix politiques. Ils construisent et cristallisent des programmes politiques qui fixent les orientations qu'ils souhaitent donner au fonctionnement et à l'organisation de nos sociétés*[80] ». On voit ici une définition à la fois idéologique et programmatique. Selon Maurice Duverger encore, « *les partis actuels se définissent beaucoup moins par leur programme ou la classe de leurs adhérents que par la nature de leur organisation : un parti est une communauté d'une structure particulière. Les partis modernes se caractérisent avant tout par leur anatomie*[81] ». On évoque ici en fait la représentativité d'un groupe d'intérêt, ce qui rejoint un peu l'idée que s'en faisait Marx en évoquant « *l'instrument que se donne une classe sociale pour défendre ses intérêts politiques et pour prolonger la lutte*

79. Raymond Aron, *Démocratie et totalitarisme*, Gallimard, 1965.
80. Benjamin Constant, *Principes de politique applicables à tous les gouvernements représentatifs et particulièrement à la Constitution actuelle de la France*, Alexis Eymery, 1815.
81. Maurice Duverger, *Les Partis politiques*, Armand Colin, 1951.

sociale dans le champ politique ». En 1966, les politologues LaPalombara et Weiner proposaient de leur côté cette définition : « *Une organisation durable, c'est-à-dire une organisation dont l'espérance de vie politique est supérieure à celle de ses dirigeant·es (1). Une organisation locale bien établie et apparemment durable, entretenant des rapports réguliers et variés avec l'échelon national (2). La volonté délibérée des dirigeant·es nationaux·les et locaux·les de l'organisation de prendre et exercer le pouvoir, seul·es et avec d'autres, et non pas simplement d'influencer le pouvoir (3). Le souci enfin de rechercher un soutien populaire à travers des élections ou de toute autre manière (4).*[82] » On retrouve dans les faits les quatre notions de durabilité, de démocratie représentative et donc de présélection des dirigeant·es, de conquête et d'exercice du pouvoir en ayant le soutien populaire.

Généralement, selon le sens commun du « milieu politique », les partis ont quatre missions majeures : structurer l'offre politique sur la base d'idées et de valeurs, en traduisant ces débats en un programme (1) ; former les masses et les citoyen·nes à la fois comme futur·es dirigeant·es mais aussi comme agent·es de la citoyenneté dans la cité (2) ; mobiliser les masses pour faire campagne et politiser l'électorat (3) ; gagner des élections pour exercer le pouvoir et assumer des mandats publics (4). Structurer, former, mobiliser, gouverner donc. Or les partis, hormis sans doute LFI, ont externalisé les trois premières missions et n'assument plus que la quatrième. La structuration de l'offre politique, des programmes et des idées a en effet été transférée aux *think tanks* et fondations intellectuelles ; la formation aux associations spécialisées, oubliée ou bâclée ; la mobilisation aux mouvements de la société civile.

82. Joseph LaPalombara, Myron Weiner, *Political Parties and Political Development*, Princeton University Press, 1966.

Tristement, c'est donc la définition de Max Weber, en apparence la plus cynique, qui semble aujourd'hui correspondre au réel. Selon lui, les partis sont « *des associations reposant sur un engagement libre ayant pour but de procurer à leurs chef·fes le pouvoir, et à leurs militant·es actif·ves des chances – idéales ou matérielles – de poursuivre des buts objectifs, d'obtenir des avantages personnels ou de réaliser les deux à la fois*[83] ». Autrement dit, un parti est une machine à conquérir le pouvoir et à rétribuer les militant·es. Une entreprise politique en somme, ce qui entraîne nécessairement la professionnalisation à laquelle on assiste depuis 50 ans.

Pourtant, contrairement à chacune de ces définitions, les partis d'aujourd'hui ont abdiqué l'impératif de victoire, le montrant autant dans leurs comportements que dans leurs déclarations.

1. Partis politiques, l'histoire d'une absence

Les partis ont longtemps été absents de la vie politique française. D'abord, comme l'explique le politologue et philosophe Vincent de Coorebyter, il s'agissait de garantir l'unité de la résistance face aux potentielles dérives de la puissance monarchique. « *L'unité a ainsi constitué un mot d'ordre majeur pour les parlementaires dans leur lutte contre les excès de pouvoir de la Couronne sous l'Ancien Régime.* [84] » À la fin de celui-ci, on accorde donc des droits et libertés uniquement au Parlement et à une poignée de citoyens. Les rares votants élisent des hommes déjà influents et ancrés dans leurs territoires, et tous, candidats et électeurs, appartiennent aux couches sociales supérieures (et bien sûr à un seul genre), réunis à travers le système de cens. Nul besoin

83. Max Weber, *Le Savant et le Politique*, Union générale d'éditions, 1963. Paru en langue originale en 1919.
84. « Les partis et la démocratie » dans *Dossiers du CRISP* n° 64, février 2005.

alors de partis pour investir et valoriser des candidats, organiser une compétition entre ces derniers ou mobiliser l'électorat. Et c'est encore au nom de l'unité politique et de la défiance envers les ordres, les corporations et les clubs que la loi Le Chapelier de 1791 interdit les associations entre personnes de même métier, c'est-à-dire toute possibilité de constitution partisane. Cette fois-ci, dans la vision rousseauiste de notre démocratie, c'est au nom de l'unité nationale, conçue comme un ensemble idéal et abstrait de citoyen·nes libres et égaux·les, représenté·es tou·tes de la même façon, en dépit de leur rôle et extraction sociale, par un parlement indépendant, que les partis sont boudés. Au XIXe, on se méfie encore des partis et des groupes de pensée, *a fortiori* après la Révolution et la formation du prolétariat, par peur de la politisation des foules et fantasme de la colère engendrée. On cultive encore la haine des corps intermédiaires (ça vous rappelle quelqu'un ?[85]). Les deux premiers partis politiques, nés au Royaume-Uni, gardent la trace de cette extrême défiance : leurs noms – *whig* et *tory* – sont deux injures reflétant la peur de la division qu'ils pourraient bien causer. Et à propos : *parti* vient du latin *pars*, la partie, le fragment, le morceau, le membre, la faction. Le pluralisme que les partis garantissent n'est défendu que par David Hume à l'époque, dans ses deux essais *Of Parties in General* et *Of the Parties of Great Britain* (1742). Avec les partis naît donc le multiple et meurt l'unité[86] – du roi, ou du corps national.

En France, les deux premiers partis, de gauche, naissent seulement au tout début du XXe siècle (soit plus de 70 ans après leur création en Angleterre et aux États-Unis) : en

85. Emmanuel Macron s'est démarqué dans ses mandats par un certain mépris à l'égard des partenaires sociaux, des associations, des partis politiques et par l'exercice pour le moins solitaire du pouvoir.

86. Claude Lefort, *L'Invention démocratique. Les limites de la domination totalitaire*, Fayard, 1981.

1901 pour le Parti républicain, radical et radical-socialiste, et en 1905 pour la SFIO. Mais même alors, ces partis politiques évoluent dans une histoire qui les exclut, ou prône régulièrement leur disparition. Après la Première Guerre mondiale et l'instauration des régimes fascistes, les partis et parlements sont considérés comme des fossoyeurs de l'unité nationale contre la volonté du peuple. Mais en creux de l'histoire cette fois-ci, les partis deviennent des symboles de démocratie. Rétablie, cette dernière ne leur accorde pourtant qu'une place bien circonscrite : le général de Gaulle, qui les institutionnalise dans la Constitution de 1958, veut rompre avec le fonctionnement qu'il considérait être celui « exclusif des partis », le régime « de malheur », celui des IIIe et IVe Républiques, où les partis ont été accusés d'avoir fomenté le chaos parlementaire et d'avoir fragilisé l'exécutif. L'adoption de l'élection du président de la République au suffrage universel en 1962 était ainsi prévue pour placer un chef « au-dessus des partis »[87].

La défiance à l'égard des partis et la volonté de les exclure ne sont donc pas nouvelles. À l'inverse, la grande histoire des partis politiques est celle d'une lutte pour la reconnaissance de leur rôle éminent dans le système démocratique, fondamental pour le pluralisme et contre la centralité du pouvoir monarchique ou étatique, fondamental pour la souveraineté populaire et contre la concentration oligarchique et ploutocratique du pouvoir.

2. Le rôle des partis politiques

Le rôle des partis n'est institutionnalisé qu'en 1958, et de façon très succincte, par l'article 4 de notre Constitution. Celui-ci prévoit que *« les partis et groupements politiques concourent à l'expression du suffrage. Ils se forment et exercent leur activité librement. Ils doivent*

87. « Les partis et la démocratie », article cité.

respecter les principes de la souveraineté nationale et de la démocratie ». Si cet article reconnaît la valeur constitutionnelle de la création et de l'activité des partis, il faut attendre 1988 et la loi sur la transparence de la vie politique pour préciser leur rôle et périmètre – comme s'il s'agissait de personnes morales de droit privé qui s'étaient assigné un but politique, et savoir si elle est éligible à l'aide publique ou si elle doit régulièrement désigner un mandataire financier. Ce qui prime, c'est la liberté de création et d'expression, garantie par la loi 1901 sur les associations, catégorie dans laquelle les partis tombent. En France, on en compte 579.

Mais le rôle théorique des partis politiques dans notre système démocratique est bien plus important que cette maigre et vague définition juridique. Comme on l'a dit en introduction de cette partie, pour exister, les partis doivent durer plus longtemps que l'activité de leurs dirigeant·es ou fondateur·ices en leur sein. Ce faisant, ils endossent un rôle de stabilité, de durabilité, pour et vis-à-vis des organisations collectives et du régime démocratique. Ils le font concrètement fonctionner.

Dans leur recherche de soutien populaire et de conquête du pouvoir, il leur est important de convaincre le plus et le mieux possible. Ils unissent donc des groupes de citoyen·nes par une philosophie commune et permettent à tou·tes d'exercer leur souveraineté, leur liberté et leur choix lors de la compétition politique qu'ils organisent entre candidat·es qu'ils ont sélectionné·es, préparé·es et formé·es au gouvernement des citoyen·nes. Ce faisant, ils rendent possible l'exercice concret du pouvoir puisqu'ils fournissent le personnel susceptible de le porter, les élu·es, les responsables politiques. Intermédiaires entre le peuple et le Gouvernement, les groupes, notamment d'opposition, occupent un rôle de vigie et de lanceur d'alerte, de contre-pouvoir, de garde-fou.

Surtout, les partis sont censés avoir un rôle de politisation et d'intégration des citoyen·nes à la vie politique. D'abord parce qu'ils contribuent directement à l'intelligence collective et à la fabrication des politiques publiques – ils financent des *think tanks*, organisent des temps de réflexion, des laboratoires d'idées, des débats… – ensuite parce qu'ils élaborent des programmes qui contribuent à la structuration et à la formation de l'opinion publique sur des sujets locaux, nationaux, internationaux, passés, présents, futurs. En théorie, ils offrent une fenêtre sur un quotidien collectif et les questions de société, diffusent l'information, la décryptent, l'expliquent. Ils permettent d'animer les êtres sociaux et politiques que nous sommes. Ils créent du commun.

3. L'exception française de l'indépendance du financement

Le mode de financement des partis politiques français fait figure d'exception. Depuis 1988, le droit a évolué pour assurer la plus grande transparence et indépendance financière de la vie publique et politique. Deux règles fondamentales sont censées les garantir : l'interdiction pour les campagnes et les partis politiques d'être financés par des personnes morales de droit privé, et le plafonnement des dons versés aux partis politiques à 7 500 € et à un·e candidat·e à 4 600 €. L'encadrement strict du droit de financement des partis politiques est contrebalancé en France par un financement public (modulé selon que le principe de parité est respecté ou non), ce qui là encore est censé assurer l'indépendance du système et des mandats. Les partis politiques reçoivent une aide publique divisée en deux parties : d'un côté selon le nombre de voix obtenues lors du premier tour des élections législatives (et conditionnée par le fait qu'un parti doit présenter au moins un·e candidat·e dans 50 circonscriptions différentes en métropole ou au moins un·e candidat·e dans 1 circonscription d'outre-mer) ; et de l'autre selon le nombre de parlementaires qui déclarent se rattacher à ce parti. Comme on l'a déjà mentionné, chaque député·e rapporte 37 119 € par an, et chaque voix au premier tour 1,52 € par an pendant 5 ans. Pour parachever tout cela, un système de remboursement public des dépenses électorales a également été mis en place.

B. Un fonctionnement à bout de souffle

En dépit de cette grande histoire de conquête qui a été la leur pour exister en démocratie, du rôle pluraliste qu'ils exercent et des nombreuses règles censées garantir leur indépendance, les partis politiques sont aujourd'hui en berne. Au début du XXe siècle, ils constituaient une révolution, une promesse, un champ des possibles. Aujourd'hui, c'est en dehors d'eux qu'apparaît l'offre du renouveau politique, la pensée, l'attraction, l'intérêt. On change d'époque, de système d'expression.

La popularité des partis est au plus bas, le nombre d'adhérent·es ne cesse de baisser : ils·elles ne représentaient déjà que 1,5 % des citoyen·nes en 2010. Seul·es 16 % des Français·es leur font confiance, selon une étude de 2021[88], les plaçant loin derrière toutes les autres organisations, y compris celles qui sont les plus mal notées comme les réseaux sociaux (17 %), les médias (28 %) ou les syndicats (32 %). Du fait des dysfonctionnements tant internes (verticalité, matérialisme, cynisme, dogmatisme, opacité, féodalité, hermétisme) qu'externes (recherche d'hégémonie, survalorisation des clivages et des querelles de chapelle, codes et langages politiciens, déconnexion d'avec le réel,

88. Étude menée par le Centre de recherches politiques de Sciences Po, « En qu(o)i les Français ont-ils confiance aujourd'hui ? Vague 12 », www.sciencespo.fr, janvier 2021 [En ligne].

apparence vestimentaire…), les partis politiques semblent fonctionner en vase clos, se soustraire aux fonctionnements sociaux « normaux » et aux nouvelles valeurs humaines prônées notamment par les jeunes générations – coopération, bienveillance, horizontalité, subsidiarité.

C'est ainsi qu'au dernier recensement connus, le PS comptait 41 000 adhérent·es à jour de cotisation, EELV 11 000 et Renaissance 27 000. À titre de comparaison, le PS espagnol revendiquait environ 164 000 adhérent·es à jour de cotisation en 2021. En Allemagne, le SPD et CDU[89] comptaient respectivement 420 000 et 405 000 adhérent·es. On assiste depuis des décennies à une crise de confiance, voire à une contestation des partis politiques dans leur ensemble, dont l'érosion de la base militante est à la fois le symptôme et la cause.

En plus de s'interroger sur leur efficacité, leur légitimité, on s'interroge aussi et tout simplement sur leur utilité. Après tout, la société civile sait de mieux en mieux s'organiser à l'écart d'un monde politique devenu trop obscur et malsain. La politique réelle s'organise et s'incarne sur le terrain, dans l'associatif et l'économie sociale et solidaire, dans la désobéissance civile, la résistance citoyenne, *a fortiori* chez les jeunes générations. Les partis sont perçus comme rétrogrades, autocentrés, déconnectés, dysfonctionnels, ploutocratiques, biaisés, violents, obsolètes. Face à la gravité de notre époque, face à l'immensité des défis, ils ne sont pas à la hauteur. Bon, les partis politiques sont devenus des boulets. Ne devrait-on pas, tout simplement, les supprimer ?

1. Généalogie de l'idée d'abolition des partis politiques

La question de la disparition des partis n'est pas nouvelle. En France, ils sont condamnés dès les premiers

89. Le Parti social-démocrate et l'Union chrétienne-démocrate.

écrits politiques modernes. Jean-Jacques Rousseau les perçoit comme des ferments de division, concurrentiels en intérêts à la volonté générale des citoyen·nes, qui *« peut seule diriger les forces de l'État selon la fin de son institution, qui est le bien commun ».* À l'inverse, les partis sont autant de *« brigues, [d']associations partielles aux dépens de la grande, [et quand] la volonté de chacune de ces associations devient générale par rapport à ses membres, et particulière par rapport à l'État, on peut dire alors qu'il n'y a plus autant de votants que d'hommes, mais seulement autant que d'associations. Les différences deviennent moins nombreuses et donnent un résultat moins général. Enfin, quand une de ces associations est si grande qu'elle l'emporte sur toutes les autres, vous n'avez plus pour résultat une somme de petites différences, mais une différence unique ; alors il n'y a plus de volonté générale, et l'avis qui l'emporte n'est qu'un avis particulier. Il importe donc, pour avoir bien l'énoncé de la volonté générale, qu'il n'y ait pas de société partielle dans l'État, et que chaque citoyen n'opine que d'après lui.*[90] »

Bien plus tard, en 1943, Simone Weil écrira une *Note sur la suppression générale des partis politiques* qu'elle perçoit comme des *« organismes publiquement, officiellement constitués de manière à tuer dans les âmes le sens de la vérité et de la justice ».* Ils sont pour la philosophe des instruments de propagande qui éloignent de fait tout·e responsable politique, tout·e représentant·e du bien public qu'il·elle est censé·e garantir du fait de son adhésion, de sa discipline partisane, de son appartenance à une famille avec ses intérêts propres, privés, et contraires à la justice. *« Les partis sont un merveilleux mécanisme, par la vertu duquel, dans toute l'étendue d'un pays, pas un esprit ne donne son attention*

90. *Du contrat social. Ou principes du droit politique,* livre II, chapitre III, Marc-Michel Rey, 1762.

à l'effort de discerner, dans les affaires publiques, le bien, la justice, la vérité. (...) Si on confiait au diable l'organisation de la vie publique, il ne pourrait rien imaginer de plus ingénieux. »

2. Le prix de la démocratie[91]

Le système d'indépendance du financement français n'empêche pas les dérives que connaissent aujourd'hui les partis politiques. D'ailleurs, la loi du 11 mars 1988 sur la transparence financière de la vie politique, qui fixe les modalités de financement des partis, a été modifiée plus de 20 fois en 30 ans, ce qui témoigne des nombreux dysfonctionnements et irrégularités auxquels le système français a dû s'adapter, au rythme des scandales politico-financiers. Depuis 1995, le financement des partis par les entreprises est strictement interdit ; depuis 2013, après l'affaire Cahuzac, les dons sont limités à un maximum par personne ; depuis 2017, le financement des partis par des banques non européennes est interdit. En dépit de ce millefeuille de règles, le système de financement français n'échappe pas au poids immense de l'argent dans l'orientation politique du pays : en 2017, pour l'élection présidentielle, 800 personnes ont à elles seules contribué jusqu'à la moitié du financement de certaines campagnes, soit 0,01% des électeur·ices. Moins de 300 000 foyers sur 28,5 millions donnent aux partis politiques en France. Or les dons privés sont deux fois plus élevés que le financement public, et ce sont les plus riches qui donnent en général : les 10 % les plus riches font plus de 53 % des dons aux partis politiques. Inversement, les 10 % des Français·es les plus pauvres donnent en moyenne 0,10 € par an aux partis politiques, contre une moyenne de

91. Formule empruntée à Julia Cagé dans son ouvrage *Le Prix de la démocratie*, Fayard, 2018.

370 € pour les 0,01 % les plus aisés. Cette répartition est notamment due à la déduction fiscale qui accompagne ces dons à hauteur de 66 % des sommes versées et dans la limite de 20 % du revenu imposable. Pour en bénéficier, il faut donc être imposable sur le revenu, ce qui n'est le cas que de 1 foyer fiscal sur 2 environ.

Pour l'économiste Julia Cagé, c'est une façon d'établir un « nouveau cens ». Plus grand est notre pécule, plus important est notre poids dans le débat démocratique. Un modèle très éloigné d'un·e citoyen·ne = une voix. Le personnel politique, appartenant lui-même de plus en plus aux classes sociales hautes, arbitre en fonction de son origine sociale et des intérêts de celles et ceux qui le financent, participant ainsi à la ploutocratisation générale de notre système politique. Ce sont d'ailleurs en majorité les partis de droite qui bénéficient de dons, or quand on sait que l'argent a un impact direct sur les chances d'être élu·e – plus on injecte d'argent, plus on a de chances de gagner – les partis de gauche sont déjà perdants. Reste que, même dysfonctionnel, le financement des partis est incontournable pour la vitalité démocratique : sans leur intermédiaire, aucune campagne politique conséquente ne pourrait être financée.

Alors comment espérer une représentation réellement populaire des partis s'ils sont financés à majorité par une minorité élitaire ? Dans *Le Prix de la démocratie*, Julia Cagé propose donc plusieurs pistes, dont la réforme du financement public existant, en l'annualisant par l'impôt, pour sortir de son caractère figé et indexé sur le quinquennat présidentiel. L'État attribuerait à chaque citoyen·ne 7 € par an, à distribuer au parti de son choix. En plus de démocratiser, d'assouplir et d'égaliser le financement, ces « bons pour l'égalité démocratique » permettraient d'impliquer concrètement et continuellement tou·tes les citoyen·nes dans la vie politique. Mais pour espérer gagner, les partis de gauche doivent innover bien au-delà de leur seul financement.

C. Innover pour renouveler

Théoriquement les partis politiques ont trois fonctions essentielles : attirer des adhérent·es, structurer le débat d'idées, former un·e candidat·e ; et un objectif : conquérir le pouvoir. Mais aujourd'hui les forces de gauche voient s'assécher le débat d'idées, ont du mal à faire émerger un·e chef·fe ou à l'adouber collectivement, voient leurs bases militantes rétrécies. Elles jouent chacune leur partition, se contentant de perdre car gagner n'est pas forcément une ambition, comme on l'a dit au début de cet ouvrage. Violents, sectaires, hors-sol, népotiques, cyniques, provocateurs : les partis doivent changer, globalement et radicalement.

1. Changer la culture politique

Le darwinisme politique

Les partis politiques façonnent des comportements matérialistes : on privilégie les mécanismes de rétribution, de place, de poste, de statut, d'espace dans l'organigramme. On réfléchit toujours à ce que l'on pourrait gagner « en échange de ». Tout est contractualisé et ce alors que l'époque nous exhorte au contraire à plus de spiritualisme, à embrasser l'harmonie et la complémentarité des écosystèmes, de la relation à l'autre.

De même les rapports humains au sein des espaces partisans brillent par leur cynisme : on ne réfléchit plus qu'en termes de places, de conquêtes individuelles, de réalisme terre à terre, soit tout à fait à l'inverse de l'idéalisme qui devrait porter la politique.

La recherche effrénée de l'hégémonie aussi caractérise les partis : on cherche à écraser les autres, à passer premier·e, à s'imposer dans un rapport de force permanent. On opte pour une pratique viriliste et capitalistique du pouvoir au lieu de choisir confiance et coopération. Ce réflexe est encore au cœur de l'ethos politique, un monde dans lequel les responsables, élu·es, représentant·es ont pris la place d'autres, ont fait sortir un·e tel·le pour être mieux placé·es sur la liste, ont été investi·es face à un·e tel·le dans la circonscription, se sont mis·es au bon endroit au bon moment. Dès la socialisation politique dans les mouvements de jeunesse, on apprend que l'on obtiendra une place seulement dans l'adversité, par des moyens violents et belliqueux. La concurrence est le maître-mot.

Une culture de la violence « naturelle »

La culture de la violence est bien à la base de la politique : les élus s'affrontaient encore à l'épée il y a 50 ans[92]. La violence sexiste et sexuelle est systémique depuis toujours en politique : 72 % des élues déclarent avoir été victimes de sexisme, de harcèlement sexuel et/ou d'agression dans le cadre de leur mandature[93]. 1 collaboratrice sur 2 a déjà été victime de blagues sexistes ou sexuelles ou de propos déplacés sur son apparence ou sa vie personnelle ; 1 sur 3 d'injures sexistes et d'attitudes insistantes et gênantes ; 1 sur 5 d'agression sexuelle[94].

Face à ces violences, l'impunité gouverne encore : dans 1 cas sur 2 seulement les faits sont remontés aux responsables

92. Gaston Defferre, maire de Marseille, et René Ribière, élu gaulliste, se sont adonnés au dernier duel à l'épée en 1967 !

93. Chiffres issus de l'enquête #EntenduALaMairie menée par le collectif #NousToutes et le réseau Élues locales auprès de 350 femmes élues afin de recenser les violences sexistes et sexuelles dont elles sont victimes. Enquête disponible sur www.blog.elueslocales.fr, 14 novembre 2019.

94. *Libération*, « Sexisme : quand rien ne bouge (vraiment) à l'Assemblée », 20 mars 2019 [En ligne].

politiques, et des mesures ont été prises pour 10 % des agissements uniquement. Plus de 8 élues sur 10 estiment ne pas se sentir accompagnées dans la prévention et la lutte contre les violences sexistes et sexuelles. En 2023, le niveau et le climat du débat parlementaire sur le projet de réforme des retraites étaient tout à fait symptomatiques de la violence verbale intrinsèque à la politique : tensions, piques, provocations, injures, outrances, notamment à l'égard des femmes députées. L'impunité est encore telle dans les espaces feutrés du pouvoir que la seule vigie existante hors partis est l'Observatoire des violences sexistes et sexuelles en politique à l'initiative d'anciennes collaboratrices parlementaires et de la journaliste Alice Coffin. Observatoire qui a d'ailleurs longuement étudié les stratégies de défense des hommes politiques mis en cause pour des propos ou comportements sexistes, des violences sexuelles, et celles de leurs organisations politiques respectives[95]. Le constat est sans appel : elles sont semblables et témoignent de la dimension culturelle de la violence sexiste dans le système politique.

Car qu'elle soit symbolique, morale, physique, sexiste, sexuelle, cette violence exclut les femmes, les minorités de genre, les personnes invalides, les racisé·es et les jeunes des espaces de pouvoir. Ce faisant, elle supprime autant de profils qui pourraient assurer la survie des partis, leur renouvellement. Quel bien apporte cette violence dans la conduite de la chose publique ? Elle décourage de potentiels très bons profils de s'engager ou de se maintenir en politique. Comme le disait Pierre Mauroy : « *Quand les dégoûtés seront partis, il ne restera plus que les dégoûtants.* » Dans un monde où les enjeux et les dangers collectifs – climatiques, démocratiques, sociaux, économiques… – dépassent très

95. « Pourquoi la lutte contre les violences sexistes et sexuelles en politique n'avance pas », www.observatoirevsspolitique.fr, 2023 [En ligne].

largement le temps électoral et les guéguerres internes, il paraît absurde de cultiver ce fonctionnement, et urgent que les partis adoptent une façon plus bienveillante et constructive de faire de la politique. Les organisations politiques sont des milieux où relations professionnelles et personnelles s'entremêlent, où l'intime et la passion, la communauté de pensée se mélangent avec des fonctionnements hiérarchiques et pyramidaux. Elles favorisent de ce fait un système d'omerta, de protection des agissements sexistes, harcelants ou violents, dans lequel les commissions de contrôle ou de résolution internes, aussi indépendantes soient-elles, sont proprement insuffisantes, notamment pour contrôler les responsables transfuges, les tiraillements et conflits d'intérêts, les victimes silencieuses et intimidées. Les partis à gauche gagneraient à montrer l'exemple, à dire qu'ils savent aussi s'autoréguler, balayer devant leur porte, et confier la vigilance sur les violences à une autorité indépendante. La Haute Autorité pour la transparence de la vie publique pourrait jouer ce rôle en élargissant son périmètre à un contrôle éthique comme cela est régulièrement suggéré, par exemple par le Haut Conseil à l'égalité entre les femmes et les hommes.

2. Changer les règles

La gouvernance

L'opacité de la gouvernance des partis politiques est non seulement un angle mort démocratique, mais elle est encore à l'origine de la défiance et de l'indifférence grandissantes des citoyen·nes envers les structures partisanes. Les organisations politiques jouent un rôle décisif dans la structuration de l'offre électorale, si bien qu'elle échappe aujourd'hui totalement à la participation citoyenne. Car quand elles ne sont pas issues d'une primaire au sein d'un parti, les investitures sont organisées selon le degré de proximité avec le·la chef·fe. Les candidat·es aux élections sont donc désigné·es par les dirigeant·es du parti, ce qui s'apparente tout simplement à de la cooptation.

Cela donne le sentiment d'organisations en vase clos et d'une toute-puissance des dirigeant·es politiques, qui transcendent la volonté populaire. Cela conduit à une forme d'insolence générale dans la gestion des affaires, à une reproduction automatique de profils identiques et à l'organisation d'un phénomène de cour et de vassalité systémique. Un sentiment de honte de la classe politique nous traverse collectivement face à l'arbitraire, au manque d'exemplarité et de règles claires dans la gouvernance des partis. Une honte qui n'est manifestement pas partagée par les personnalités politiques elles-mêmes. Il faudrait *a minima* une séparation du pouvoir entre dirigeant·es et candidat·es, renouveler le mandat populaire et *a maxima*, que les investitures se fassent sur une base populaire pour changer la donne en termes de représentation et de respect de la démocratie interne.

Cette organisation pyramidale et opaque favorise plus généralement une structuration hiérarchique, une unicité et une centralité avec un·e chef·fe tout·e-puissant·e. Et ce pourtant dans une époque qui favorise, notamment à travers l'activisme numérique, la pluralité des voix, des visages, voire l'anonymisation totale des militant·es et combattant·es pour laisser toute la place aux causes et au caractère collectif des mouvements – ne citons par exemple que le mouvement Nuit debout, les structures féministes comme le collectif #NousToutes ou l'association En avant toute(s), les collectifs de résistance civile comme Dernière rénovation ou Extinction Rebellion France.

La doctrine

Les partis sont périmés non seulement dans leur gouvernance, mais aussi dans l'idéologie close et l'obéissance doctrinale qui les caractérisent. La concurrence généralisée à gauche, en interne comme en externe pour surjouer les clivages, a progressivement organisé un dogmatisme et un sectarisme en lieu et place de la production d'idées et de la fertilisation croisée. Et de fait, le temps consacré aux tractations est un manque à gagner pour fabriquer des idées nouvelles, se régénérer. Là encore, c'est un fonctionnement en contradiction totale avec les aspirations actuelles : là où les citoyen·nes sont de plus en plus attaché·es à leur propre liberté, leur indépendance d'esprit, leur esprit critique, et au rejet des appartenances et des cases, les partis campent sur un féodalisme doctrinal qui valorise loyauté aveugle, assujettissement, obéissance, soumission, absence d'expression et de trajectoire personnelles. Le temps froid entre deux élections n'est désormais utilisé que pour préparer la prochaine, flécher des postes, et non plus pour actualiser son propos, assurer la transmission, former la relève, desserrer le récit après une campagne. On assiste de ce fait à une concentration des responsabilités au sein des partis, ce qui favorise encore l'unicité doctrinale et l'absence de débats d'idées. Plus généralement, cette organisation féodale alimente un univers toxique où sont rois les coups bas, trahisons, pratiques du « off » dans les médias, amitiés ou inimitiés opportunistes, donnant raison à tou·tes celles et ceux qui se détournent de la politique par dégoût des pratiques.

La démocratie interne

Quand on adhère à un parti, on ne sait souvent pas bien ensuite comment agir, participer. Du fait de cette structure pyramidale et féodale, les militant·es et adhérent·es n'ont bien souvent pas vraiment voix au chapitre. La démocratie interne est mal, peu ou pas du tout organisée. Les orientations stratégiques des partis mériteraient d'être faites en co-construction réelle, par exemple en permettant à chaque adhérent·e de participer à l'élaboration des programmes. Cela favoriserait le sentiment d'utilité de chacun·e, et la stabilité, de ce fait, dans l'adhésion.

Les méthodes de mobilisation

Le mode de mobilisation des partis politiques reste ancré dans un autre temps. L'urgence climatique et la toute-puissance numérique révèlent le décalage grandissant entre les partis et les besoins et les pratiques citoyennes. Les façons classiques de s'engager sont considérées comme de plus en plus inutiles: par exemple, participer à un meeting ou à une réunion politique pour lutter contre le réchauffement climatique est la proposition jugée la plus inefficace sur les 12 propositions faites dans le sondage Ifop/Fondation de France[96]. À l'inverse, le *Community Organizing*, concept popularisé par Saul Alinsky, militant de la gauche radicale américaine, est une forme d'engagement de plus en plus prisée par les citoyen·nes, au service de leur propre empouvoirement. Ce fonctionnement, en construisant une organisation de citoyen·nes voisin·es sur un territoire donné capable de défendre collectivement ses intérêts et ses revendications communes face aux institutions et aux représentant·es politiques, crée du lien social, des relations humaines, ancrées, réelles, vraies, conscientes, horizontales et bienveillantes. Tout ce que les partis n'arrivent plus à faire.

Les canaux traditionnels d'expression politique sont boudés pour privilégier des instruments jugés plus pertinents pour capter l'attention, alerter, contester. Il est question d'être visible, en ligne ou dans la rue: pétitions, occupations de l'espace public, marches, grèves, boycotts, partages massifs de contenus, actions choc, désobéissance civile, actions non violentes... Tout cela est à rebours des partis, qui opèrent en vase clos, récupèrent les sujets, écrivent des notes ou des communiqués de presse. Les nouvelles façons de militer promeuvent l'action directe, l'éducation populaire, l'autodidaxie, l'ancrage,

96. « Les jeunes et l'engagement », www.fondationdefrance.org, octobre 2022 [En ligne].

l'inclusivité des luttes, l'indexation du mérite sur la connaissance réelle des causes et des problèmes collectifs.

3. Changer les incarnations

L'incarnation politique s'est historiquement et traditionnellement construite sur un modèle masculin, viril, blanc, privilégié, correspondant à des caractéristiques notoirement compétitives en milieu politique et indexées dans l'imaginaire collectif sur les responsabilités que cela implique. Cette vision est renforcée par la fascination et l'attachement français à « l'homme providentiel », étroitement liée à notre modèle constitutionnel et structurel centré autour du président, figure suprême du pouvoir et de la puissance sous la Ve République. Aucune femme, personne racisée ou pauvre n'a jamais eu le poste. C'est aussi qu'au sein des partis, la parité sociale et de genre n'est pas respectée. Sur tout l'arc social-écologique à gauche, seule une femme dirige un parti. En termes d'âge, l'écart se creuse nettement entre les partis relativement nouveaux (Renaissance, LFI, EELV), gouvernés par des moins de 40 ans, et les partis plus anciens (PS, LR, PCF) par des plus de 50, les jeunes entre 18 et 30 ans composant pourtant 13,7 % de la population.

Les origines sociales des responsables politiques sont également bien loin d'être représentatives de la société française : à l'Assemblée, les cadres et professions intellectuelles supérieures représentent près de 60 % des député·es élu·es, alors qu'ils·elles composent moins de 10 % de la population française ; les ouvrier·es 0,9 % des élu·es, notamment à gauche, contre 12,1 % de la population ; les employé·es 4,5 % vs 16,1 %[97]. On assiste donc bien à une ploutocratisation de notre démocratie, alimentée par les partis. Sur la

97. Résultats des législatives 2022 : cadres, retraités, ouvriers... Découvrez les catégories socio-professionnelles les plus représentées parmi les députés élus, www.francetvinfo.fr, 20 juin 2022 [En ligne]

mixité ethnique, même chose : les photographies des partis politiques, y compris à gauche, sont caractérisées par une blanchité en écrasante majorité. Il y a tantôt une invisibilisation, tantôt une instrumentalisation de toutes les catégories sociales n'appartenant pas à l'archétype de l'homme politique dominant. Une uniformité sociale et physique qui se retrouve dans des codes vestimentaires très stricts – veste obligatoire et cravate fortement recommandée à l'Assemblée participent à la sacralité du métier politique – et qui alimente la déconnexion des élites. Les partis politiques répondent finalement parfaitement à la « loi d'airain de l'oligarchie[98] » du sociologue Robert Michels qui qualifie la tendance de toute organisation à sécréter une élite oligarchique.

D. L'insuffisance des partis seuls

Pour gagner, les partis doivent donc faire leur mue : assurer une véritable parité sociale, développer une culture de la bienveillance et de la confiance – qui serait par ailleurs bénéfique pour la qualité de la décision publique et le niveau du débat –, renouer avec l'idéalisme, déléguer les responsabilités… Alors seulement pourront-ils espérer inspirer de nouveau confiance et accueillir de nouveaux profils. Mais même alors, le rejet populaire des partis est désormais trop grand pour qu'ils organisent seuls le jeu politique.

La formation, la production de l'offre et la conquête du pouvoir, rôles historiques des partis, sont aujourd'hui externalisées, et les partis doivent apprendre à composer avec cette nouvelle donne. Sur le fond – inégalités sociales, bifurcation écologique, renouveau démocratique, redéfinition des modèles économiques – comme sur la forme – horizontalité,

98. *Les Partis politiques. Essai sur les tendances oligarchiques des démocraties*, Flammarion, 1914 [paru en langue originale en 1911].

inclusivité, subsidiarité, action directe, éducation populaire, mobilisation réelle des masses –, partout la société civile s'engage et crée l'offre politique là où les partis l'ont délaissée. Syndicats, associations, entreprises de l'économie sociale et solidaire, mouvements citoyens sont les nouveaux lieux de mobilisation, de production intellectuelle, d'influence médiatique et politique. Mouvements féministes, antiracistes, écologistes, de démocratie participative : tous sont aujourd'hui présents dans la rue, dans les médias et sur les réseaux sociaux, tous paraissent aujourd'hui plus décisifs, inventifs, attirants, agissants et puissants que les partis sur les enjeux politiques qui nous concernent. Là où tous ces mouvements de gauche parviennent à agir de concert, à s'allier, à défendre des causes communes, de façon inclusive et désintéressée, les partis de gauche naviguent seuls ou si peu alliés. Là où les activistes pour le climat, artisan·es des luttes pour l'égalité et démocrates convaincu·es organisent la lutte de façon horizontale, collective et bienveillante, où chacun·e à sa place, les partis sont englués dans une hiérarchie et des modes de gouvernance sclérosés, où personne n'a sa place. Là où ces nouveaux acteurs ont à cœur l'éducation populaire et la promotion, la valorisation des visages, des trajectoires et des histoires des premier·es concerné·es, les partis s'apparentent à des associations d'élu·es ou des syndicats de professionnel·les de la politique.

Le modèle politique actuel est inadapté pour faire face à l'accroissement des inégalités, aux injustices sociales, à l'intermittence démocratique et l'irréversibilité climatique. Les nouvelles formes d'expression politique directe et alternative ont une assise populaire bien plus légitime que les partis qui gardent pourtant le monopole de l'hégémonie politique « officielle ». Mais sans traduction victorieuse. Pour gagner, les partis de gauche doivent composer, écrire avec les mouvements populaires de lutte et la société civile organisée.

V. L'arc-en-ciel des mouvements de lutte et de la société civile organisée

Le titre de ce chapitre est un clin d'œil à Aurélie Trouvé et son ouvrage *Le Bloc arc-en-ciel*[99]. Celui-ci propose de s'inspirer et de tirer des enseignements de la stratégie menée par la *Rainbow Coalition* (coalition de l'Arc-en-ciel), fondée en 1969 à Chicago et unissant *Black Panthers*, *Young Lords* et *Young Patriots* pour lutter contre la ségrégation raciale et sociale. Enseignante-chercheuse en agro-économie, militante altermondialiste et désormais députée LFI-NUPES[100], Aurélie nous invite à observer d'une part l'impuissance des partis politiques français de gauche face aux urgences écologiques et sociales, et de l'autre les modes d'action inclusifs, créatifs, radicaux et nécessaires des mouvements militants pour y répondre. Elle considère que les partis ont perdu « l'emprise qui était la leur sur la vie politique » et alerte contre l'expression de leur indifférence vis-à-vis des mouvements sociaux. Une « erreur

99. *Le Bloc arc-en-ciel. Pour une stratégie politique radicale et inclusive*, La Découverte, 2021.
100. De la 9e circonscription de Seine-Saint-Denis.

fatale » selon elle, qui estime que sans ces mobilisations « la gauche écologique ne parviendra jamais au pouvoir ». Sans plaider pour l'abolition des partis, elle identifie au contraire « deux logiques de combat » qui auraient toute leur place dans la lutte et pourraient s'incarner dans un respect mutuel. À l'image des organisations de la coalition de l'Arc-en-ciel, chacune des parties doit prendre conscience que pour mener une révolution démocratique, écologique et sociale, il faut « *construire une alliance, c'est-à-dire consentir [à faire] un effort politique visant à dépasser [nos] différences et à trouver des compromis permettant de coordonner le combat* ». Elle en appelle à la création « d'écosystèmes politiques d'un genre nouveau et dont le parti ne soit plus le cœur ». En toute humilité, elle nous rappelle enfin que ce sont les mouvements sociaux qui, tout en faisant vaciller l'hégémonie des partis, ont impulsé les politiques les plus transformatrices de la société.

A. Les sept couleurs d'une très large bataille culturelle

Si les partis politiques ont été craints et mis à l'écart au départ, ils ont finalement apporté à la lutte pour la démocratie, la justice sociale, l'égalité et la liberté des avancées non négligeables à travers le temps. Pour autant, leurs fonctionnements, leurs méthodes, leurs stratégies contribuent à reproduire et entretenir des mécanismes d'oppression et à fragiliser notre système démocratique dont ils sont pourtant censés être l'un des piliers. La question de leur utilité est donc légitime. Non seulement la population exprime une forte défiance à leur égard, mais 64 % des Français·es trouvent en plus que les notions de droite et de gauche sont dépassées et affirment que « ce n'est plus comme ça que l'on peut juger des prises de position de la classe politique »[101]. Comment alors mobiliser et convaincre un public qui ne sait pas vous situer sur l'échiquier politique ? Nous avons pointé du doigt les dysfonctionnements et proposé quelques pistes pour faire de ces organes de meilleurs espaces d'expression politique : les réformer est d'une part indispensable, mais aussi urgent à l'approche des prochaines échéances électorales. L'histoire nous montre que rien n'est possible sans *la base* (populaire). Comment en effet obtenir des victoires significatives et durables si une telle déconnexion persiste entre politique, société civile et population ? Rappelons l'apport considérable des mouvements sociaux *à la cause*, mouvements portés par les esclaves, les femmes, les travailleur·ses, les étudiant·es, les syndicalistes, les associations, les activistes, et qui ont mené à d'importantes avancées. Si ces récits nous montrent que nous sommes tou·tes à la croisée de plusieurs luttes, ils nous prouvent aussi que les principales victoires ont été obtenues lorsque des alliances se sont formées. Ainsi en 1936 avec le Front populaire, où partis politiques et syndicalistes se sont mobilisés à la conquête d'avancées sociales telles que la semaine de 40 heures ou encore les congés payés ; en mai 1968 avec la plus importante grève jamais survenue, où syndicats et étudiant·es se sont allié·es et ont décroché une augmentation des salaires. La décennie qui a suivi a été celle des luttes féministes, durant laquelle de nombreux droits ont été obtenus. En 1973, on notera la collaboration inattendue et inconcevable du Mouvement pour la liberté de l'avortement et de la contraception (MLAC) et de la Confédération française démocratique du travail (CFTD) qui approuvera, après de longs débats, l'intégration de Jeannette Laot[102],

101. Étude menée par l'Ipsos et Sopra Steria, « Fractures françaises », www.institutmontaigne.org, 2022 [En ligne].
102. Jeannette Laot (1925-) est une ouvrière, militante féministe et syndicaliste membre de la direction de la CFDT.

alors responsable du secrétariat des travailleuses et membre de la commission exécutive, au bureau du MLAC. Elle y siégera en tant que vice-présidente notamment aux côtés d'une certaine Simone Iff[103] jusqu'à la promulgation de la loi Veil en 1975. Puis en 1995 avec cette grève historique contre la réforme des retraites, et en 2011 contre le contrôle au faciès, à la suite de quoi en 2015 plusieurs organisations de quartiers populaires, avec le soutien de quelques partis politiques, ont réussi à faire condamner l'État. Et enfin en 2018, lorsque l'Affaire du siècle a mobilisé activistes, ONG, expert·es et personnalités politiques attaquant l'État en justice pour son inaction dans la lutte contre le dérèglement climatique. D'autres mobilisations, hors alliances transversales, ont aussi contribué à obtenir plus de droits. Nous allons ici vous parler des luttes antiracistes et féministes, des luttes pour les droits des personnes LGBTQIA+, de celles des ouvrier·es, des soignant·es, mais aussi des activistes du climat et enfin du mouvement des Gilets jaunes. Nous allons traverser l'histoire pour nous remémorer le contexte d'émergence de ces luttes. Voir pourquoi elles étaient nécessaires et pourquoi il est important que nous nous unissions pour préserver les droits qui en ont découlé. Nous appelons enfin à une certaine reconnaissance et humilité là où les guerres d'ego n'ont pas leur place.

B. Le vert du mouvement climat

1. Comprendre les réchauffements climatiques : une ressource inexploitée

Nous savons que la Terre a déjà connu un épisode brutal de réchauffement climatique global – d'origine

103. Simone Iff (1924-2014) était une militante féministe et femme politique, fondatrice du planning familial en France.

naturelle – ayant fait augmenter la température d'entre 5 et 8 °C. Ce phénomène, que l'on a appelé le PETM[104], s'est produit il y a 56 millions d'années. Si les scientifiques sont partagé·es sur la cause d'un tel réchauffement, ils·elles s'accordent cependant à dire que d'énormes volumes de dioxyde de carbone ont été soudainement libérés dans l'atmosphère et dans les océans, provoquant un changement significatif du cours de la vie sur Terre (extinction de la vie marine et terrestre). Les paléontologues[105] ont en effet observé un bouleversement du cycle du carbone pouvant expliquer la brutalité de ce changement de température, qui oscillait entre 25 et 32 °C en moyenne contre 17 °C aujourd'hui. 150 000 ans ont ensuite été nécessaires à la Terre pour parvenir à absorber cet excès de carbone et se refroidir. D'ère en ère, l'histoire verra naître des espèces lorsque d'autres disparaîtront, avec des épisodes de réchauffement pouvant aller jusqu'à +3 °C, et des cycles de glaciation.

Mais pourquoi évoquer cet épisode hyperthermique du passé dans lequel l'être humain n'a joué aucun rôle ? Les chercheur·ses, et en particulier Pierre Sepulchre de l'Institut Pierre-Simon-Laplace (IPSL), nous rappellent que « le PETM[106] est l'un des exemples les plus rapides et

104. *Paleocene-Eocene Thermal Maximum* en anglais (maximum thermique du Paléocène-Éocène).

105. La paléoclimatologie étudie les environnements passés et leurs variations pour comprendre les crises écologiques et climatiques. Elle a recours à la géochimie, aux analyses isotopiques et à la modélisation informatique, ce qui lui a permis de reconstituer les variations globales de la température sur 550 millions d'années, jusqu'à aujourd'hui où nous sommes dans une période tempérée interglaciaire.

106. Pierre Sepulchre estime que « lors du PETM, la concentration en CO_2 atmosphérique, qui était déjà certainement au moins 2 fois supérieure à celle que nous connaissons aujourd'hui, a été brutalement multipliée par 2 ou 3 en 5 à 10 000 ans. Ce sont autant d'éléments qui expliquent l'absence à cette période sur Terre de calotte glaciaire. » Voir son article « Maximum thermique et avenir climatique », www.ipsl.fr, juin 2021 [En ligne].

dramatiques de changement climatique de l'histoire ». Les chercheur·ses estiment que la science de la paléoclimatologie est essentielle dans la lutte contre le réchauffement climatique, car elle permet de mettre en perspective les changements d'origine anthropique (humaine) et ceux passés d'origine naturelle ainsi que leurs conséquences respectives sur le vivant.

Objectif : mieux comprendre les grands mécanismes qui régissent le climat de notre planète.

2. À partir de quand « on savait » ?

La communauté scientifique est mobilisée depuis longtemps pour étudier, comprendre et expliquer les phénomènes climatiques. En 1824, le mathématicien et physicien français Joseph Fourier posera les bases de « l'effet de serre[107] » et évoquera déjà « les effets de l'industrie humaine » sur la température terrestre. En 1850, John Tyndall, physicien irlandais, a quant à lui démontré que l'atmosphère terrestre subissait un *effet de serre*[108], ce qui permet d'expliquer sa température de surface élevée. En 1896, les premiers calculs de l'impact des émissions de CO_2[109] sur la température de la Terre sont réalisés par

107. Il expliquera alors que l'atmosphère oppose « moins d'obstacles à la chaleur lumineuse affluente qu'à la chaleur obscure, qui retourne en sens contraire dans l'espace extérieur ». *Mémoire sur les températures du globe terrestre et des espaces planétaires, Mémoires de l'Académie royale des sciences de l'Institut de France*, 1827.

108. L'effet de serre est donc un phénomène d'origine naturelle qui retient une partie de la chaleur émise par le Soleil dans l'atmosphère de notre planète et permet le développement de la vie sur Terre.

109. Le dioxyde de carbone, plus connu sous sa formule moléculaire CO_2, est un gaz naturellement présent dans l'atmosphère. Il joue un rôle primordial dans le cycle du carbone sur Terre : les êtres vivants transforment l'oxygène en CO_2 tandis que les plantes transforment le CO_2 en oxygène. Le dioxyde de carbone participe ainsi activement à la photosynthèse des plantes, et donc à la respiration des êtres vivants.

Svante Arrhenius, chimiste suédois[110]. En 1908, il affirme que doubler le pourcentage de CO_2 dans l'air entraînerait une augmentation de la température de surface de la Terre et fait le lien entre combustions du secteur industriel et changement climatique. En 1958, Charles David Keeling[111], climatologue américain, mesure la concentration de CO_2 dans l'atmosphère et constate une augmentation annuelle systématique. Dans les années 1970, des simulations sont menées par Suki Manabe[112] et Richard T. Wetherald, météorologues, pour déterminer les effets qu'aurait un doublement du taux de CO_2 sur le climat : ils prédisent, entre autres, un réchauffement planétaire de plus de 2 °C. Alors que les premiers chiffres d'impact tombent, le célèbre rapport Meadows du MIT[113] en 1972 évoque l'épuisement des ressources non renouvelables dont le pétrole, et les limites de la croissance économique.

3. Un doute sur l'origine humaine du dérèglement climatique ?

En Grèce antique, des philosophes comme Platon, Aristote et Théophraste produisaient déjà des écrits sur le changement climatique, écrits qui viendront alimenter plus tard les travaux des élites intellectuelles du Moyen Âge. Cette période connaîtra aussi des fluctuations importantes de températures d'origine naturelle, mais on sait désormais que les activités humaines inscrites dans le sillage de la révolution industrielle, dès 1750, causeront à leur tour

110. Peu connu du grand public, il a pourtant été pionnier dans de nombreux domaines et a reçu le prix Nobel de chimie en 1903.
111. Via son travail à l'observatoire du Mauna Loa, Keeling est le premier à alerter sur la contribution anthropique à l'effet de serre et au réchauffement climatique.
112. Météorologue et climatologue, américano-japonais, il a été un pionnier de l'utilisation de l'informatique dans la simulation du réchauffement climatique.
113. *Massachusetts Institute of Technology.*

des variations de température, notamment du fait de l'exploitation des énergies fossiles.

Aujourd'hui, les expert·es ne doutent plus : le consensus scientifique sur la question s'élève à 100 % selon *Environmental Research Letters*[114] qui publie en 2021 une évaluation prenant en compte 88 000 études scientifiques parues entre 2012 et fin 2020.

Julia Slingo, météorologue et climatologue britannique récompensée par l'Organisation météorologique mondiale (OMM) en fonction depuis 1972 au Service météorologique du Royaume-Uni, nous rappelle dans l'un de ses billets que les progrès technologiques ont peu à peu permis, à travers l'histoire, d'améliorer les méthodes de recherche en matière d'observation de la Terre, d'élaboration de modèles climatiques, de calcul et de mesure de la sensibilité du système climatique au gaz à effet de serre. « *C'est grâce à l'élaboration de modèles climatiques complexes au cours des 50 dernières années qu'il a été possible de déterminer que le réchauffement de la planète était dû à des facteurs humains. [...] Chaque année, il devient plus irréfutable que les changements climatiques d'origine humaine ont contribué à la gravité* [des catastrophes naturelles].[115] »

En 2000, Paul Crutzen[116], chimiste néerlandais, et Eugene Stoermer, biologiste américain, proposent de nommer « Anthropocène » l'ère qui aurait débuté avec la révolution industrielle et succéderait à l'ère de l'Holocène (pendant laquelle l'être humain a pu se développer). Les deux chercheurs souhaitaient ainsi signifier clairement l'influence de l'activité humaine sur le réchauffement climatique.

114. « Greater than 99% consensus on human caused climate change in the peer-reviewed scientific literature », www.iopscience.iop.org, 19 octobre 2021 [En ligne].

115. « The Evolution of Climate Science: A Personal View from Julia Slingo », www.public.wmo.int, 2017 [En ligne]. Ce passage a été traduit par nos soins.

116. Il a reçu le prix Nobel de chimie en 1995.

Le terme est dès lors popularisé, mais l'Union internationale des sciences géologiques (IUGS), l'institution scientifique qui régit la classification des époques, considère que nous sommes encore dans l'ère de l'Holocène. La question fait toutefois débat, mais en juillet 2023, le Groupe de travail sur l'Anthropocène (composé de 38 scientifiques) a présenté lors d'une conférence de presse les résultats d'une étude lancée en 2009 prouvant que nous sommes selon eux définitivement entré·es dans cette nouvelle ère qu'est l'Anthropocène.

4. Une prise de conscience internationale du dérèglement

1972 a été une année importante pour la climatologie. En pleine période des Trente Glorieuses[117], une formation internationale de chercheur·ses du MIT aux États-Unis, composée de Donella Meadows, Dennis Meadows, William Behrens et Jørgen Randers, s'est interrogée sur les limites de la croissance économique et a publié un livre intitulé *Les Limites à la croissance*[118], mieux connu sous le nom de rapport Meadows. L'équipe estime que quels que soient les scénarios envisagés, la croissance infinie se heurtera nécessairement à des pénuries de matières premières, et que le monde dispose de 50 à 100 ans avant d'être confronté à un manque de ressources non renouvelables, à commencer par le pétrole. Elle conseille aux dirigeant·es de réguler la croissance s'ils·elles ne veulent pas assister à une multiplication des crises, des famines, et même des guerres.

Cette même année, Maurice Strong, alors secrétaire général de la conférence des Nations unies sur l'environnement

117. Période d'après-guerre connaissant une forte croissance économique (1945-1975).

118. *The Limits to Growth* (titre original), Chelsea Green Publishing, 1972. Il est traduit la même année chez Fayard sous le titre *Halte à la croissance ?* et ne prendra son titre définitif qu'en 2012 à l'occasion d'une réédition pour les 30 ans du texte.

humain – aussi appelée sommet de la Terre de Stockholm –, commande à Barbara Ward[119] et René Dubos[120], en amont du sommet, un rapport qui sera ensuite publié sous le titre « Nous n'avons qu'une Terre[121] ». L'objectif était de fournir aux dirigeant·es mondiaux·les un panorama des problèmes fondamentaux que posent les « relations entre l'humain et son habitat naturel à un moment où l'activité de l'humain exerce sur l'environnement des effets importants ».

En France, une année auparavant, Philippe Saint-Marc, haut fonctionnaire de sensibilité politique centre droite se revendique militant de « l'humanisme écologique », publie l'ouvrage *Socialisation de la nature* chez Stock. Décrié par les militant·es écologistes de gauche notamment, il propose de sortir de la vision naturaliste courante en liant réalités sociales contemporaines et problématiques environnementales. À cet ouvrage sera par ailleurs annexée une charte de la Nature ratifiée par 17 organisations environnementales françaises devenant *de facto* membres d'un comité du même nom, et l'écho de cette initiative dans la presse entraînera la collecte de 300 000 signatures en soutien. Des organisations proches du Parti communiste et le secrétaire général du PS lui-même la signeront. Elle sera la base du programme avec lequel Valéry Giscard d'Estaing sera élu en 1974.

La conférence des Nations unies sur l'environnement humain (le premier sommet de la Terre) se tient donc à Stockholm en juin 1972. Elle aboutit à la production d'une déclaration de 26 principes appelée la déclaration de Stockholm, d'un plan d'action de 109 recommandations, ainsi qu'à la création du Programme des Nations unies pour

119. Économiste et autrice britannique.

120. Agronome, biologiste et spécialiste de l'écologie franco-américain.

121. « Only One Earth » (titre original) dans *The UNESCO Courier*, janvier 1973. L'ouvrage est paru simultanément dans toutes les langues officielles de l'UNESCO.

l'environnement (PNUE). L'événement a placé les questions écologiques en tête des préoccupations internationales et a marqué le début d'un dialogue entre pays industrialisés et pays dits en développement, surtout autour du lien existant entre croissance économique, pollution mondiale et bien-être des peuples dans le monde entier. Bon nombre de nos lois en matière d'environnement ont été adoptées à la suite de cette conférence. La protection de l'environnement entre alors dans les priorités politiques de nombreux pays et régions, qui l'intègrent même pour certains à leurs dispositions constitutionnelles.

Sept ans plus tard, en 1979, c'est au tour de l'OMM (Organisation météorologique mondiale) d'organiser la première Conférence sur le climat à Genève. Ses conclusions révèlent que les émissions anthropiques de dioxyde de carbone pourraient avoir un effet à long terme sur le climat. Ce sera le premier pas vers la création du Programme climatologique mondial (PCM). En 1987, 24 pays signent le protocole de Montréal sur la protection de la couche d'ozone[122], et c'est aussi cette année-là que Gro Harlem Brundtland, ex-Première ministre norvégienne issue du Parti travailliste, produit le rapport intitulé « Notre avenir à tous ». Ce dernier pose les bases des principes du « développement durable » et donne des stratégies en faveur de la préservation des ressources qui alimenteront les prochaines rencontres organisées par l'ONU.

5. Un groupe d'expert·es intergouvernemental voit le jour

En 1988, le PNUE (Programme des Nations unies pour l'environnement) et l'OMM (Organisation météorologique mondiale), avec la validation de l'Assemblée générale

122. La couche d'ozone joue un rôle primordial, car elle absorbe les rayons ultraviolets, essentiellement les rayons UV-B nocifs à toute forme de vie animale et végétale. En empêchant les rayons UV d'atteindre le sol, l'ozone protège donc tous les êtres vivant à la surface de la Terre.

de l'ONU, créent le bien connu Groupe d'expert·es intergouvernemental sur l'évolution du climat (GIEC). Ce dernier réunit des scientifiques du monde entier et a été formé en vue de fournir des évaluations détaillées de l'état des connaissances scientifiques, techniques et socio-économiques relatives aux changements climatiques, à leurs causes, leurs répercussions potentielles et les stratégies de parade. En 1990, il publie son premier rapport d'évaluation, qui mènera l'Assemblée générale de l'ONU à élaborer une convention-cadre sur les changements climatiques (CCNUCC). En 1992, le GIEC publie un supplément à ce premier rapport et l'ONU ouvre la convention-cadre à la signature lors du sommet de la Terre de Rio qui se tient cette même année. 20 ans ont passé depuis le premier sommet à Stockholm, et l'ONU parvient à présent à réunir 179 pays dans un effort massif visant à réconcilier l'impact des activités socio-économiques humaines et l'environnement. La CCNUCC sera définitivement adoptée en 1994, et depuis, les États signataires se réunissent régulièrement lors de COP (*Conference of the Parties*) pour définir les prochaines étapes de la protection du climat au niveau international. Le protocole de Kyoto sera quant à lui adopté lors de la rencontre qui s'est tenue au Japon en 1997 et est entré en vigueur en 2005, après avoir été signé par plus de 55 pays qui, en 1990, étaient déjà responsables d'au moins 55 % des émissions de CO_2 des pays industrialisés. Finalement, plus de 191 États l'ont aujourd'hui ratifié. Il s'agissait alors du premier document imposant des limitations et des obligations de réduction juridiquement contraignantes aux pays industrialisés signataires. Le GIEC a depuis publié d'autres travaux, dont les rapports d'évaluation de 1995, 2001, 2007, 2013-2014 et 2023. Les chercheur·ses ont commencé par exposer les conséquences que nous connaissons aujourd'hui d'un réchauffement climatique au-delà de 1,5 °C par rapport à l'ère préindustrielle[123], puis ils ont progressivement invité les États à mettre en place des mesures pour réduire leurs rejets de CO_2 de 45 % d'ici à 2030 afin de viser la « neutralité carbone » d'ici à 2050.

Le GIEC nous alerte donc depuis presque 35 ans. L'accord de Paris, adopté lors de la COP 21, est venu remplacer le protocole de Kyoto en 2015. Pour la première fois, un objectif concret visant à limiter le réchauffement de la planète à un niveau bien inférieur à 2 °C apparaît, et de préférence inférieur à 1,5 °C par rapport au niveau préindustriel de 1750. 2015, c'est aussi l'année où l'ONU a lancé un appel mondial à *« éradiquer la pauvreté, protéger la planète et faire en sorte que tous les êtres humains vivent dans la paix et la prospérité d'ici à 2030 »*. Cet appel donnera naissance à 17 priorités associées à des actions précises à mener appelées « objectifs de développement durable » (ODD). Chaque année, sur la base du volontariat, les États sont invités à rendre compte de leurs progrès lors du Forum politique de haut niveau (FPHN) pour le développement durable de l'ONU.

6. Et les émissions carbone des entreprises ?

Avec toutes les alertes énumérées, les entreprises, et plus particulièrement celles du secteur industriel, connaissaient les risques et les impacts de leurs activités sur l'environnement. 20 de celles qui exploitent de manière intense le charbon, le pétrole et le gaz sont responsables de près de 35 % des émissions dans le monde, soit 480 milliards de tonnes de CO_2 depuis 1965, selon le *Guardian*[124].

123. L'ère préindustrielle désigne la période historique qui précède la révolution industrielle, qui elle s'est produite de 1750 à 1850. C'est l'époque antérieure à l'existence des machines et des outils permettant d'effectuer les tâches *en masse*.
124. « Revealed: the 20 firms behind a third of all carbon emissions », 9 octobre 2019 [En ligne].

La multinationale Total savait depuis au moins 50 ans! En 1971, le géographe François Durand-Dastès a publié un article dans le magazine interne à l'entreprise dans lequel on y lit une description claire et précise de ce que crée la combustion d'énergies fossiles: « *Cette opération aboutit à la libération de quantités énormes de gaz carbonique. [...] La circulation atmosphérique s'en trouverait modifiée, et il n'est pas impossible, selon certains, d'envisager une fonte au moins partielle des calottes glaciaires des pôles dont résulterait à coup sûr une montée sensible du niveau marin.* » Cette alerte a-t-elle arrêté la multinationale pour autant? NON. Au contraire. Elle s'est employée à mettre en place des stratégies de fabrique du doute en pointant publiquement les incertitudes des sciences du climat, rejointe par les autres entreprises du secteur, en vue de discréditer la communauté scientifique. Et ce au moins jusqu'à l'apparition du GIEC! C'est ce que nous apprennent les trois historiens Christophe Bonneuil, Pierre-Louis Choquet et Benjamin Franta dans une note[125] où ils ont documenté, sur un demi-siècle, les réactions évolutives de Total (et d'Elf, qui rejoint le groupe en 2000) face au réchauffement climatique. L'entreprise a-t-elle été inquiétée? NON. Dans la foulée de cette découverte faite fin 2021, deux ONG, Notre affaire à tous et 350.org, lancent la campagne « TotalMent » et publient un historique clair des agissements de l'entreprise en matière de greenwashing, lobbying et investissements: à titre d'exemple, en 1986 le directeur environnement d'Elf envoie son rapport annuel au comité de direction, où il explique que le réchauffement climatique est inévitable et qu'un enjeu de cette envergure exige une stratégie défensive de la part du secteur pour empêcher une taxe sur

125. « Alertes précoces et émergence d'une responsabilité environnementale: les réactions de Total face au réchauffement climatique, 1968-2021 », octobre 2021 [paru initialement en anglais dans la revue scientifique *Global Environmental Change*].

les combustibles fossiles[126]. Ainsi, malgré les nombreuses alertes passées et la création du GIEC qui émet déjà des recommandations, Total investit plus de 60 milliards de dollars dans la production de pétrole entre 2005 et 2009, 127 milliards de dollars dans les activités en amont de l'exploration et de la production fossile de 2010 à 2014, puis dépense 77 milliards de dollars pour la mise en place d'une nouvelle chaîne de production de pétrole et de gaz en 2015. Tout va bien.

Rappelons que si les pouvoirs publics ont le devoir d'agir de manière urgente et efficace dans la lutte contre le réchauffement climatique, et plus globalement pour la protection de l'environnement, les entreprises partagent cette responsabilité puisqu'elles contribuent massivement à émettre des gaz à effet de serre et à détruire progressivement notre environnement. Une bonne nouvelle tout de même est la mise en place de la loi relative au devoir de vigilance des sociétés mères et entreprises donneuses d'ordre. Adoptée en mars 2017, elle oblige les grandes entreprises à élaborer, publier et mettre en œuvre des mesures adaptées afin d'identifier les risques et prévenir les atteintes aux droits humains et aux libertés fondamentales, à la santé et à la sécurité des personnes, à l'environnement. Ces entreprises sont-elles à la hauteur ? NON. En 2023, Notre affaire à tous, qui a fait condamner l'État en 2021 avec le concours de trois autres ONG pour son inaction dans la lutte contre le réchauffement climatique[127], a vérifié la conformité des actions

126. Bernard Tramier était directeur de l'environnement chez Elf puis Total de 1983 à 2003. *Les Echos*, « Total aurait minimisé son rôle dans le changement climatique», 20 octobre 2021, [En ligne].

127. Recours à la justice inédit en France, l'Affaire du siècle a été lancée en décembre 2018 par 4 organisations : Notre affaire à tous, la Fondation pour la nature et l'homme (FNH), Greenpeace France et Oxfam France. En 2021, une moisson de victoires historiques, reconnaissant l'inaction climatique de l'État français et son obligation à agir, vient couronner de succès 4 ans d'engagement.

de 26 multinationales avec leurs obligations légales[128]. Sans surprise, le rapport révèle le nom des 10 sociétés les plus préoccupantes[129] et alerte : aucune entreprise n'est en mesure de démontrer sa conformité en matière de transparence et d'alignement avec l'Accord de Paris. Tout va bien.

7. Écocide : un avocat pour la Terre ?

Alors oui, des avocat·es qui œuvrent aux côtés des ONG pour faire reconnaître des droits à la nature, faire condamner les entreprises pollueuses et obtenir justice et réparation pour les victimes, il y en a. Et nous l'avons vu, depuis 1972 au moins, les organes politiques et les entreprises savent. Pour autant, aucune politique ambitieuse n'a été mise en place, aucune disposition légale n'est réellement contraignante pour les entreprises et les États. L'ONU organise des rencontres mondiales à travers des sommets et des COP qui se succèdent mais qui n'aboutissent à rien. Selon l'ADEME[130], les émissions totales de gaz à effet de serre ont augmenté de 80 % depuis 1970 et de 30 % depuis 1990. Elles ont été, entre 2000 et 2010, les plus importantes de l'histoire de l'humanité.

Devons-nous, alors, encore rabâcher les conséquences du réchauffement climatique ? Dominique Moïsi, politologue et géopoliticien membre de l'Institut Montaigne, nous rappelle qu'une « *augmentation moyenne d'un demi-degré de la température sur la planète se traduirait par une augmentation de 10 à 20 % du risque de conflits meurtriers dans le monde*[131] ». La Banque mondiale estime que si d'ici à

128. « Rapport Benchmark : de la vigilance climatique des multinationales », 4e édition, www.notreaffaireatous.org, 2023 [En ligne].

129. Natixis, Société générale, Carrefour, Auchan, Casino, le groupe Bolloré, TotalEnergies, ADP et BNP Paribas.

130. L'Agence de l'environnement et de la maîtrise de l'énergie.

131. *Les Echos*, « Quand le réchauffement climatique s'invite dans la géopolitique », 3 octobre 2020 [En ligne].

2050 rien n'est fait pour réduire les gaz à effet de serre, 143 millions de réfugié·es climatiques devront fuir des zones devenues invivables. Dans l'un de ses rapports, le GIEC précise ainsi qu'en France, les territoires d'outre-mer sont les plus menacés par les effets du réchauffement climatique. Ce risque positionne la France au 15e rang des pays les plus impactés par cette crise, selon l'ONG Germanwatch[132]. Plusieurs îles du Pacifique ont déjà été submergées, et ce phénomène est même observable en Vendée ! Le manque de nourriture, d'eau, de ressources énergétiques, la diminution des terres cultivables due à la sécheresse et à la montée des eaux, la disparition d'espèces animales et végétales... En somme, c'est l'explosion des crises sanitaires, sociales, économiques et géopolitiques à l'échelle mondiale. Tout va bien.

8. Les activistes face aux carences politiques

Plaidoyers, campagnes de sensibilisation, grèves, actions en justice, actions de désobéissance civile, manifestations, mobilisations digitales, tribunes, lettres ouvertes... Qu'est-ce qui n'a pas déjà été tenté pour élever le débat public sur la question du dérèglement climatique et pousser les pouvoirs publics à agir ? Si cette question a principalement été portée par la communauté scientifique jusqu'en 2015 et l'accord de Paris – qui a d'ailleurs fait couler beaucoup d'encre –, elle est désormais plus populaire. Et il aura fallu l'impulsion de cet accord pour que les médias se saisissent timidement du sujet. Toujours abstrait aux yeux de la population, le problème s'impose peu à peu dans le débat public par la voie-x des « activistes du climat », mais aussi des ONG qui font un travail énorme de veille, de sensibilisation et de vulgarisation, rendant les informations

---

132. Classification effectuée grâce aux indices mondiaux des risques climatiques sur la période 1999-2018.

publiées par le GIEC plus accessibles au grand public ainsi qu'aux médias. Des journalistes publient des enquêtes, décortiquent les actions des entreprises, des pouvoirs publics, et se spécialisent même dans la question. Malgré tout cela, le débat n'avait pourtant toujours pas pénétré les salons, jusqu'à ce que la mobilisation sociale s'installe. De plus en plus de jeunes ont ainsi commencé à se faire entendre – on notera l'émergence en 2018 du mouvement international de grève étudiante *Fridays for Future* initié par la désormais célèbre militante écologiste suédoise Greta Thunberg qui, a 15 ans, décide de faire grève devant son établissement pour dénoncer l'inaction climatique des gouvernant·es du monde et alerter les médias et l'opinion. Puis émerge au Royaume-Uni, en France et dans le monde « le plus grand mouvement de désobéissance civile de ces 10 dernières années » selon le *Guardian* : *Extinction Rebellion*, qui lutte contre l'effondrement écologique et le réchauffement climatique. Déjà évoquée précédemment, l'Affaire du siècle, une action en justice menée par 4 ONG contre l'État français pour son inaction contre le dérèglement climatique, s'inscrit dans cette dynamique de mobilisation mondiale. La pétition lancée en décembre 2018 en soutien à cette démarche a recueilli plus de 2 millions de signatures, et l'État s'est vu condamné en 2021. Le mouvement des Gilets jaunes contre les inégalités sociales naît également au même moment, faisant émerger la question de l'impact social et économique des mesures écologiques sur les populations les plus précaires. Cet élan donnera naissance à la Convention citoyenne pour le climat (CCC), d'abord décriée par une bonne partie de la classe politique puis saluée. Le mouvement de résistance citoyenne Dernière rénovation naîtra néanmoins à la suite de cet exercice démocratique, car les propositions des membres de la CCC concernant la rénovation énergétique des bâtiments n'ont pas été retenues par le Gouvernement. Enfin, une avancée notable obtenue au printemps 2023, après 50 ans de lutte principalement portés par des femmes comme Valérie Cabanes, Polly Higgins, Jojo Mehta, Trần Tố Nga, Berta Cáceres ou encore Vandana Shiva, est le vote unanime du Parlement européen requérant que les États membres reconnaissent et condamnent les écocides, c'est-à-dire les crimes les plus graves commis contre l'environnement. Cette bataille a été menée au sein du Parlement par Marie Toussaint, activiste, juriste et eurodéputée, qui a mobilisé plusieurs député·es à travers toute l'Europe dans la continuité de cette longue lutte. Une alliance d'activistes, d'expert·es et d'élu·es.

9. Le climat transcende les clivages !

Le consensus scientifique est unanime sur la question de l'urgence climatique : les variations naturelles du climat n'étant pas suffisantes pour être à l'origine du réchauffement climatique actuel, l'activité humaine en est donc la principale cause. Plusieurs alertes ont été lancées à l'adresse des États, des entreprises et des citoyen·nes, et la communauté scientifique continue sans relâche de produire des rapports pour nous accompagner dans cette transition que nous voulons *juste*. De plus en plus de médias se saisissent de la question et prennent enfin la responsabilité qui leur incombe d'alerter et d'offrir des espaces de débat, bien qu'insuffisants encore. Les actions en justice portent timidement leurs fruits, et les élu·es écologistes se battent quotidiennement au sein des instances françaises et européennes pour faire évoluer la législation. Les entreprises, celles qui en ont les moyens et surtout celles qui sont les principales responsables de cette situation, ont le devoir d'agir. Elles ne peuvent plus échapper aux sanctions, aux règles, aux alertes et aux recommandations. Beaucoup agissent déjà, principalement dans le secteur de l'économie sociale et solidaire. Faire du profit à tout prix ? NON. Pas au prix de notre santé, de nos vies et de celles des générations futures. Cette question de la préservation de l'environnement est ce qui désormais peut nous unir. C'est d'ailleurs ce que nous révèle une enquête de Destin commun[133] qui montre que 68 % des Français·es pensent que l'environnement est un sujet qui peut nous réunir par-delà nos divisions. Parmi les sondés, 78 % pensent régulièrement aux problèmes liés au changement climatique, à la pollution et à l'environnement. Et ce faisant, ils éprouvent des sentiments plutôt inquiétants : 48 % ressentent de la tristesse, 40 % de la colère, 39 % de l'impuissance et 31 % de l'angoisse. Seuls 18 % ont de l'espoir. Un sujet qui rassemble donc, mais qui alarme. Si nous sommes prêt·es à agir pour la transition écologique, il est clair qu'une telle entreprise ne se fera pas sans sacrifices. Pour autant, cette transition, nous le disons de nouveau, ne devra pas paupériser davantage les ménages. C'est ce que nous rappelle l'enquête d'Ipsos et Sopra Steria[134] en révélant que 77 % des Français·es attendent du Gouvernement qu'il prenne des mesures rapides et énergiques pour faire face à « l'urgence environnementale », même si cela signifie modifier en profondeur leur mode de vie. Cependant, 57 % sont défavorables aux sacrifices financiers. Une alerte à ne pas prendre à la légère quand on sait qu'une telle erreur a donné naissance au mouvement des Gilets jaunes… Contre un Gouvernement qui qualifie les organisations qui luttent pour notre survie de terroristes – politiques, associations, syndicats, médias, entreprises, unissons-nous !

133. Les membres de ce laboratoire d'idées œuvrent à comprendre les fractures et les mécanismes qui divisent la population française pour mieux les dépasser. Les données utilisées ici sont celles de leur étude « La France en quête », www.lafranceenquete.fr, 2020 [En ligne].
134. « Fractures françaises », étude citée.

C. Le violet des féministes

1. La domination, socle de notre histoire

S'unir oui, mais comment prétendre se battre pour l'égalité, la démocratie et la vie lorsque la moitié de l'humanité (les femmes) est opprimée? Opprimée par ce système mortifère forgé par le patriarcat. Un système dont l'organisation des rapports sociaux se fonde sur l'exploitation des terres et des êtres, déclenchant des croisades insensées par-delà les océans pour envahir, dépouiller, violenter, violer, détruire, exterminer, coloniser et réduire en esclavage des millions d'êtres humains. Un système conduit par la domination des hommes sur les femmes et les enfants dans la sphère privée, puis par l'exercice de cette même domination dans l'espace public et les sphères de pouvoir. Un système incarné par une génération d'un autre temps qui organise, normalise et légitime la hiérarchisation des rapports entre les êtres pour asseoir sa domination. Celle des pays du Nord sur les pays du Sud; des riches sur les pauvres; de l'espèce humaine sur les autres espèces. Une organisation sociale induite par un système profondément colonial érigé sur l'accumulation du capital et la recherche de profit à tout prix. Voulons-nous d'une économie nocive où la course au profit appelle à la destruction de tout et où les femmes, cibles mouvantes, se surprennent à emprunter certains de ses codes au patriarcat pour survivre? Vandana Shiva[135] de nous dire: *« Faut-il que les femmes tentent de rattraper les hommes dans la violence, la domination, ou au contraire que les hommes rejoignent les femmes dans leur combat pour protéger la Terre, élever les enfants et défendre la paix? »*

Il y a urgence à réformer l'organisation des rapports sociaux.

135. Physicienne, écologiste, écrivaine et féministe indienne.

2. La pierre féministe à l'édifice

Les conséquences politiques et sociales d'une culture (patriarcale) qui met de côté les émotions, l'empathie, l'amour de la vie ainsi que le respect des êtres vivants et de la nature sont désastreuses. Les femmes sont alors constamment en train de réparer. En se réappropriant l'espace privé et public. En racontant leurs récits aux générations suivantes. En dénonçant les injustices, les abus, les violences qu'elles subissent et les crimes envers leurs sœurs. Elles réparent nos institutions en fabriquant des lois, en menant des actions en justice, en investissant les sphères de pouvoir. Elles nous éduquent en produisant du savoir critique permettant aux un·es et aux autres de comprendre et de détecter les injonctions intériorisées et les mécanismes structurels qui forgent notre société et les rapports sociaux. On dit alors qu'elles *(dé)construisent*.

Parce qu'elles vivent dans leur chair la violence de ce système, elles sont condamnées à se battre, parfois jusqu'à la fin de leurs jours, pour le faire éclater en mille morceaux. À travers l'histoire, partout dans le monde et sans relâche, elles se sont battues pour leur liberté et pour l'égalité. Comme Harriet Tubman[136], Solitude[137], Toya[138]

136. Harriet Tubman (1820-1913) est une figure majeure du marronnage, de l'abolitionnisme et du droit des femmes aux États-Unis. Elle a connu l'esclavage, s'en est libérée et est devenue une activiste de l'abolition et de tous les combats pour la justice et l'égalité.
137. Solitude, de son vrai nom Rosalie (1772-1802), est l'une des figures emblématiques des rébellions de 1802 contre le rétablissement de l'autorité de Lacrosse, capitaine général de la Guadeloupe nommé par Napoléon pour y rétablir l'esclavage. Arrêtée et condamnée à mort par les troupes coloniales, Solitude est pendue le 29 novembre 1802, le lendemain de son accouchement.
138. Victoria Montou (-1805), dite Toya ou Tante Toya, était à la tête d'un groupe d'esclaves en révolte avec lequel elle sera faite prisonnière. Elle continuera de jouer un rôle actif dans la succession d'événements qui mèneront à l'indépendance d'Haïti en 1804. Elle meurt de maladie l'année suivante.

ou encore Sanité Belair[139], qui ont mené des révoltes pour abolir l'esclavage dans les Caraïbes et aux États-Unis. En Chine, elles se sont élevées contre l'empire patriarcal et la pratique du pied bandé, comme Qiu Jin[140]. Elles, comme Joséphine Baker[141], Maryse Hilsz[142] ou encore Manon Tardon[143], se sont engagées en France pendant la Résistance. Elles ont lutté contre les apartheids et les ségrégations, comme Claudette Colvin[144]ou Rosa Parks[145] aux États-Unis. D'autres encore ont été de celles qui ont milité pour avoir le droit de voter et de participer à la vie politique, comme Emmeline Pankhurst[146] au Royaume-Uni,

139. Sanité Belair, de son vrai nom Suzanne Bélair (1781-1802), était une révolutionnaire et officière de l'armée de Toussaint Louverture pendant la Révolution haïtienne.

140. Qiu Jin (1875-1907) était une poétesse, féministe et révolutionnaire chinoise.

141. Joséphine Baker, de son vrai nom Freda Josephine McDonald (1906-1975), était une artiste afro-américaine naturalisée française. Militante pour la liberté et contre le racisme, elle a été engagée comme espionne par de Gaulle pendant la Résistance. Décorée entre autres de la Légion d'honneur, elle repose aujourd'hui au Panthéon.

142. Maryse Hilsz, de son vrai nom Marie-Antoinette Hilsz (1901-1946), s'était engagée dans la Résistance en 1944 en intégrant le corps des pilotes féminins de l'armée, où elle deviendra sous-lieutenant. Elle meurt en mission en 1946.

143. Manon Tardon (1913-1989) était une résistante martiniquaise qui s'était engagée dans le corps des auxiliaires féminins de l'Armée de terre. Devenue sous-lieutenant, elle intègre l'état-major de la première armée levée par le général de Lattre de Tassigny.

144. Claudette Colvin (1939-) a été la première femme noire à refuser, en 1955, à l'âge de 15 ans, de se lever pour laisser sa place à une passagère blanche dans un bus à Montgomery en Alabama, État où la ségrégation raciale sévissait violemment.

145. Rosa Parks (1913-2005) a été la figure de proue du mouvement américain des droits civiques après avoir elle aussi refusé de céder sa place à un passager blanc dans un bus à Montgomery, Alabama. Cela intervient 9 mois après que Claudette Colvin a protesté de cette façon dans la même ville. S'ensuit un boycott des bus de plus d'un an à l'appel de Martin Luther King, jusqu'à ce que la Cour suprême rende inconstitutionnelle la ségrégation dans les bus.

146. Emmeline Pankhurst (1858-1928) et ses filles, entre autres, ont fondé en 1903 le mouvement des Suffragettes. Ces femmes ont activement milité pour le droit de vote de toutes les femmes.

Olympe de Gouges[147] ou Louise Weiss[148] en France. Elles, comme Simone Veil[149] et Gisèle Halimi[150], se sont battues pour pouvoir disposer de leurs corps. Elles ont fabriqué des lois, défendu les activistes et ont écrit des tribunes, publié des pétitions, désobéi. Elles ont organisé des grèves, des manifestations ou des sit-in contre la cherté de la vie, pour l'égalité salariale, le droit à l'indépendance financière[151], l'accès à une éducation égale… Elles ont combattu l'homophobie, la transphobie, l'antisémitisme, le racisme et les violences faites aux minorités ethniques et de genre. Elles ont dénoncé les mutilations génitales, comme Awa Thiam[152] au Sénégal, mais aussi les violences gynécologiques et obstétricales via la bataille juridique et onusienne de Nahia Alkorta[153] en Espagne ou encore le mouvement

147. Olympe de Gouges (1748-1793), autrice militante, féministe et abolitionniste, a rédigé en 1791 la *Déclaration des droits de la femme et de la citoyenne.* Elle meurt guillotinée en 1793.

148. Louise Weiss (1893-1983) était une journaliste et plus tard femme politique française ayant milité pour le droit de vote des femmes et leur élection.

149. Simone Veil (1927-2017) a été la ministre de la Santé à l'origine de la promulgation de la loi Veil qui, en 1975, dépénalise l'avortement en France.

150. Gisèle Halimi (1927-2020) était une militante féministe et femme politique franco-tunisienne. Par son travail d'avocate et les femmes qu'elle a défendues, elle a contribué à l'avancement de la loi Veil et à la mise en lumière de la violence de l'armée française sur les civil·es lors de la guerre d'Algérie.

151. En France, depuis le 13 juillet 1965, les femmes ne sont plus sous tutelle de leur mari et ont le droit d'ouvrir un compte bancaire et de travailler sans leur autorisation.

152. Awa Thiam (1950-) est une écrivaine, anthropologue et personnalité politique féministe sénégalaise, co-fondatrice de la Coordination des femmes noires et présidente de la Commission pour l'abolition des mutilations sexuelles.

153. Depuis 2012, l'Espagnole Nahia Alkorta se battait pour faire reconnaître par son pays les violences obstétricales qu'elle a subies lors de son accouchement. Les médecins lui ont fait une césarienne sans lui demander son avis tandis qu'elle avait les bras attachés et que son mari était interdit d'accès à la salle de travail. L'ONU reconnaît son statut de victime en 2022 et condamne l'Espagne à lui verser des dommages et intérêts.

#PayeTonUtérus en France. Elles ont dénoncé les violences sexistes et sexuelles en appelant les femmes à se soutenir mutuellement via le mouvement #MeeToo sous l'impulsion de Tarana Burke[154] et Alyssa Milano[155] aux États-Unis, et via #BalanceTonPorc en France à l'appel de Sandra Muller[156]. Elles ont battu le pavé, réalisé des collages sur les murs de plusieurs villes françaises pour exposer les assassinats de leurs mères, sœurs, amies par des hommes. Partout en France et dans le monde, des organisations ont émergé pour structurer les luttes féministes : Rassemblement féminin[157], l'Union des femmes de Martinique en 1944 (UFM)[158], l'Union des femmes guadeloupéennes en 1948 (UFG)[159], le Mouvement de libération des femmes en 1970 (MLF), le Mouvement pour la liberté de l'avortement et de la contraception en 1973 (MLAC) ou encore

154. Tarana Burke (1973-) milite depuis ses 14 ans pour les droits humains. Elle crée le mouvement Me Too en 2007, soit 10 ans avant son essor sur les réseaux sociaux, pour encourager les victimes de violences sexuelles à s'exprimer et faire prendre conscience que cela est beaucoup plus fréquent qu'on ne le pense.

155. Alyssa Milano est l'actrice ayant impulsé le hashtag #MeToo sur Twitter en 2017 pour inviter les femmes victimes de violences sexistes et sexuelles à dénoncer leur(s) agresseur(s) via les réseaux sociaux.

156. En octobre 2017, la journaliste Sandra Muller a invité les femmes victimes de violences sexistes et sexuelles à dénoncer leur(s) agresseur(s) sur Twitter en utilisant le hashtag #BalanceTonPorc. Ce post sera repris et traduit par l'actrice Alyssa Milano, ouvrant alors le mouvement outre-Atlantique.

157. Fondé en 1944 en Martinique par Paulette Nardal (1896-1985, première femme noire à étudier à la Sorbonne), ce mouvement préconise l'entente entre les femmes d'origines et de classes sociales différentes afin d'être plus fortes et de réussir à investir la sphère sociale.

158. L'UFM a été créée par la communiste Jane Léro (1916-1961) avec l'aide d'Yvette Guitteaud-Mauvois, puis de Rosette Eugène, Désirée Maurice Huygues-Beaufond et Eudora Montredon-Clovis. Elles entendent inciter les femmes à utiliser leur droit de vote et leur donner les moyens de combattre l'analphabétisme et la malnutrition qui touchent beaucoup d'enfants de l'île.

159. L'UFG a été créée par Gerty Archimède (1909-1980), première avocate au barreau guadeloupéen, militante communiste, anticolonialiste, puis notamment députée de la Guadeloupe de 1946 à 1951.

différences biologiques comme centrales pour penser le féminisme. Il prône l'égalité dans la différence et ne remet pas en cause la binarité homme-femme. Il y a le féminisme *universaliste*, qui postule que les différences biologiques entre les hommes et les femmes ne peuvent pas justifier les différences de traitement ou de comportement ni le système patriarcal. Nous avons aussi le féminisme *matérialiste/constructiviste*, qui dit que la hiérarchie de genre relève d'abord d'une domination économique et plus largement matérielle, et qui propose une déconstruction radicale du genre et du sexe. Le féminisme *radical*, lui, s'attaque aux fondements de l'oppression patriarcale et non à ces manifestations. Il appelle à un changement en profondeur de ce système qui permet aux hommes d'exercer leur domination sur les femmes. Il considère que les hommes exercent leur pouvoir sur les femmes par la violence physique et sexuelle, mais aussi par la prostitution et la pornographie. Poursuivons avec le féminisme *intersectionnel*. En 1978, par ces mots, Awa Thiam posait déjà les bases de la notion d'intersectionnalité: *« Là où l'Européenne se plaint d'être doublement opprimée, la Négresse l'est triplement. Oppression de par son sexe, de par sa classe, et de par sa race.*[163] » Cette notion est ensuite théorisée par l'universitaire afro-féministe Kimberlé Williams Crenshaw en 1989 qui, d'un point de vue sociologique, désigne l'intersectionnalité comme étant la manière dont les différentes formes d'oppression comme le racisme, le sexisme, le classisme, le validisme, l'homophobie, la transphobie et d'autres s'articulent et se renforcent mutuellement. Elle a utilisé cette grille d'analyse pour parler spécifiquement de l'intersection entre le sexisme et le racisme subis par les femmes afro-américaines, précisant que ces femmes vivent une expérience qui leur est propre du fait de l'articulation entre racisme et sexisme.

163. *La Parole aux négresses*, Éditions Denoël, 1978.

Très proche de cela il y a l'*afro-féminisme*, un mouvement particulier aux femmes noires en Europe en raison de leur invisibilisation dans les luttes féministes blanches et qui, en France, soulève aussi la question de l'identité au milieu d'un héritage colonial et post-colonial[164]. Il s'inspire du *Black Feminism* apparu dans les années 1970 aux États-Unis et dont l'une des célèbres figures est Angela Davis[165]. Ce mouvement se concentre sur l'intersection entre le sexisme vécu en tant que femme et le racisme vécu en tant que Noire en Occident. Il est différent des courants féministes portés par des femmes noires d'Afrique. On finira avec l'*éco-féminisme*, théorisé par Françoise d'Eaubonne en 1974 mais dont Rachel Carson avait posé les bases dès 1962[166]. Il permet d'établir des liens entre la domination capitaliste de l'être humain sur la nature et des hommes sur les femmes. Les mouvements *Chipko* en Inde, soutenus entre autres par Vandana Shiva et Maria Mies qui en racontent la lutte dans *Ecofeminism* en 1993, et le *Green Belt Movement* au Kenya en sont des manifestations.

Si certains courants sont perçus comme discriminants, hyper-radicaux ou encore reproductifs de la pensée patriarcale, chaque féminisme revendique surtout le droit de penser ou de repenser la place de la femme dans la société. Avec nuance, ils (les féminismes) remettent en cause la structure sociétale qui organise les véhicules des oppressions, ces mécanismes de domination parfois croisés subis par les femmes. C'est simple, il est question d'y mettre fin.

164. « Être afro-féministe, ça veut dire quoi ? », www.bloginadendesign.com [En ligne].

165. Angela Davis (1944-) est une écrivaine, militante afro-américaine des droits civiques et professeure de philosophie. Elle a notamment été membre des *Black Panthers*.

166. À travers son ouvrage *Silent Spring*, Carson a dénoncé les problèmes liés à la pollution des pesticides et, en creux, le drame d'une nature dominée par l'homme.

4. Êtes-vous féministe ?

Il peut être difficile de s'y retrouver et il n'est pas ici question de vous inviter à choisir un courant. Prenons du recul. Quel que soit votre genre, si, de manière générale, vous êtes pour l'égalité réelle entre les hommes et les femmes dans la sphère privée et publique, vous êtes féministe. Et par *égalité* on entend égalité d'accès aux droits et liberté d'être sans restrictions ni manifestations d'aucune forme d'oppression. Si, au contraire, vous êtes pour que les hommes exercent un pouvoir de domination (physique, psychologique, économique) sur les femmes, alors vous ne l'êtes pas, féministe. Par exemple, en tant que féministe, il serait normal de trouver injuste que les femmes gagnent 15 % de moins que les hommes à temps de travail équivalent[167]. D'ailleurs, 2 hommes sur 3 ayant une grande capacité d'action en entreprise perçoivent qu'ils sont avantagés par rapport aux femmes[168]. Sur les questions de représentation, notamment dans le secteur audiovisuel, les femmes sont encore trop peu présentes, tel que le démontre Lauren Bastide, journaliste et militante féministe ayant dédié l'un de ses ouvrages[169] à cette question. Un autre terrain où les violences envers les femmes s'exercent de manière encore plus décomplexée : la sphère numérique. L'association Féministes contre le cyberharcèlement (VsCyberH) milite contre ce phénomène et le documente. Les résultats de sa

167. Étude menée par l'INSEE, « Dans le secteur privé, l'écart de salaire entre femmes et hommes est d'environ 4 % à temps de travail et à postes comparables en 2021 », www.insee.fr, mars 2023 [En ligne]. Les 15 % mentionnés sont pour un temps de travail équivalent mais à postes différents.

168. Étude menée par Monster et YouGov auprès de 1 046 femmes et hommes, « L'égalité professionnelle femmes/hommes », www.monster.fr, octobre 2018 [En ligne].

169. *Présentes. Ville, médias, politique… quelle place pour les femmes ?*, Allary Éditions, 2020.

dernière enquête[170], publiée en 2022, *« dressent un état des lieux alarmant et soulignent le caractère genré de ces violences ainsi que leurs conséquences délétères »*. Sans surprise, les femmes sont les plus touchées par ces pratiques (84 % des répondant·es) ainsi que les personnes discriminées en raison de leur identité de genre et de leur orientation sexuelle (43 %). Pour preuve, en 2018, les femmes politiques interrogées par Amnesty International[171] aux États-Unis et au Royaume-Uni disaient recevoir un tweet insultant toutes les 30 secondes, et 1 tweet sur 10 mentionnant des femmes politiques et des femmes journalistes noires s'est avéré injurieux ou problématique. Dans son enquête, VsCyberH nous apprend également que des hommes sont impliqués dans la perpétration de ces violences dans au moins 74 % des cas. L'association nous rappelle les impacts que celles-ci ont sur la santé et révèle que 14 % des femmes concernées ont tenté de mettre fin à leurs jours après en avoir été victimes. Sur le plan des violences physiques, sexuelles et psychologiques, en tant que féministe, vous seriez révolté·e d'apprendre que 14 % des femmes déclarent avoir subi un « acte sexuel imposé », c'est-à-dire une agression sexuelle ou un viol[172], et que le nombre de signalements réalisés auprès des services de police et de la gendarmerie a augmenté de 33 % en 2021. Aussi, 22 % ont déjà vécu une situation d'emprise psychologique ou de jalousie excessive imposée par leur conjoint, et 15 % ont déjà subi des coups portés par leur (ex-)partenaire[173]. Vous êtes féministe si ces faits vous répugnent. Vous l'êtes si l'envie de

170. « Étude sur les cyberviolences et le cyberharcèlement. Volet victimes », www.vscyberh.org, novembre 2022 [En ligne].
171. Étude menée en collaboration avec Élément AI, « Des recherches participatives sur Twitter révèlent l'ampleur choquante des violences en ligne à l'égard des femmes », www.amnesty.org, décembre 2018 [En ligne].
172. 22 % de ces femmes sont des jeunes de 18 à 24 ans.
173. Ce chiffre monte à 20 % chez les 50-64 ans.

vous engager pour faire que ces violences cessent vous prend aux tripes. Vous seriez écœuré·e d'apprendre que 1 femme sur 6 fait son entrée dans la sexualité par un rapport non consenti et non désiré[174] (dont 36 % avant 15 ans!) et que, globalement, plus d'un tiers des Françaises ont déjà vécu une situation de non-consentement[175, 176]. À la croisée des oppressions, les agressions islamophobes visent à 75 % les femmes, dont 100 % des atteintes physiques les plus graves les concernent. Quant aux femmes en situation de handicap, elles sont quatre fois plus susceptibles que leurs consœurs de subir des violences (80 % en 2007)[177]. En 2022, le ministère de l'Intérieur annonçait que 85 % des personnes tuées de manière violente au sein du couple étaient des femmes. En 2020, 102 féminicides[178] ont été recensés, 122 en 2021 et 118 en 2022.

Cette avalanche descriptive de violences est un appel à nous recentrer sur l'essentiel, à nous mobiliser. Les luttes féministes n'ont pas vocation à abattre les hommes mais bien à mettre fin à un système de domination mortifère. Les hommes aussi ont un rôle à jouer et c'est bien l'union que nous recherchons ici. En tant qu'homme, ce que

174. Descriptifs qui englobent diverses réalités: rapport sexuel suite à l'insistance de leur partenaire; rapport sexuel non protégé suite à une insistance; rapport non consenti sous emprise d'alcool ou de drogue; retrait non-consenti du préservatif; étreintes et baisers d'un homme qu'elles connaissaient ou non.

175. Étude menée par le Haut Conseil à l'égalité entre les femmes et les hommes, « Rapport 2023 sur l'état du sexisme en France: le sexisme perdure et ses manifestations les plus violentes s'aggravent », wwww.haut-conseil-egalite.gouv.fr, janvier 2023 [En ligne].

176. Étude menée par #NousToutes, « Enquête sur le consentement dans les rapports sexuels. #JaiPasDitOui », www.noustoutes.org, février 2020 [En ligne].

177. Étude menée par la Commission des droits de la femme et de l'égalité des genres, « Rapport sur la situation des femmes handicapées dans l'Union européenne », www.europarl.europa.eu, mars 2007 [En ligne].

178. Meurtre d'une femme du fait qu'elle est une femme. Selon le Haut Conseil à l'égalité entre les femmes et les hommes (étude citée), 20 % de la population ne sait pas ce que signifie ce terme.

vous pouvez faire, c'est être à l'écoute, vous renseigner, vous former. C'est ce que propose Noëlla, militante féministe, qui a créé la plateforme numérique Nos alliés les hommes, avec pour intention d'accompagner les hommes qui souhaitent comprendre, apprendre et « trouver une place aux côtés de la lutte ». Une démarche appelant à se saisir de la question avec humilité pour nous débarrasser des comportements oppressifs, tout aussi dangereux pour les hommes enfermés dans ce rôle abstrait d'homme qui nourrit, et qui renforcent l'hégémonie masculine[179]. Ainsi, nous pourrions espérer réduire à zéro la proportion honteuse de messieurs de moins de 35 ans qui affirmait, en 2023, qu'il faut parfois être violent pour se faire respecter (11 % tous âges confondus)[180]. Une démarche qui invite aussi à bannir ces discours remettant en cause le féminisme de chacune en affirmant par exemple qu'une femme n'est pas « si féministe que ça » si elle sollicite l'aide d'un homme pour porter un sac ou décide de ne pas travailler pour s'occuper de ses enfants ; et au contraire qu'une femme « se prend pour un homme » si elle porte un jogging ou s'intéresse à la mécanique. Un appel à bannir les discours caricaturaux et/ou maladroits qui font dire à 34 % des hommes que « les poupées c'est pour les filles et les camions pour les garçons », et à 13 % d'entre eux qu'ils sont plus forts en mathématiques. Ces stéréotypes, ces blagues sexistes, ces clichés naturalisent les « rôles de genre » et le « sexisme bienveillant »... Ils banalisent la culture machiste et opèrent un continuum de violence pour les femmes. Nous devons prendre la mesure des enjeux de ces inégalités, des violences sexistes et sexuelles et nous organiser, mais avant tout nous devons nous soutenir dans la lutte.

---

179. Raewyn Connell, *Masculinités. Enjeux sociaux de l'hégémonie*, Éditions Amsterdam, 2014.
180. « Rapport 2023 sur l'état du sexisme en France », étude citée.

Les hommes en solidarité avec les femmes, mais aussi les femmes entre elles, et ce quels que soient leurs courants d'appartenance. Humilité, empathie, respect, solidarité sont les valeurs qui doivent nous unir. Prenons exemple sur l'initiative d'une centaine d'activistes d'Afrique et de la diaspora qui, en 2006, se sont réunies à Accra au Ghana dans le cadre du Forum féministe africain. Appartenant à diverses classes sociales et ayant différents degrés d'engagement, elles ont adopté une charte en vue d'établir les voies et moyens qui permettront de renforcer et de développer le mouvement féministe sur le continent. Une charte qui précise les valeurs collectives à porter à travers les activités individuelles et qui réaffirme leur volonté de mettre fin au système patriarcal sous toutes ses manifestations. Elles entendent défendre et respecter les droits des femmes sans exception et se sont engagées à protéger l'héritage de leurs ancêtres féministes qui se sont sacrifiées pour leur liberté. Une convergence des luttes – sexisme, racisme, capitalisme, impérialisme – qui dénonce les reliquats de l'idéologie coloniale qui structurent la société de manière générale. Il est essentiel que tous les sujets touchant aux droits des femmes soient traités avec une perspective intersectionnelle pour ne laisser personne sur le bord de la route.

D. Le noir des antiracistes

Dès 1222, l'empire du Mali promulguait la charte du Manden, texte qui peut être considéré comme la toute première proclamation de l'histoire parvenue jusqu'à nous à clamer solennellement l'intégrité des droits humains et l'indivisibilité du respect moral dû à toute vie. Pour ces raisons, et parce que cette déclaration constitue un hymne à la condamnation de tous les esclavages, elle a été classée au patrimoine culturel immatériel de l'humanité par l'UNESCO en 2009. Elle dit la valeur du respect de la vie et des droits humains, ce qui sera en partie porté bien plus tard par la Déclaration universelle des droits de l'homme issue de la Révolution de 1789 – qui excluait toutefois les femmes et les non-Blanc·hes. Exclu.es mais combattant malgré tout pour la France lors des guerres qui suivirent. D'un côté la femme, multiple et anonyme, colonie des hommes dont elle assure pourtant la survie au quotidien. Et de l'autre le·la non-Blanc·he, dépossédé·e de soi et qualifié·e de bien destiné à être vendu.

1. Hiérarchiser les êtres humains, comment en sommes-nous arrivé·es là ?

Sans aucun fondement scientifique, l'humanité a été classée par race. Trois races : blanche, jaune et noire. C'est ce que nous apprend A.G., le plus « brillant des savants » qui, en 1855, dans un essai (torchon ?) que nous ne citerons pas, hiérarchise les races en affirmant que la blanche est supérieure aux deux autres. Il n'en faudra pas plus à la France pour justifier ses nouvelles « missions civilisatrices », exaltée par un sentiment de supériorité raciale et culturelle envers le continent africain et ailleurs. L'objectif était donc simple : étendre la civilisation – dite supérieure – occidentale, sa culture, sa religion, et moraliser des peuples jugés inférieurs. Objectif politique aussi : s'assurer des bases dans le monde entier pour développer les flottes commerciale et militaire du pays. On notera que plusieurs épisodes de conquête coloniale se sont produits dès le XVIe siècle, puis sous Louis XVI, Napoléon Ier, Napoléon III et Louis-Philippe, vers les Amériques, et jusqu'en Asie en passant par les Antilles et l'Afrique. En 1914, l'espace colonial mondial s'étale sur une superficie de 72 millions de km^2 pour une population de 560 millions d'êtres humains, soit plus de la moitié de la population mondiale. La France reste pendant un certain temps la plus grande nation colonisatrice du monde, avant de passer derrière le Royaume-Uni, avec un empire de 12 millions de km² pour 68 millions d'êtres humains. Une course à l'hégémonie politique, économique et culturelle sur fond de racisme légitimant mises en esclavage, viols, exploitations et génocides. Au tournant du siècle, la gauche soutient l'expansion colonialiste. L'un de ses porte-paroles, Jules Ferry, avait eu ces gentils mots devant des députés le 28 juillet 1885 : *« Il faut dire ouvertement qu'en effet les races supérieures ont un droit vis-à-vis des races inférieures. Je répète qu'il y a pour les races supérieures un droit, parce qu'il y a un devoir pour elles. Elles ont le devoir de civiliser les races inférieures. »* Quant à la droite, elle dénonçait la poursuite de la colonisation – par opposition à la gauche, non par humanisme – et surtout pour des raisons économiques, pointant les pertes affichées par les compagnies maritimes. Et comme c'est une « magnifique » période de l'histoire de France, le « Panthéon colonial et esclavagiste[181] » à ciel ouvert dans lequel nous déambulons tous les jours nous le rappelle constamment, des bancs de l'école aux hôpitaux en passant par les stations de métro et les parcs. C'est ainsi que nous n'avons pas moins de 642 écoles, collèges et lycées portant le nom de Jules Ferry, pour rendre hommage à ce « grand nom de l'histoire de France »[182]. Ou que, sans Paola Charles-Manclé et sa pétition en ligne, l'hôpital Charles Richet de Villiers-le-Bel n'aurait pas été débaptisé malgré les propos tenus par cet autre « grand homme » dans l'un de ses ouvrages : *« Voici à peu près 30 000 ans qu'il y a des Noirs en Afrique, et pendant ces 30 000 ans ils n'ont pu aboutir à rien qui les élève au-dessus des singes. [...] Les nègres n'ont rien d'analogue*

181. Formule de l'historien Pascal Blanchard apparue dans une interview accordée à France Info, « Mémoire de la colonisation et de l'esclavage », www.francetvinfo.fr, 13 juin 2020 [En ligne].
182. *Le Monde*, « De Jules Ferry à Pierre Perret, l'étonnant palmarès des noms d'écoles, de collèges et de lycées en France », 18 avril 2015 [En ligne].

[aux Blancs]. Ils continuent, même au milieu des Blancs, de vivre une existence végétative, sans rien produire que de l'acide carbonique et de l'urée. » L'hôpital se nomme désormais Adélaïde Hautval[183].

Cette classification de l'humanité par race, hiérarchisée en trois catégories, a été intégrée dans les manuels scolaires en France à l'entre-deux-guerres. Elle aurait inspiré Hitler dans la rédaction de son célèbre livre, lui permettant de « légitimer » l'extermination, avec ses allié·es et collaborateur·ices, de près de 6 millions de juif·ves et 500 000 personnes tziganes. Ils·elles éliminent alors toutes les oppositions et instaurent le nazisme. Radicalement antisémites, ils·elles entretenaient des préjugés et une haine particulière contre les juif·ves, les accusant d'être responsables des défaites passées et de la situation sociale et économique de l'Allemagne. Ils·elles prônaient donc une forme d'antisémitisme racial dans la mesure où ils·elles considéraient que les juif·ves étaient de race inférieure, au bas de l'échelle même, et dangereuse, alors que les Allemand·es, de race supérieure dite « aryenne », étaient donc supérieur·es et pur·es. Il fallait la préserver. Les juif·ves étaient une menace qu'il fallait éliminer de la société allemande.

C'est cette même théorie qui, sans son cadre formel, avait déjà motivé la traite d'êtres humains plusieurs siècles auparavant. La traite atlantique a permis aux Européens de développer considérablement leur production de sucre, de café, de cacao et de coton et de booster leur croissance économique. C'est grâce aux profits réalisés durant cette période que les Britanniques ont initié la révolution industrielle, en investissant dans des usines. La France est aujourd'hui la 2e puissance maritime mondiale « grâce » aux colonies... Colonialisme, esclavagisme, essor du capitalisme... On connaît la suite.

183. Psychiatre française rescapée des camps de concentration nazis.

Alors non, d'un point de vue biologique, la race n'existe pas. Mais en tant que construction sociale accompagnée d'une réalité sociale, elle est indiscutable. Elle a joué un rôle central dans la construction du monde moderne. Le Parlement européen s'est ainsi attelé à définir la notion de « race » en ce sens afin de mieux en contrer les effets : *« Le concept de "race" est une construction sociale. L'utilisation du concept de "racisation" peut aider à comprendre les processus qui sous-tendent le racisme et la discrimination raciale. Les groupes racialisés se voient attribuer certaines caractéristiques et certains attributs présentés comme innés à tous les membres de chacun des groupes concernés sur la base de caractéristiques telles que la couleur de la peau, l'origine ethnique ou nationale ou la religion, ou de l'appartenance perçue à un groupe spécifique.*[184] »

Selon Charles Wade Mills[185], philosophe contemporain connu pour sa contribution à la philosophie sociale et politique, en particulier à la théorie politique critique centrée sur la classe, le genre et la race, « nous devons développer une philosophie politique informée par ces réalités ». Il soutient que la « métaphore du contrat social », telle que déployée habituellement dans la théorie politique occidentale, est un dispositif qui ne permet pas de représenter en toute neutralité ces réalités. Il la qualifie de « tendancieuse et profondément biaisée sur le plan théorique ». Il lui préfère la métaphore du « contrat de domination » et évoque en comparaison celui proposé par Carole

184. « Résolution du Parlement européen sur la justice raciale, la non-discrimination et la lutte contre le racisme dans l'Union européenne », www.europarl.europa.eu, texte adopté le 10 novembre 2022 [En ligne].

185. Charles Wade Mills (1951-2021) était professeur émérite de philosophie à la *City University of New York* et à *Northwestern University*. Il est l'auteur d'une œuvre, *Le Contrat racial* (1997), saluée partout dans le monde et devenue une référence pour les courants antiracistes.

Pateman[186]. Dans son ouvrage principal[187], elle questionne le paradoxe du contrat social, censé instituer la liberté et l'égalité civile, tout en maintenant les femmes dans un état de subordination. Elle dévoile l'envers refoulé du contrat social – qu'elle appelle le « contrat sexuel » – et qui, selon elle, via le partage entre sphère privée et sphère publique, fonde la liberté des hommes sur la domination des femmes.

2. Éradiquer le racisme structurel ensemble

Il n'y a aucun doute sur le fait que le racisme existe et s'exprime en France. Ce n'est plus à démontrer. Mais sommes-nous suffisamment outillé·es et armé·es pour le combattre au quotidien ? Est-ce que les pouvoirs publics français mettent tout en œuvre pour le combattre ? NON.

Une autre question qui fait débat : existe-t-il un racisme structurel en France, en Europe, en Occident ? Dans le rapport du Parlement européen évoqué précédemment, on apprend qu'a été mis en place, pour la période 2020-2025, le premier plan d'action de l'Union européenne contre le racisme. Il est présenté ainsi : *« Le premier instrument politique de l'Union qui reconnaisse la dimension structurelle du racisme, dont les racines historiques remontent au colonialisme, à l'esclavage, aux persécutions et aux génocides passés ; que ces racines sont plus solidement ancrées et ont une incidence plus importante dans certains États membres que dans d'autres ; que le racisme structurel peut également être influencé par d'autres facteurs ; que le plan d'action constitue une première étape importante vers la lutte contre le racisme et la discrimination raciale dans l'Union. »*

186. Carole Pateman (1940-) est une théoricienne, politologue et féministe anglaise. Elle enseigne les sciences politiques à l'*University of California*, à Los Angeles.

187. *Le Contrat sexuel*, La Découverte, 2010 [paru en langue originale en 1988].

On voit donc que ce plan d'action se penche en priorité sur le racisme structurel, qu'il définit comme *« des comportements discriminatoires qui peuvent être ancrés dans les institutions sociales, financières et politiques, et ainsi se répercuter sur différents niveaux de pouvoir et sur l'élaboration des politiques. La discrimination structurelle peut être considérée comme une série d'obstacles qui s'opposent à ce que des groupes ou des individus bénéficient des mêmes droits et possibilités que la majorité de la population »*. Là aussi, c'est une approche intersectionnelle qui est préconisée par le Parlement, qui a d'ailleurs réitéré son appel de longue date en faveur de l'adoption de la directive horizontale contre la discrimination, bloquée au Conseil depuis 2008. Il a souligné l'urgence pour l'Union européenne de *« développer et d'utiliser une approche robuste, inclusive, globale et multiforme pour combattre efficacement toutes les formes de racisme et de discrimination, y compris le racisme structurel et institutionnel, pour tous les motifs et dans tous les domaines dans l'Union européenne »*. Il en appelle à *« une perspective horizontale intersectionnelle des politiques et mesures de l'Union, telle que décrite dans les stratégies en matière de genre et de LGBTQI, essentielle pour prendre en considération la discrimination raciale »*. À noter que les comportements discriminants émanant du fonctionnement routinier des institutions sociales, qui produisent ou reproduisent des inégalités ciblant des personnes socialement différenciées, peuvent être le fait d'agents n'ayant pas d'intentions discriminatoires, ces derniers étant en quelque sorte forgés par le système. Ceci n'exclut toutefois pas la présence dans ces institutions d'individus foncièrement racistes, d'un point de vue idéologique.

En 2021, la chaîne C8, dans l'émission *Balance ton post!*, ouvre le débat sur une question qui fait immédiatement rage : y a-t-il du racisme anti-Blanc·hes en France ? En plateau, Rokhaya Diallo[188] est prise à partie par une invitée et lui répond : « *La question du vocabulaire est importante. Le terme* racisme *s'inscrit dans une histoire. Quand on parle de racisme, on parle d'idéologies qui ont été fondées il y a quelques centaines d'années pour dominer des groupes. Ces idéologies ont produit l'esclavage, la colonisation, des génocides et ont des conséquences aujourd'hui dans la représentation des groupes qui ont été victimes de racisme, et ont des traductions institutionnelles. C'est-à-dire que toutes les personnes minoritaires aujourd'hui en France qui ne sont pas blanches se sont vues, à un moment de leur vie, rappelées leur couleur de peau de manière négative. C'est donc une expérience collective. C'est ce que j'appelle le racisme. Il n'est pas question de nier la haine pouvant viser des personnes blanches. Mais employer le terme de racisme pour qualifier cela, c'est nier ce à quoi est appuyée la terminologie raciste et invisibiliser des pratiques beaucoup plus protéiformes, importantes et qui, encore une fois, ont des traductions institutionnelles. C'est comme dire qu'un homme victime d'injures du fait de sa masculinité relève du sexisme. C'est invisibiliser la structure sexiste et donc le patriarcat dont sont victimes les femmes. Quand on n'est pas Blanc en France, on peut aussi subir du racisme du fait des institutions, ce n'est pas le cas pour des personnes blanches. Aucune personne blanche ne va être ciblée par exemple par des contrôles au faciès qui relèvent de la République et des institutions.* » Dans un autre contexte, sur scène, Aamer Rahman, humoriste australien d'origine bengalie, traite la question du racisme inversé avec brio ![189]

De manière générale, pour lutter structurellement contre le racisme et contre toute forme d'oppression, Mills le

188. Autrice, réalisatrice et journaliste française, elle a été multi-récompensée pour son engagement contre le racisme, le sexisme, et pour les droits des minorités en général.
189. Vox, « Watch: a comedian obliterates the idea of "reverse racism" in 3 minutes », www.vox.com, 16 avril 2016 [En ligne].

suggère, il faut pouvoir adresser ces problématiques, dans le cadre du contrat social, comme un élément fondateur et central plutôt que comme *« l'une de ses conséquences involontaires, que l'on pourrait attribuer aux défauts de certains êtres humains faillibles »*. Il faut parvenir à identifier le racisme autrement que comme phénomène individuel. Mills nous invite ainsi à interroger la centralité ou la contingence du racisme dans le développement du capitalisme et à identifier les mécanismes qui créent et reproduisent un « avantage blanc illicite » dans de nombreux domaines de la société : écarts de richesse, ségrégation résidentielle et éducative, incarcération de masse, discrimination au travail… Une pensée proche de celle exprimée par Frantz Fanon, qui rejetait l'habituelle interprétation du racisme comme « une disposition de l'esprit, une tare psychologique », préférant qu'on l'interprète comme « une disposition inscrite dans un système (colonial) déterminé[190] ».

Nous ne pourrons lutter efficacement contre le racisme si nous ne regardons pas notre histoire en face. Il nous faut questionner le rapport de la France à son histoire coloniale et esclavagiste. Questionner ses impacts économiques, psychologiques, physiques, culturels et intellectuels, et mettre des dispositifs en place pour accompagner les concernés. Selon l'historien et artiste hip-hop sénégalo-québécois Aly Ndiaye[191], *« pour qu'une société puisse avancer, il faut qu'elle puisse confronter la notion de racisme. Pour moi, c'est un signe de maturité pour une société que d'être capable de s'asseoir et de regarder ses torts »*. Pascal

190. « Racisme et culture », conférence donnée par Fanon au premier Congrès des écrivains et artistes noirs ayant eu lieu à Paris en 1956.

191. Aly Ndiaye s'intéresse particulièrement à l'histoire de l'esclavage et de la présence afro-descendante au Québec et au Canada depuis l'époque de la Nouvelle-France. Connu en tant que rappeur sous le nom d'artiste Webster, il est le traducteur francophone du *Contrat racial* de Mills [paru en français chez Mémoire d'encrier en 2023].

Blanchard enfin, historien français, s'étonne que la France soit l'un des derniers pays à ne pas avoir de musée de l'histoire coloniale[192], qui pourrait (devrait ?) être un lieu de passage pour les jeunes élèves en apprentissage de l'histoire de la France. Pour lutter contre le racisme, il faut aussi permettre qu'il soit mesuré de manière plus précise et plus fiable. Or toutes les données disponibles sont dispersées ici et là et rendent difficile leur analyse et la production de documentation. Les sondages ethniques, interdits en France car considérés contraires à l'article I de la Constitution[193], sont toutefois réalisables par détournement de la question, en demandant par exemple comment la personne s'identifie. Aussi l'INSEE affirme que la statistique publique produit, depuis longtemps, un large spectre de données qui servent à connaître la diversité de la population, à mesurer les inégalités, les discriminations. Une pratique strictement encadrée par la loi. Mais avec de véritables statistiques ethniques intégrant des vigilances démocratiques (la possibilité de la multi-appartenance, le droit à ne pas s'identifier à un groupe ethnique plus qu'à un autre, etc.[194]), nous pourrions lutter contre le racisme et les théories putrides du grand remplacement.

3. État des lieux antiraciste en France

« Si le racisme le plus cru, à fondement biologique [fonctionnant sur la conviction qu'il existe des races supérieures à d'autres], est loin de disparaître dans le débat public, il est en

192. « Mémoire de la colonisation et de l'esclavage », article cité.

193. « La France est une République indivisible, laïque, démocratique et sociale. Elle assure l'égalité devant la loi de tous les citoyens sans distinction d'origine, de race ou de religion. Elle respecte toutes les croyances. »

194. Agir ainsi permettrait de se prémunir des discriminations systémiques que l'on voit par exemple en Israël ou aux États-Unis, où les identités sont assignées de force sur plusieurs générations. En ce sens, l'exemple bosnien est intéressant, car la statistique ethnique tolère la non-réponse, la multi-réponse, et les réponses absurdes comme « Jedi ».

net recul dans l'opinion. » C'est ce que nous dit le rapport 2022 de la CNCDH[195] sur la lutte contre le racisme, l'antisémitisme et la xénophobie, publication qui n'existe d'ailleurs que depuis 1990. On y apprend également que cette année a été marquée par le franchissement d'un seuil dans la façon dont les thématiques racistes, antisémites et xénophobes sont abordées dans le débat politique et médiatique et qu'elles y « ont acquis une emprise dangereuse » pouvant jouer un rôle dans les votes et attitudes des électeurs. Le rapport pointe enfin l'émergence d'un certain nombre de personnalités politiques ayant participé activement à la politisation du rejet de « l'Autre ». *« Malgré les contraintes économiques, les médias ne doivent pas oublier leur responsabilité : la manière dont on parle des choses peut peser sur l'opinion d'un pays »*, nous rappelle Florencia Angeles, correspondante pour la radio mexicaine W Radio interrogée par l'INA[196] aux côtés de plusieurs autres journalistes étranger·es au sujet de la surmédiatisation d'Éric Zemmour, notamment durant la présidentielle 2022. Car le rapport révèle notamment une baisse de la tolérance globale, la plus significative concernant les juif·ves, et une persistance des préjugés à l'égard des minorités (dans le rapport sécurité-immigration, immigration-protection sociale…).

Le 30 janvier 2023, le nouveau plan national de lutte contre le racisme, l'antisémitisme et les discriminations liées à l'origine pour 2023-2026, dont la mise en œuvre et l'évaluation reviennent à la CNCDH, lui a été présenté par la Première ministre et la ministre chargée de l'Égalité entre les femmes et les hommes, de la Diversité et de l'Égalité des chances. La Commission, qui a révélé attendre ce plan depuis fort longtemps, rappelle qu'il y a urgence à agir dans

195. Commission nationale consultative des droits de l'homme. Rapport disponible sur www.cncdh.fr, mars 2023 [En ligne].
196. « Le phénomène médiatique Zemmour vu par les journalistes étrangers », www.larevuedesmedias.ina.fr, 24 novembre 2021 [En ligne].

un contexte qu'elle estime marqué par la montée en puissance d'un discours identitaire aux relents xénophobes, où des faits divers sont instrumentalisés politiquement pour mieux exacerber les tensions et où, sur les réseaux sociaux, la haine de « l'Autre » sous toutes ses formes s'exprime encore bien trop souvent et qui plus est, sans retenue.

De nombreux cas peuvent être évoqués, comme celui du jeune Nahel, tué par un policier dans le cadre d'une intervention à Nanterre le 27 juin 2023, et qui a entraîné une vague de haine exprimée sans complexe sur les réseaux sociaux et en plateau TV. On se souviendra du tweet du syndicat France Police-Policiers en colère posté le même jour : *« #Nanterre. Bravo aux collègues qui ont ouvert le feu sur un jeune criminel de 17 ans. En neutralisant son véhicule, ils ont protégé leur vie et celle des autres usagers de la route. Les seuls responsables de la mort de ce voyou sont ses parents, incapables d'éduquer leurs fils. »* Et Bruno Attal, son secrétaire général adjoint d'extrême droite, d'ajouter : *« Je préfère voir une racaille morte qu'un policier mort. Chacun son électorat! »* Tweets signalés sur les plateformes compétentes. Et que dire de la démarche d'une autre figure politique d'extrême droite, Jean Messiha, qui, dans la foulée de l'assassinat, a lancé une cagnotte en soutien au policier impliqué et à ses proches sur la plateforme *Go Fund Me*, collectant 1,6 million d'euros malgré les nombreux signalements réalisés directement sur la plateforme et auprès du ministère de l'Intérieur. Un groupe composé de personnalités et d'organisations diverses a lancé la campagne « Non à la cagnotte de la honte » via une pétition en ligne, tentant de la faire annuler en justice. Suite à ces événements, Destin commun a lancé une étude[197] pour saisir l'état d'esprit des Français·es dans ce climat politique tendu. On y apprend qu'une majorité des Français·es (52 %) considèrent que le

197. « Police, quartiers, identité française : après les émeutes, les Français inquiets mais modérés », www.destincommun.fr, juillet 2023 [En ligne].

climat d'hostilité envers les jeunes des quartiers populaires est inquiétant, mais 80 % de ceux qui s'en inquiètent sont aussi soucieux de l'hostilité envers les policiers. Si 90 % des Français·es considèrent que les policiers se mettent en danger pour nous et qu'ils méritent notre respect, 70 % pensent que l'on peut condamner l'existence de comportements racistes au sein de la police sans penser qu'ils sont systématiques. 45 % jugent qu'il est plus difficile en France d'être Arabe ou Noir·e que Blanc·he, dont 64 % chez les 18-24 ans et 55 % chez les 25-34 ans. Le rapport conclut à un fort soutien de la population envers la police et souligne l'image positive que garde celle-ci, mais il indique que les Français·es expriment aussi des critiques et des exigences, surtout pour améliorer l'encadrement des forces de l'ordre et éviter les dérives et les abus. Enfin, deux priorités apparaissent au-delà de la réparation des structures dégradées durant les révoltes des jeunes : clarifier les actions des pouvoirs publics à destination des quartiers populaires d'une part, et lancer une réforme de la police d'autre part. Les opinions des Français·es se révèlent donc être plus complexes et nuancées que nous pourrions le penser au regard de ce qui transparaît dans l'actualité, qui se plaît à dresser des camps : les pour ou contre la police, les pour ou contre les quartiers populaires.

4. La lutte contre le racisme, une urgence collective !

Le contexte politique installé depuis l'élection d'Emmanuel Macron en 2017 a favorisé la libération de la parole raciste dans l'espace public physique, numérique et audiovisuel, et on observe par ailleurs une augmentation de 5 % des crimes ou délits à caractère raciste, xénophobe ou antireligieux en 2022 par rapport à 2021[198]. En 2017,

198. Étude menée par le ministère de l'Intérieur, « Les atteintes à caractère raciste, xénophobe ou antireligieux en 2022 : analyse d'un phénomène peu déclaré aux forces de sécurité », www.interieur.gouv.fr, mars 2023 [En ligne].

1,1 million de personnes déclaraient avoir subi au moins un acte raciste, antisémite ou xénophobe, soit 1 personne sur 45 ; elles sont 1,2 million en 2021. Les injures, provocations et diffamations publiques « en raison de l'ethnie, de la nation, d'une prétendue race ou de la religion » représentent 65 % des crimes et délits enregistrés. Les menaces et les chantages (principalement des menaces de mort) viennent en deuxième position avec 23 % de ces actes enregistrés par les forces de l'ordre ayant un caractère raciste. Selon le Service central du renseignement territorial, les actes racistes sont en augmentation de 38 % en 2019, de 27 % pour les actes antisémites, 54 % pour les actes anti-musulmans et de 130 % pour tous les autres actes racistes. La minorité rom/tzigane, acceptée seulement par 35 % de la population, est le groupe le plus rejeté, mais nous disposons encore de peu de données.

En 2023, d'après un sondage Ipsos pour le Conseil représentatif des associations noires (CRAN)[199], 91 % de personnes noires en métropole se disent victimes de discrimination raciale (de « rarement » à « souvent »). Les Noir·es et Maghrébin·es subissent plus de discriminations que le reste de la population, en effet l'enquête « Trajectoires et origines » de 2019-2020 (INED-INSEE), révèle précisément que 41 % des descendant·es d'immigré·es d'Afrique sahélienne et 46 % de ceux d'Afrique guinéenne ou centrale déclarent avoir subi des traitements inégalitaires ou des discriminations dans les cinq dernières années, tout comme 33 % des descendant·es d'immigré·es ou de natif·ves d'outre-mer.

199. « Les résultats du 2e baromètre des discriminations CRAN/Ipsos repris dans les médias », www.lecran.org, 28 février 2023 [En ligne].

En 2018, sur les 7 000 affaires ayant été « transmises à la justice » selon le ministère, 393 infractions racistes ont été sanctionnées par des condamnations. Et sur la période 2013-2018, seulement 14 % des victimes de menaces ou violences physiques racistes et 2 % des victimes d'injures racistes ont formellement déposé plainte[200].

Tous ces chiffres sont obtenus grâce à différents organismes scientifiques ou communautaires (lorsque ces derniers existent) plus ou moins bien outillés pour mener à bien leur mission. Or nous le répétons, si nous voulons lutter efficacement contre le racisme, il convient de pouvoir mesurer ses manifestations concrètes dans l'espace public, les centraliser et les utiliser pour appliquer ensuite des politiques publiques à la hauteur. Nous devons par exemple réclamer la création d'organismes indépendants en leur donnant les moyens de produire des données objectives et dont la progression pourra être suivie dans la durée. Ce n'est toutefois clairement pas ce chemin qui est privilégié dans la mesure où, en 2021, le Gouvernement a supprimé plusieurs organismes d'observation dans différents domaines, prétextant des transformations interministérielles impliquant la fusion et l'absorption de certaines activités comme celles de l'INHESJ, l'Institut national des hautes études de la sécurité et de la justice, et, de fait, de l'ONDRP, l'Observatoire national de la délinquance et des réponses pénales, qui en dépend. Quant à l'Observatoire international des prisons section française (OIP-SF), il a vu ses subventions considérablement réduites ces dernières années, mettant en danger son activité. Nous pouvons rappeler le remarquable travail réalisé par le collectif Stop le contrôle au faciès qui, dès 2011 et pendant 5 ans, a documenté les contrôles d'identité abusifs réalisés par les

200. Chiffres issus de l'enquête « Cadre de vie et sécurité » menée chaque année par le ministère de l'Intérieur. L'ensemble est disponible sur www.interieur.gouv.fr.

forces de l'ordre sur la seule base de l'apparence physique dans les quartiers populaires[201]. Ceux-ci donnent lieu à des pratiques policières vexatoires et humiliantes telles que des palpations et fouilles parfois génitales, menaces, intimidations, insultes, violences physiques, propos racistes, déshabillages, et pouvant aussi mener à la mort. L'objectif est donc de faire évoluer la loi, les pratiques et les consciences. Faire que cet acte de procédure ne soit plus le seul qui ne laisse pas de traces, sinon physiques et psychologiques, en réclamant une politique complète de traçabilité des contrôles d'identité. L'action du collectif, ayant recueilli des témoignages et des milliers de signalements, a entraîné l'introduction en 2014, dans le code de déontologie de la police, l'interdiction du contrôle au faciès, et la condamnation de l'État en 2015 pour faute lourde dans cinq cas de contrôles d'identité abusifs. Les soutiens à cette initiative étaient d'ailleurs au rendez-vous, plusieurs candidat·es à l'élection présidentielle de 2012 ayant intégré cette mesure dans leur programme (PS, FDG, EELV[202]), tandis que des parlementaires avaient déposé des propositions de loi et que le Défenseur des droits[203] et le CNDH[204] s'étaient aussi prononcés favorablement. Dans son rapport, le collectif avait formulé plusieurs propositions à destination du Gouvernement, des associations, des médias et autres institutions. Il appelait à (ré)agir dans la mesure où la relation police-jeune naît dès la réalisation de ce type de contrôle, moment crucial pour la suite. Elle dénonçait, entre autres, la politique du chiffre menée au sein de la police, le refus

201. « Les maux du déni. Cinq ans de contrôles abusifs rapportés par les victimes et leurs familles, 2011 – 2015 », www.assez-asso.org, 2016 [En ligne].
202. Respectivement François Hollande pour le Parti socialiste, Jean-Luc Mélenchon pour le Front de gauche et Eva Joly pour Europe Écologie Les Verts.
203. Le Défenseur des droits était à cette époque Dominique Baudis.
204. Conseil national des droits de l'homme.

systématique d'identification des policier·es, le manque de formation et de cadre leur permettant de lutter en interne contre les pratiques discriminatoires, le manque de pouvoir du Défenseur des droits ainsi que le traitement médiatique de ces affaires, criminalisant les victimes.

Les initiatives citoyennes-associatives ne manquent pas pour démontrer comment le racisme s'exprime dans l'espace public lorsque les mécanismes institutionnels et législatifs favorisent ou n'empêchent pas leur expression. Les études montrent toutefois qu'il y a une volonté de la part des Français·es de comprendre ces dysfonctionnements institutionnels et de les réparer.

Certain·es dénoncent le refus d'obtempérer des personnes appréhendées, partant du principe que les contrôles de police sont forcément légitimes, justifiés. Or, lorsqu'ils sont basés uniquement sur le physique (le *faciès*), ce n'est pas le cas. Ces refus, comme en témoignent les concerné·es dans le rapport du collectif, sont souvent causés par le ras-le-bol ou la peur de se faire violenter. Il faut donc pouvoir mesurer l'ampleur du phénomène à plus grande échelle mais surtout y remédier.

Il n'y a pas de zones d'ombre dans le positionnement face au racisme. Si on ne fait pas partie de la solution, on fait partie du problème.

5. Des mouvements sociaux bien organisés

Comment alors ne pas évoquer l'affaire Adama Traoré qui, en 2016, a mobilisé militant·es, familles de victimes et classe politique dénonçant la mort de ce jeune homme, causée par trois gendarmes lors d'une arrestation. Plus généralement, ce sont aussi les pratiques de maintien de l'ordre en France qui ont été remises en question. Depuis, le comité Vérité pour Adama, fondé par la sœur de celui-ci, Assa Traoré, milite auprès des familles et a organisé une grande manifestation en juin 2020, lorsqu'une nouvelle expertise médicale décharge les gendarmes de toute responsabilité dans la mort d'Adama. Cette mobilisation intervient dans un contexte mondial tendu suite à la mort de George Floyd, un homme noir tué par la police américaine lors d'une arrestation (étouffé pendant neuf minutes), ce qui entraînera des manifestations dans plusieurs pays du monde. En juin 2023, la mort de Nahel Merzouk donnera aussi lieu à des manifestations en marge des révoltes, tandis que le mois précédent, plusieurs lycéen·nes lyonnais·es défilaient pour commémorer la marche de 1983. En effet, il y a de cela plus de quarante ans, pour l'égalité et contre le racisme, lycéen·nes, institutions religieuses, politiques et artistes s'étaient mobilisé·es ensemble contre les attentats perpétrés à l'encontre des étranger·es et avaient obtenu la création de la carte de séjour après que le président Mitterrand avait reçu les leaders du mouvement[205]. Une marche antiraciste qui avait mobilisé 100 000 personnes de Marseille à Paris.

Si les révoltes de 2005 ont dit la colère des jeunes suite à la mort de Zyed Benna et Bouna Traoré, celles qui ont suivi la mort du jeune Nahel Merzouk ont démontré que rien n'a changé depuis. Pour faire réagir les pouvoirs publics, une fois encore, la société civile a dû s'organiser. Le 19 juillet 2023, à travers une tribune publiée sur Politis, plus de 200 activistes, associations, personnalités publiques et élu·es ont lancé un appel à construire un large mouvement social antiraciste, indiquant notamment: « *La charge raciale qui repose sur les personnes discriminées, souvent doublée d'une charge sociale, est indéniable. On ne peut pas leur demander de renverser seules tout un système vicié alors qu'elles en subissent les violences [...] Nous exigeons réparation pour le traumatisme colonial qui se réactive constamment, à l'instar des répressions des révoltes de*

205. INA, « Marche pour l'égalité et contre le racisme », www.ina.fr, 1983 [Archives en ligne].

2005 et de 2023. Nous nous organiserons pour créer les conditions d'une reconnaissance, d'abord par nous-mêmes et nos allié·es, tant que l'État ne le fera pas.[206] »

E. L'arc-en-ciel LGBT

La lutte contre les discriminations liées à l'orientation sexuelle et aux identités de genre a émergé aux États-Unis à travers celle du mouvement féministe contre le racisme. Et bien que les personnes homosexuelles, lesbiennes, transsexuelles, transgenres étaient persécutées depuis au moins les années 1920, un événement particulier va marquer le début du mouvement pour les droits des personnes LGBTQIA+[207]. Contraint·es de se cacher et/ou d'adopter un double mode de vie pour répondre aux normes hétérosexuelles imposées par le patriarcat, elles se retrouvaient dans des lieux clandestins, souvent la cible de contrôles policiers. Mais le 28 juin 1969 une descente de police au Stonewall Inn, un bar gay de Greenwich Village à New York, ne se passe pas comme d'habitude : les renforts mettent du temps à arriver, laissant le temps aux personnes dans le bar et aux passants de former une foule débordant la police. Des affrontements ont lieu entre les forces de l'ordre et les civil·es, entraînant des émeutes dans les jours suivants, puis les premières manifestations pour les droits des personnes LGBTQIA+. Principales figures de ce mouvement : Marsha P. Johnson, activiste afro-américaine, transgenre et drag queen, et Sylvia Rivera, activiste américaine d'origine portoricaine et vénézuélienne, transgenre, drag queen, et devenue travailleuse du sexe à 11 ans après avoir été laissée orpheline. En 1970, Sylvia Rivera

206. « Face au système raciste, #NousRefusonsdObtempérer », www.politis.fr, 19 juillet 2023 [En ligne].

207. Ce sigle recouvre les termes lesbienne, gay, bisexuel·le, trans, queer, intersexe et asexuel·le ou aromantique.

a fait partie de groupes tels que le *Gay Liberation Front* et la *Gay Activists Alliance*. Marsha P. Johnson et elle fondent le *Street Transvestite Action Revolutionaries* (STAR), un groupe d'aide aux jeunes gays, trans et drag queens sans domicile fixe. En 2017, David France réalise un documentaire sur Marsha P. Johnson[208] qui n'a pas seulement vocation à honorer sa mémoire, mais aussi à souligner la dimension intersectionnelle de sa lutte et à pointer la responsabilité du traitement policier qu'elle a reçu dans son décès en 1992. En effet, l'enquête ayant été classée rapidement, on ne sait pas si celui-ci était accidentel ou non, ce en quoi le réalisateur voit une dévalorisation institutionnalisée de la vie et de la mort d'une certaine catégorie de la population. Une dévalorisation qui va au-delà de l'absence d'empathie et contribue à structurer les esprits en donnant lieu à des pratiques individuelles, collectives et institutionnelles impliquant de nier l'existence de ces personnes. Jean-Philippe Cazier, journaliste français, en fait une analyse en contextualisant la lutte portée par Marsha dans l'un de ses articles : « *Ce qui est revendiqué, ce qui est voulu, c'est une société juste pour toutes et tous, non pas une "justice" qui serait conditionnée par l'appartenance à la bonne classe sociale, par la pratique de la bonne sexualité, par l'exhibition de la bonne couleur de peau, par la conformité au bon genre, mais une justice qui serait réellement juste, incluant chacune et chacun. Les luttes LGBT sont des luttes politiques, au sens classique du terme, les émeutes de Stonewall n'étant qu'un moment de celles-ci.*[209] »

Un an après ces émeutes, soit en 1970, sous l'impulsion du Mouvement de libération des femmes (MLF), a lieu la première *Gay Pride* à New York et à Los Angeles pour commémorer la naissance de ce mouvement.

208. *The Death and Life of Marsha P. Johnson.*
209. *Diacritik*, « Marsha P. Johnson : Histoire d'une légende », www.diacritik.com, 18 juin 2020 [En ligne].

1. On revient de loin, mais on n'y est pas encore!

Nous avons évoqué la période nazie et l'extermination de masse des juif·ves et des personnes tziganes. À savoir que les Noir·es et autres minorités ethniques étaient aussi ciblé·es, ainsi que les minorités de genre. De 1935 à 1945, 50 000 hommes homosexuels ont été condamnés en vertu d'un article du Code pénal allemand criminalisant l'homosexualité (les lesbiennes n'étaient pas visées par cet article), et entre 5 000 et 10 000 hommes ont été déportés. Ce n'est qu'en 2000 que le Parlement de la République fédérale d'Allemagne, le Bundestag, promulgue une loi réhabilitant les victimes homosexuelles du nazisme et leur donnant une place dans la commémoration (plus tard en 2008, un mémorial sera créé en leur honneur). En France, en 1942, un article du Code pénal de Vichy statuait que toute relation homosexuelle avec un·e mineur·e de moins de 21 ans était criminelle (contre 13 ans pour les relations hétérosexuelles, rehaussé à 15 ans en 1945). Vous noterez qu'il était visiblement préférable d'être pédocriminel qu'homosexuel, pourtant le motif avancé pour l'adoption de cet article était – tenez-vous bien – la protection de l'enfance et de la famille!

Et comme on ne change pas une équipe de génies, en 1960, un sous-amendement du député Paul Mirguet (UNR[210]) classait l'homosexualité parmi les « fléaux sociaux » de la France, au même titre que l'alcoolisme, la tuberculose, la toxicomanie et la prostitution, ce qui a abouti, de 1960 à 1980, à un alourdissement des peines encourues pour outrage public à la pudeur en cas de relations homosexuelles. Tout ceci d'après la Déclaration des droits de l'homme (ou plutôt la Déclaration des droits de l'homme blanc, hétérosexuel?).

Plus tard, en 1982, sous l'impulsion du ministre de la Justice Robert Badinter (PS), il est mis fin à la

210. Union pour la nouvelle République.

discrimination sur la majorité. Le crime de sodomie, qui pouvait condamner un homosexuel au bûcher, avait heureusement été aboli en 1791[211]. Toujours en 1982, soit treize ans après les émeutes de Stonewall Inn, la France connaît sa première Marche des fiertés (*Pride March*). Il faudra tout de même attendre le 17 mai 1990 pour que l'OMS[212] exclue l'homosexualité de la liste des maladies mentales, cette date étant désormais la journée internationale de lutte contre l'homophobie et la transphobie en commémoration de cette décision. En 1999, la France reconnaît légalement les unions civiles entre personnes de même sexe ou de sexe opposé (le PACS), ce qui permet la reconnaissance des couples homosexuels mais octroie moins de droits que le mariage (accès à la parenté, succession…). Depuis, associations, élu·es et activistes se sont mobilisé·es afin que les couples homosexuels bénéficient des mêmes droits que les couples hétérosexuels, notamment du droit au mariage. Une nouvelle étape est franchie lorsqu'en 2013, après plusieurs mois de manifestations et de débats souvent virulents si ce n'est homophobes, la France devient le quatorzième pays à autoriser le mariage homosexuel[213].

2. Homophobie et transphobie

Homophobie

L'homosexualité est réprimée par la loi[214] dans 69 pays du monde, selon le rapport 2020 de l'Association

211. La dernière application de cette sentence date de 1750, dans les cas de Bruno Lenoir et Jean Diot. Une plaque commémorative leur est dédiée à Paris.
212. Organisation mondiale de la santé.
213. Les Pays-Bas ont été le premier pays au monde à légaliser le mariage homosexuel en 2001.
214. Pays où les actes sexuels entre adultes consentants de même sexe sont considérés comme un crime et punis.

internationale des personnes lesbiennes, gays, bisexuelles, trans et intersexes (ILGA). En Europe, en Amérique du Nord et en Amérique latine, les lois interdisant l'homosexualité ont été abolies. Bien qu'il existe un décalage entre le droit et la pratique (amendes, thérapies de conversion forcées, coups de fouet...), dans les faits, il ne peut y avoir de poursuites, ce qui n'empêche pas les agressions, les humiliations et le sentiment d'insécurité vécus par les personnes concernées. Le rapport nous apprend par ailleurs que dans 11 pays, les relations homosexuelles sont encore passibles de peine de mort, de manière plus ou moins explicite – prévu par la loi en Arabie saoudite, au Brunei, en Iran, en Mauritanie, au Nigéria et au Yémen ; non explicitement prévu par la loi en Afghanistan, aux Émirats arabes unis, au Qatar, au Pakistan et en Somalie.

Transphobie

Tout comme des preuves à travers l'histoire de l'humanité démontrent l'existence et l'acceptation des personnes homosexuelles durant l'Antiquité notamment, des preuves indiquent l'existence de la non-conformité de genre. Par exemple en Asie du Sud, un troisième genre est reconnu, les *hijra*, des communautés de personnes non binaires occupant des rôles traditionnels. Plus loin de nous, de 218 à 222 de notre ère, l'empereur·impératrice romain·e Élagabal, ce·tte jeune chef·fe né·e homme, portait des vêtements supposés féminins et demandait à être désigné·e par le pronom « elle ». Marginalisé·e et stigmatisé·e, « elle » fut assassiné·e à l'âge de 18 ans, et son corps jeté dans le Tibre. Ou alors plus proche de nous, au XIXe siècle, Albert Cashier, soldat de l'*Union Army* lors de la guerre civile américaine, a participé au conflit en tant qu'homme bien qu'ayant reçu un sexe féminin à la naissance et a continué à vivre ainsi après la guerre[215]. À la fin de sa vie, interné dans un établissement psychiatrique à cause d'une démence grandissante, la vérité est découverte et on le contraint à porter des vêtements féminins. Plus récemment encore, en 1952, c'est l'histoire bien connue de Christine Jorgensen, soldat homme devenue femme, première Américaine à subir une opération chirurgicale de réattribution sexuelle[216], qui marquera un tournant dans la visibilité des personnes transgenres.

Les humains ont toujours défié la binarité du genre malgré les tentatives pour les effacer de l'histoire. Leur visibilisation, permise grâce à des cas tels que celui de Jorgensen, a popularisé l'usage du terme *transgenre* qui, selon les chercheurs, était utilisé dès les années 1960.

Pour la plupart des personnes, le sexe mentionné sur leur état civil dès la naissance (dit masculin ou féminin) correspond sincèrement à leur identité de genre – c'est-à-dire à comment elles se sentent vis-à-vis de leur corps et des normes sociétales – et c'est cette donnée qui détermine la façon dont elles sont perçues pendant toute leur vie. Au contraire, les personnes trans ressentent *profondément* que l'identité de genre automatiquement associée à leur sexe à la naissance *n'est pas la bonne*. Elles s'identifient alors soit complètement à l'opposé, soit en dehors de la binarité homme ou femme. Ce sentiment peut s'accompagner « du besoin intense et constant de changer de sexe et d'état

215. Plus de 400 femmes se sont enrôlées dans la guerre de Sécession sous identité masculine, mais le fait que Cashier ait conservé la sienne après la fin de la guerre fait de lui l'un des premiers Américains transsexuels.
216. La Danoise Lili Elbe est l'une des premières femmes à avoir subi une chirurgie de réattribution sexuelle. Après une première opération réussie en 1930, elle meurt des suites d'une transplantation utérine en 1931.

civil[217] » pour parvenir à une cohésion psychisme-corps et obtenir ainsi une réinsertion sociale.

Et c'est là que la transphobie apparaît. Ne se reconnaissant pas et n'étant pas reconnues dans les identités de genre « homme » et « femme » traditionnellement construites par le système patriarcal, les personnes trans sont en proie à des mises au ban quotidiennes. L'être humain ne peut disposer de son corps que dans le cadre des règles de ce système, ce qui l'expose à une hostilité certaine en cas de non-conformisme. Cette adversité se traduit par la mise en place de mécanismes légaux et/ou implicites visant à exclure, discriminer, tuer.

Dans leur ouvrage *Sociologie de la transphobie*[218], Arnaud Alessandrin et Karine Espineira explorent la question de la transphobie à travers plusieurs témoignages recueillis au sein de la communauté trans. Cette enquête montre que l'acte transphobe peut aussi bien être le fait d'une personne lambda que des institutions censées protéger les personnes. On distingue alors deux types de transphobie : relationnelle et institutionnelle. La première intègre la transphobie « directe », qui s'exprime par le rejet immédiat de la transidentité une fois celle-ci clairement identifiée par la personne discriminante, et la transphobie « indirecte », qui met en scène des « allants-de-soi cisgenres[219] », c'est-à-dire des stéréotypes en défaveur des personnes trans (suspicions, réputations…), que la personne discriminante ait ou non connaissance de la transidentité de l'autre. La transphobie institutionnelle, quant à elle, s'exprime par exemple en limitant l'accès au changement d'état civil ou aux opérations remboursées ce qui, de fait, rend vulnérables l'ensemble

217. Il s'agit de la définition proposée dans le rapport sur le transsexualisme piloté par l'urologue René Küss et adoptée à l'unanimité le 29 juin 1982 par l'Académie de médecine.
218. Éditions de la Maison des sciences de l'homme d'Aquitaine, 2015.
219. L'adjectif *cisgenre* s'applique à ce qui concerne les personnes non trans.

des personnes souhaitant transitionner selon leurs propres termes (transition chirurgicale, hormonale, nominale…). Mais est-ce un rejet face au changement de sexe, ou un rejet face à l'altérité de genre en général ? C'est aussi une question que les auteur·ices se sont proposé·es d'explorer à travers le court métrage de Calpernia Addams *Bad Questions to Ask a Transsexual* (2008), qui donne quelques exemples de questions souvent posées aux personnes trans. « Quel est ton "vrai" nom/ton "ancien" prénom ? » ; « Je peux voir une photo de toi avant ? » ; « Es-tu un homme ou une femme ? ». Et bien d'autres sur la vie sexuelle et les organes génitaux. Les entretiens menés par les auteur·ices montrent que la plupart de ces interrogations sonnent comme des interpellations à la « normalité » (souvent vestimentaire ou comportementale).

Selon la *Human Rights Campaign*[220], 38 personnes transgenres et non binaires ont été assassinées en 2022, et 50 en 2021 (pour celles dont on a connaissance). La même année, selon une étude menée par des chercheurs de plusieurs universités[221] – des États de Floride et d'Ohio aux États-Unis, et d'Ontario au Canada –, 82 % de personnes transgenres déclarent avoir déjà envisagé de mettre fin à leur vie tandis que 40 % ont réellement tenté de le faire. Parmi les jeunes, 56 % ont déclaré avoir déjà fait au moins une tentative de suicide. Le *National Center for Transgender Equality* enfin rapporte que plus de 1 personne transgenre sur 4 a déjà été agressée en raison de son identité, avec des taux encore plus élevés pour les femmes et les personnes racisées[222].

220. « Fatal Violence Against the Transgender and Gender Non-Conforming Community in 2022 », www.hrc.org, 2023 [En ligne].
221. *Journal of Interpersonal Violence*, « Suicidality Among Transgender Youth: Elucidating the Role of Interpersonal Risk Factors », www.inqyr.org, 29 juillet 2020 [En ligne].
222. www.transequality.org

Si la transphobie s'exprime dans les relations quotidiennes et dans les mécanismes institutionnels, elle se finance aussi, et à grande échelle. C'est ce que nous apprend le rapport publié en juin 2021 par l'EPF[223], le réseau de parlementaires issu·es de toute l'Europe, engagé·es dans la protection de la santé sexuelle et reproductive des personnes les plus vulnérables dans leur pays et au-delà. Ce rapport, intitulé « La partie émergée de l'iceberg », rassemble des données financières venant de plus de 50 acteur·ices anti-genre opérant en Europe sur une période de 10 ans. Il examine comment les extrémistes religieux génèrent des financements pour faire reculer les droits humains en matière de sexualité et de reproduction. Entre 2009 et 2018, on relève 707,2 millions de dollars de financement anti-genre provenant d'un groupe restreint de 54 organisations (ONG, fondations, organisations religieuses et partis politiques). Elles sont situées aux États-Unis, en Russie et en Europe. Des données précises présentant chacun de ces acteurs ainsi que des études de cas concrets figurent en annexe du rapport. Plus inquiétant encore, les membres de ce réseau, qui partagent les mêmes idées que les acteur·ices d'extrême droite et de droite, forment une communauté transnationale très active, ce qui leur permet d'avoir une présence même dans les sphères de pouvoir dépassant leurs frontières respectives. Face à cela, avons-nous suffisamment d'acteur·ices philanthropes et politiques prêt·es à faire reculer cette alliance qui s'oppose aux droits humains ?

3. Une communauté transgenre mobilisée pour sa liberté

Dix ans avant les émeutes de Stonewall Inn, en 1959, le célèbre Cooper Do-nuts, un café populaire auprès de la communauté LGBTQIA+ de Los Angeles, a connu une importante révolte lors d'une descente de police qui, ciblant

223. *European Parliamentary Forum for Sexual & Reproductive Rights.*

en particulier les femmes trans, avait donné lieu à des arrestations aléatoires. Les habitué·es du lieu, transgenres, drag queens, travailleur·euses du sexe, et les passant·es se sont alors mis à jeter des beignets et autres objets sur la police afin de mettre un terme au harcèlement. Quelques années plus tard, en 1966, même événement à San Francisco dans une cafétéria (Compton's Cafeteria) avec la révolte des drag queens. Puis on connaît la suite : les émeutes du Stonewall Inn en 1969 donneront lieu à la première Marche des fiertés l'année suivante. Nous avons vu le rôle majeur qu'ont joué par exemple Marsha P. Johnson et Sylvia Rivera dans la montée en puissance, si ce n'est la naissance, du mouvement LGBT. Pourtant, tout au long des années 1970, elles se sont souvent heurtées aux leaders des droits homosexuels, qui hésitaient à inclure les personnes transgenres dans leurs mouvements. La *Gay Activists Alliance* (GAA), qui s'est formée en réponse à Stonewall Inn, a ainsi souvent nié leur rôle dans la lutte. D'ailleurs, une grande partie des personnes trans étaient des personnes racisées. Mais plusieurs personnalités du monde académique, politique[224] et culturel vont peu à peu affirmer leur appartenance à la communauté LGBT tout en militant au sein de divers mouvements et organisations. En 1997, l'Association du syndrome de Benjamin (ASB) lance à Paris l'ExisTrans, la première Marche des personnes trans et intersexes et de celles et ceux qui les soutiennent (devenue ExisTransInter en 2019). Chaque année depuis 2002 elle est organisée par un collectif d'organisations (dont ASB) qui appelle à se mobiliser pour les droits de la communauté. Le mouvement a rapidement pris de l'ampleur et, dès 1999, la militante transgenre américaine Monica Helms a inventé un symbole pour le représenter : le drapeau de la fierté

224. En octobre 2016, Audrey Tang, femme politique taïwanaise, est la première femme ouvertement trans à être nommée ministre.

transgenre. Il est composé de bandes bleues et roses, rappelant l'assignation de genre, et d'une bande blanche pour représenter les personnes en transition ou non binaires. En 2019, ces bandes de couleur seront ajoutées au drapeau des mouvements pour les droits des homosexuels, qui arbore désormais onze couleurs – les six d'origine, les trois de la fierté transgenre, ainsi que le noir et le marron, déjà ajoutés en 2017, pour rappeler les discriminations homosexuelles raciales. En 2021, un triangle jaune renfermant un cercle violet vient lui aussi s'ajouter au drapeau progressif pour représenter les personnes intersexuées.

La communauté transgenre continuera de lutter face aux discriminations à l'embauche et à l'éducation, aux intrusions administratives, aux détentions arbitraires, aux agressions sexuelles, viols, tortures et assassinats, auxquels s'ajoutent, à la croisée des oppressions, les actes de violence fondés sur la racisation, l'âge, la religion, le handicap, la situation sociale, économique… Une intersectionnalité que nous n'avons de cesse de relever. Mais bien d'autres apportent aussi leur pierre à l'édifice. En novembre 2006, à l'occasion d'un séminaire international en Indonésie, un groupe d'expert·es en droits humains de tous horizons, dont le rapporteur était le professeur Michael O'Flaherty, s'est réuni. Composé d'activistes, de juges, d'universitaires, d'un ancien Haut-Commissaire des Nations unies aux droits de l'homme, des membres des organes de traités, d'ONG telles que *Human Rights Watch*, *Center for Women's Global Leadership* et d'autres, il a échangé sur l'application du droit international aux questions d'orientation sexuelle et d'identité de genre. Les participant·es ont alors développé les « Principes de Jogjakarta » qui, adoptés à l'unanimité, assurent des normes juridiques encadrant la manière dont les gouvernements et autres acteur·ices de premier plan doivent mettre un terme à la violence, aux abus et à la discrimination à l'égard des personnes lesbiennes, homosexuelles, bisexuelles et transsexuelles, et garantir une égalité totale. En préambule, la charte affirme que : « *Tous les êtres humains naissent libres et égaux en dignité et en droits. Tous les droits humains sont universels, interdépendants, indivisibles et intimement liés. L'orientation sexuelle et l'identité de genre font partie intégrante de la dignité et de l'humanité de toute personne et ne doivent pas être à l'origine de discriminations ou d'abus.*[225] »

4. État des lieux des luttes LGBTQIA+

Créée il y a 20 ans, et jusqu'en 2022, l'Association nationale transgenre (ANT) a milité sans relâche contre la transphobie en apportant de l'aide aux personnes transgenres, à leurs proches et en faisant évoluer les lois et règlements administratifs transphobes. Un long combat mené avec des militant·es sur le terrain, des élu·es, ainsi qu'avec le comité LGBT du Défenseur des droits en s'appuyant sur des textes fondateurs comme celui des Principes de Jogjakarta. Deux avancées significatives ont eu lieu durant ces années de lutte, la première concernant le changement d'état civil et la stérilisation des personnes transidentitaires, l'autre la psychiatrisation de la transidentité. Ainsi, c'est l'ANT qui a proposé que le changement d'état civil devienne une procédure libre et gratuite – rejetée par la majorité socialiste en place au Parlement – bien que l'association ait milité pour que cette démarche soit démédicalisée et déjudiciarisée. La victoire a aussi été celle de la fin de la stérilisation des personnes trans. Au sein du collectif travaillant sous l'égide du CCOMS[226] et aux côtés de la Maison dispersée de santé de Lille, l'ANT a également

225. www.yogyakartaprinciples.org
226. C'est l'un des 46 centres à travers le monde collaborant avec l'OMS pour la recherche et la formation en santé mentale.

contribué au retrait de la transidentité de la liste des maladies mentales, effectif depuis janvier 2022.

Plusieurs pays d'Europe ont déjà abandonné la stérilisation, les modifications corporelles, les certificats psychiatriques et les décisions judiciaires pour le changement d'état civil. C'est le cas du Danemark (2014), de l'Irlande (2015), de Malte (2015) et de la Norvège (2016). D'autres démarches ont suivi celle des Principes de Jogjakarta, comme les recommandations du Commissaire aux droits de l'homme du Conseil de l'Europe (Thomas Hammarberg à l'époque – « Droits de l'homme et identité de genre[227] »), les résolutions 1728 (2010) et 2048 (2015) du Parlement du Conseil de l'Europe sur les discriminations en raison de l'identité de genre. L'ANT a affirmé que ces divers écrits, qui reposent sur *« le refus de toute mainmise de la psychiatrie sur les personnes transgenres, ont poussé l'OMS à agir et s'interroger sur ses propres positions transphobes, jusqu'à les remettre en cause »*. Avant de fermer boutique, l'association a rappelé que c'était désormais au corps médical de se plier aux nouvelles normes en se basant sur l'auto-détermination des personnes, et non l'inverse.

5. À la croisée des luttes pour le camp de la vie

Si le mouvement LGBTQIA+ a contribué aux luttes pour les droits civiques, politiques et sociaux des femmes et des minorités ethniques et de genre à travers l'histoire, il contribue aussi aujourd'hui aux luttes pour le droit de vivre dans un environnement sain. Cy Lecerf Maulpoix, journaliste, auteur et militant, en fait la démonstration dans sa chronologie et enquête sur les luttes dites « éco-queers »[228]. Plus particulièrement, en termes d'inégalités, les personnes

227. Texte présenté le 29 juillet 2009 disponible sur le site du Conseil de l'Europe.

228. *Écologies déviantes. Voyage en terres queers*, op. cit.

transgenres font partie des publics les plus vulnérables au dérèglement climatique, aux violences environnementales, et le font savoir. Dans le prolongement du Mois des fiertés 2023 (juin), l'ONG Notre affaire à tous (NAAT) a proposé un hors-série de sa revue *IMPACTS* centré sur les conséquences du changement climatique et les inégalités de leurs impacts, mettant ainsi en exergue les liens entre climat et mouvement LGBTQIA+. Par cette contribution, NAAT dit vouloir s'engager dans une perspective queer et féministe de l'écologie et réitère son combat pour la justice sociale et climatique. On apprend dans ce numéro que selon l'OCDE[229] et la Banque mondiale, les personnes LGBTQIA+, surreprésentées parmi les populations en situation de pauvreté, sont parmi les plus concernées par la crise écologique du fait de leur situation face au logement. Nombreux·ses parmi les sans-abri, les jeunes de 18 à 25 ans ont 2,2 fois plus de risque de vivre dans la rue que les jeunes du même âge s'identifiant comme hétérosexuel·les. Une situation également révélée par le rapport de la fondation Abbé-Pierre de 2023[230]. Discriminations à l'embauche, difficultés d'insertion liées aux préjugés, accumulation de problèmes de santé liés à des parcours de vie difficiles, etc. : autant de paramètres qui ont un impact sur la situation économique des personnes LGBTQIA+, qui n'ont pas toujours les moyens de déménager, de rénover leur logement, ou de le reconstruire après un événement météorologique extrême. La revue mentionne des exemples comme celui du tremblement de terre survenu en Haïti (2010) ou l'ouragan Katrina aux États-Unis (2005), événements après lesquels les personnes LGBTQIA+, exclues et marginalisées, n'ont pu accéder aux aides humanitaires

229. Organisation de coopération et développement économiques.
230. « L'état du mal-logement en France. Rapport annuel #28 », www.fondation-abbe-pierre.fr, 31 janvier 2023 [En ligne].

pour se nourrir ou s'abriter, se retrouvant alors à la rue, au risque de se faire agresser. Les déplacements et migrations climatiques sont également des terrains propices aux discriminations, puisque l'absence de véritable protection internationale pour ces personnes peut entraîner une situation de forte vulnérabilité dans le pays d'arrivée du fait de législations potentiellement défavorables à leur réalité. La revue nous présente en plus des personnalités de la communauté œuvrant dans le monde pour faire la lumière sur ces phénomènes, à l'instar de Tori Tsui, éco-activiste queer hong-kongaise vivant au Royaume-Uni[231], ou Izzy McLeod, qui milite depuis le Pays de Galles[232]. Enfin, NAAT propose des pistes d'amélioration afin que le vécu des personnes LGBTQIA+ soit mieux pris en compte dans les luttes contre le dérèglement climatique. En France, l'association Diivines LGBTQIA+, qui milite pour visibiliser les personnes afro-descendantes et afro-caribéennes de la communauté, a formulé, via sa présidente Pierrette Pyram-Ambrosio, un vœu porté par plusieurs élu·es auprès de la Ville de Paris : celui du dépistage du chlordécone (pesticide) pour les personnes originaires de Martinique et de Guadeloupe vivant dans l'Hexagone, celui-ci ayant contaminé ouvrier·es agricoles, faune, flore, et populations sur au moins 400 à 700 ans. Petite victoire, le 8 juin 2023, la Ville de Paris élargit la zone de test à la capitale[233].

231. Tsui a co-fondé la plateforme *Bad Activist Collective* qui unit des militant·es pour la justice raciale et climatique et pour les droits LGBTQIA+ au travers de l'art.

232. McLeod tient un blog, *The Quirky Environmentalist*, où elle crée des contenus liant questions écologiques et inégalités et droits des personnes LGBTQIA+, le tout dans le domaine de la mode.

233. Il a été décidé que le test serait gratuit pour l'ensemble des Antillais·es vivant dans la capitale, contre en moyenne 140 € le test auparavant, non remboursable. France Info, « Chlordécone : bientôt un dépistage gratuit pour les Antillais de Paris ? », www.la1ere.francetvinfo.fr, 15 juin 2023 [En ligne].

Si la société a connu d'importantes avancées permettant aux personnes de toutes orientations sexuelles et de toutes identités de genre de vivre libres et égales en dignité et en droits, il n'en reste pas moins qu'elles sont toujours persécutées, violentées voire tuées à travers le monde, et ce même dans les pays où la législation se veut plus protectrice. Arnaud Alessandrin et Karine Espineira, qui ont exploré la question de la transphobie[234], rappellent qu'en matière de législation relative à la lutte contre la discrimination, la France n'est pas à la hauteur. La transphobie et les discriminations d'identités de genre ne sont pas reconnues en droit français, qui a pourtant depuis 2012 introduit la notion d'identité sexuelle. Le droit s'applique uniquement lorsqu'il y a eu une opération de réattribution sexuelle ou lorsque le sexe d'état civil correspond au genre revendiqué. Quid des personnes non opérées qui sont évidemment discriminées au quotidien ? Les auteur·ices pointent l'incohérence du droit, affirmant qu'en termes de discrimination, le droit des personnes LGBTQIA+ ne s'est toujours pas émancipé de la médecine.

La lutte contre la LGBTQIA+phobie est certainement la moins soutenue par la classe populaire et politique parmi celles que nous évoquons dans cet ouvrage. Nous avons vu à quel point des moyens financiers conséquents sont mis sur la table par les décideur·ses et personnes influentes des partis et mouvances d'extrême droite de tout le globe pour faire disparaître *la communauté*. Agir contre les discriminations, c'est donc avant tout agir pour préserver la vie. C'est sous cet angle que la classe politique devrait aborder la question et introduire de manière concrète des mesures structurelles. Si la philanthropie d'extrême droite gagne en puissance et accroît la capacité d'action des mouvements politiques

234. *Sociologie de la transphobie*, op. cit.

et associatifs affiliés, c'est aussi parce que le pouvoir opposant est faible. Face à cette montée en puissance des idéologies d'extrême droite, il est plus que primordial de s'organiser.

F. Le rouge des ouvrier·es

« Je rêve d'une vie plus humaine, plus digne, la mienne n'est pas si différente de celle d'un esclave, ou d'une bête de somme. Et comme seule l'idée de la liberté me pousse à vouloir une autre existence, mon désir le plus ardent est d'oser, pour cette liberté, et de mener cette lutte avec une seule devise : plutôt mourir que redevenir esclave.[235] »

Jusqu'en 1961, la classe ouvrière représentait encore 40 % des travailleur·ses en France, contre un peu plus de 20 % au début des années 2020. Au Royaume-Uni, les ancien·nes qui témoignent aujourd'hui qualifient de « spectacle horrible » les vagues immenses d'ouvrier·es qui sortaient des usines de textile. Le secteur du textile au Royaume-Uni doit son essor aux gains accumulés durant la traite esclavagiste, et c'est cet essor qui a marqué le début de ce que l'on a appelé la révolution industrielle. Les ouvrier·es en deviennent les moteurs et le carburant. Un système esclavagiste qui en inspire et en finance un autre. Plusieurs phases viendront rythmer cette période. Celle du travail à domicile (XVIIIe siècle), qui consiste à distribuer le travail entre les foyers des villages en leur fournissant la matière première et en récupérant le produit fini ou semi-fini contre rétribution (*Domestic System*), qui laissera progressivement sa place au *Factory System*, une organisation du travail différente, consistant à

235. Stan Neumann, *Le Temps des ouvriers. L'histoire du monde ouvrier européen*, documentaire Arte [En ligne]. Ces mots sont repris d'une enquête-sondage réalisée en 1910 en Allemagne par un social-démocrate auprès de 8 000 ouvrier·es des secteurs de la métallurgie et du textile.

passer d'un travail dispersé dans les campagnes à un travail regroupé dans des ateliers en périphérie urbaine (la future usine). Si les deux systèmes cohabitent tout au long du XIXe siècle, le travail en usine finit par remplacer définitivement le système domestique. Ces changements dans la manière de produire sont guidés par un impératif d'accroissement de la production. En 1899, au Royaume-Uni, un journal travailliste a publié une enquête sur les conditions de travail de la plus grande usine chimique de Grande-Bretagne, propriété de James White, baron de Overtoun. Une usine où les ouvriers étaient surnommés « les cadavres de White » : « *Les hommes de l'équipe de jour commencent le travail à 6 heures du matin. Toute la journée, ils respirent les vapeurs et fumées qui émanent des produits chimiques, qui rongent les cartilages de leur nez et empoisonnent leur sang. À tel point que les estomacs ne supportent plus que certains aliments. Certains ouvriers voient même des cartilages se détacher quand ils se mouchent. Parmi les ouvriers examinés dans l'usine de White, pas un seul ne présente un cartilage intact, leurs parois nasales sont perforées à cause des vapeurs de chrome. La plupart d'entre eux pourraient faire passer un crayon à papier à travers leur nez de part et d'autre. Certains ouvriers ont même dit qu'ils payaient des collègues pour mastiquer leur nourriture à leur place.* » En France, au-delà des conditions de travail tout aussi inhumaines, la manière même d'habiter le territoire était excluante et nocive pour les classes ouvrières. À Paris par exemple, pour éviter les fumées épaisses et polluantes échappées des usines à charbon, les riches se sont installés à l'ouest de la ville, le vent soufflant principalement d'ouest en est, vers les quartiers pauvres. N'est-ce pas merveilleux ?

Si ces évolutions dans la manière d'organiser le travail ont favorisé la naissance d'un corps ouvrier qui, face aux conditions de travail, prendra conscience de lui-même, derrière la notion de classe ouvrière il y a évidemment une diversité de profils et une hétérogénéité des expériences et des luttes.

D'abord le rapport au temps, avec une dominance généralisée du travail *irrégulier* avant la production de masse *mécanisée*. La journée de travail est plus ou moins longue dans le cadre de la production à la semaine ou à la quinzaine et ces activités irrégulières font l'objet de critiques dès le XVIIe par les moralistes et mercantilistes qui crient à l'oisiveté. Pour Edward P. Thompson[236], le temps est orienté par la tâche à réaliser, et tant qu'il n'y a pas de division des tâches complexes (dans l'industrie manufacturière ou dans la sous-traitance à domicile), il le restera. Il donne l'exemple des femmes, en zone rurale, qui ne comptent pas leurs heures en cumulant travail aux champs et corvées domestiques. En revanche, dès que l'on emploie de la main-d'œuvre que l'on souhaite synchroniser, on passe du travail orienté par la tâche au « travail horaire ». Le temps devient monnaie d'échange.

Dès 1700, des tentatives pour imposer une gestion du temps dans les usines, aux ateliers mais aussi dans la sous-traitance à domicile, feront leur apparition avec les fiches horaires et la pointeuse. Au Royaume-Uni, sir Ambrose Crowley, du comté de Durham, sera à l'origine du plus ancien règlement connu pour « repérer les paresseux et les canailles », soit surveiller et contrôler sa main-d'œuvre. Le « Règlement des fonderies Crowley » fixera le temps de travail à 13 h 30 par jour et dessinera une vie dédiée uniquement à l'usine, où tout écart sera sanctionné. La souffrance ouvrière sera marquée par le manque de temps pour soi et viendra se heurter au manque de moyens suffisants pour vivre. Toujours dans une logique capitaliste, les salaires versés permettaient tout juste de survivre. Un salaire plus élevé était perçu comme le risque que les ouvrier·es travaillent moins puisqu'ils·elles gagneraient

236. Edward P. Thompson (1924-1993) était un historien britannique spécialiste de l'histoire sociale et culturelle du Royaume-Uni.

suffisamment pour vivre, ce qui aurait été synonyme de perte de profits et de réduction des investissements. Pas d'argent, pas de temps, pas de vie.

La mécanisation accentuera le recours au contrôle et à la main-d'œuvre féminine et infantile. Robert Owen par exemple, théoricien socialiste britannique, dispensait des cours dans son usine et utilisait des *silent monitors* pour afficher la performance de ses ouvrier·es, en bon maître de plantation. William Temple encore a proposé, dès 1770, d'envoyer les enfants pauvres dès 4 ans dans les usines, avec deux heures d'instruction obligatoires par jour, pour « sensibiliser la jeunesse à l'habitude du travail ». Un système qui fait écho à notre système scolaire dont le rythme épuise les scolarisé·es, de la petite enfance aux grandes écoles. Conditionné·es pour intégrer un monde du travail qui viendra les broyer davantage jusqu'à la retraite, dont l'âge de départ a été reculé à coups de 49.3 par le gouvernement Borne, lequel envisage de réduire les vacances scolaires et d'avancer à 8 heures le démarrage de la journée scolaire dans certains types d'établissements.

Thompson observe qu'au XIXe, la propagande sur la gestion du temps en direction des classes laborieuses suit une rhétorique qui se banalise et la littérature de comptoir affiche des histoires de « petites gens » qui font fortune en se levant tôt. Bah voyons !

1. Stigmatisation des pauvres… On connaît !

Dès le XVIe siècle, une série de décrets[237] voit le jour au Royaume-Uni, censée soutenir financièrement les plus

237. La « loi pour soulager les pauvres » (*Act for the Relief of the Poor*) est promulguée par la reine Elizabeth I. Voleur·es, vagabond·es, mendiant·es ou indigent·es en capacité de travailler sont mis·es à contribution dans des maisons de travail tandis que les paroisses versent une aide, en argent ou en nature, aux plus démuni·es continuant d'occuper leurs foyers.

démuni·es : la loi des pauvres (*Poor Law*). Les propriétaires étaient taxés et les paroisses se chargeaient de la distribution[238]. Vers la fin du XVIIIe siècle, cette loi est remplacée par le *Speenhamland System*, qui accorde aux familles des aides financières en fonction de leur composition et du prix du pain, ce qui vient compléter le salaire des travailleur·ses. Près d'un siècle plus tard, la pauvreté (1,1 million en 1824) et le chômage (dû aux aléas climatiques et à la mécanisation du secteur de l'agriculture notamment) entraînent le célèbre soulèvement anglais de 1830, les *Swing Riots*, ainsi qu'une Commission (royale) d'enquête. Le système qualifié de trop coûteux, les bourgeois se plaignant de « financer des fainéants », il est alors remplacé par une nouvelle loi des pauvres en 1834 (*New Poor Law*) dont Edwin Chadwick fut le principal artisan. Cet amendement à la loi précédente met fin à l'assistance à domicile des indigent·es et institue leur enfermement en « maisons de travail » (*workhouses*) : des hospices qui avaient pour mission de subvenir aux besoins des personnes étant dans l'incapacité de le faire du fait de leur pauvreté ou de leur état de santé physique ou mentale, en leur proposant du travail, un toit et à manger. Un rôle proche de celui de l'assistance sociale et de l'aide à la réinsertion que nous connaissons. Censées lutter contre la famine et l'indigence, si elles ont permis d'atténuer une misère grandissante, ces maisons ont aussi (surtout ?) été le théâtre de maltraitances en tous genres entre enfermement et contrôle social, stigmatisation, discipline sévère et alimentation minimale. En France, le droit des pauvres ou droit des indigent·es, institué à la fin du XVIIe siècle, correspondait à un impôt prélevé sur les recettes du monde du spectacle en faveur de l'Assistance publique. D'abord

238. Une loi de 1662 a restreint l'octroi des aides : les pauvres ne pouvaient recevoir de l'aide que de leur paroisse de naissance.

augmenté à plusieurs reprises, il a eu les mêmes effets qu'au Royaume-Uni, à savoir que les prix des loyers, des billets, ont entraîné des pertes de recettes. Supprimé sous le régime de Vichy, le droit des pauvres a été remplacé par les dispositifs que nous connaissons actuellement.

2. Soulèvements et grèves

Depuis leur essor, les usines ont été le théâtre d'importantes révoltes. Le début de la mécanisation au Royaume-Uni a menacé plusieurs métiers : les tondeurs de draps, les tisserands sur coton et les tricoteurs sur métiers. Entre 1811 et 1812, sans chef, ils s'organisent pour s'armer de marteaux afin de briser les machines de leurs usines. Même si quelques avancées ont été obtenues (augmentation des salaires), une loi punissant le bris de machine sera promulguée dès 1812. Ce que l'on appelle le *Factory System* sera lourdement critiqué par des noms comme William Bell, qui compare les usines à des « moulins de Satan », affirmant des patrons : « Ils bâtissent leur paradis sur notre misère. » En 1819, une importante mobilisation de près de 60 000 travailleurs, qui militent pour le droit de vote masculin et autres revendications démocratiques, sera durement réprimée par l'armée nationale à Saint Peter's Field. Elle fera 15 morts, sera surnommée le « massacre de Peterloo », et marquera le début du mouvement ouvrier anglais. Ces revendications seront de nouveau portées par La Charte du peuple adoptée en 1838 et rédigée par un mouvement ouvrier qui restera actif et organisé jusqu'en 1848 pour laisser place à des mouvements coopératifs et syndicaux. Au début des années 1860 plusieurs rencontres entre travailleurs français et anglais dessinent les prémices d'une alliance européenne. Elle verra le jour lors d'un congrès ouvrier européen qui aura lieu à Londres, où il est décidé de créer l'Association internationale des travailleurs (l'Internationale ou AIT). Une alliance certainement inspirée de *L'Union ouvrière*, un appel à la constitution d'une alliance des ouvriers et ouvrières lancé en 1843-44 par Flora Tristan[239], célèbre femme de lettres, militante socialiste et féministe française, qui fera l'objet d'une publication posthume et constitue donc le premier manifeste politique d'une plume féminine liant la lutte des femmes à la lutte ouvrière. Au quotidien, l'AIT soutient les mouvements et luttes des travailleurs, milite plus particulièrement pour la réduction du temps de travail et contre le travail des enfants et pour le suffrage universel. Karl Marx, philosophe allemand exilé à Londres, activiste, critique du système capitaliste[240], et Johann Eccarius, militant allemand syndicaliste aussi exilé en Grande-Bretagne, socialiste et communiste[241], seront deux piliers de l'Internationale de sa création jusqu'à sa fin en 1876. Mikhaïl Bakounine, philosophe russe, théoricien de l'anarchisme, fera également partie de l'organisation. Une cohabitation qui la divisera en deux courants. La France, suite à sa défaite face à la Prusse, connaîtra une insurrection d'envergure en 1871. Les armées, les socialistes et syndicalistes prennent la capitale et organisent des élections qui donneront naissance à la Commune de Paris. Durant la semaine sanglante, en mai, ses membres et sympathisant·es se feront lourdement réprimander par l'armée gouvernementale et ses chefs seront fusillés. On estime 4 000 morts. Environ 50 000 jugements seront prononcés par les tribunaux militaires, 10 000 déportations en Nouvelle-Calédonie et

239. Flora Tristan (1803-1844) est l'une des pionnières du féminisme. Mariée à un homme violent, elle fuit son domicile, se bat pour la garde de leurs enfants et pour le droit au divorce. Elle militera pour l'instruction et l'émancipation des classes ouvrières en France.

240. Karl Marx (1818-1883) est à l'origine de l'une des idéologies les plus influentes de l'histoire. Selon lui, la lutte des classes est le moteur de l'histoire. En 1847, il crée avec Friedrich Engels la Ligue des communistes et ils rédigent ensemble le *Manifeste du parti communiste*. Sa deuxième œuvre, *Le Capital*, sera laissée inachevée mais poursuivie par Engels.

241. Il deviendra secrétaire général de l'AIT.

plusieurs condamnations à mort (Louise Michel[242], très active dans le mouvement, sera déportée puis rapatriée dans le cadre d'une loi promulguée en 1879). L'Association internationale des travailleurs y voit la première manifestation d'une révolution ouvrière.

À la fin du XIXe siècle, pour lutter contre « la flânerie systématique » des ouvrier·es, l'ingénieur américain Frederick W. Taylor conçoit une nouvelle organisation du travail et de la production qu'il appelle l'Organisation scientifique du travail (OST), développée dans son ouvrage *Principles of Scientific Management* en 1911. L'OST dissocie les tâches de conception, prises en main par des cadres, et d'exécution, attribuées aux ouvrier·es qui sont chronométré·es pour chacune d'entre elles. Supprimer la perte de temps et aligner tou·tes les ouvrier·es sur un « standard » de productivité grâce à l'observation, au chronométrage des meilleur·es ouvrier·es et à la mesure de leurs performances, c'était déjà l'objectif des industriels européens du secteur automobile. Un secteur qui va rationaliser sa production en adaptant les espaces de travail à la production en série et en favorisant l'interchangeabilité des postes de travail. Objectif? Éliminer les temps morts et augmenter le rendement. En France, dès 1905 chez Peugeot et en 1911 chez Renault, on introduit les chronométrages du temps de travail. En 1974, Christian Corouge, un jeune ouvrier embauché à l'usine Peugeot de Sochaux et qui y travaillera toute sa vie témoigne[243] : « *Je suis entré à 18 ans chez Peugeot, en sortant de l'école. J'ai tellement mal aux mains, j'ai tellement de grosses mains, mes mains me dégoûtent tellement, et pourtant, je les aime tellement. Je sens que je pourrais faire des*

242. Louise Michel (1830-1905) était une institutrice, révolutionnaire et anarchiste française, militante engagée pour les ouvrier·es, les chômeur·ses, les femmes et contre la peine de mort.

243. *Le Temps des ouvriers. L'histoire du monde ouvrier européen*, documentaire cité.

trucs avec mais j'ai du mal à plier les doigts. J'ai un doigt, le gros, j'ai du mal à le bouger, j'ai du mal à toucher Dominique le soir, ça me fait mal aux mains. La gamine quand je la change je peux pas lui dégrafer ses boutons, tu sais t'as envie de pleurer. C'est la chaîne. Moi maintenant je ne peux plus y aller, j'ai la trouille d'y aller. Ce n'est pas le manque de volonté, c'est la peur d'y aller. » À cette recherche d'efficacité du travail et de baisse des coûts, l'Américain Henry Ford ajoute l'idée de développer le marché et la consommation. Pour cela, il combine la standardisation et le travail à la chaîne à une politique de hausse des salaires des ouvrier·es, générée par les gains de productivité obtenus grâce à la rationalisation.

3. Les organisations syndicales

En France, dès 1791, les grèves, associations ou coalitions qui étaient interdites et réprimées ont progressivement été réhabilitées. En 1864, la loi Ollivier supprime le délit de coalition et reconnaît le droit de grève, puis la loi Waldeck-Rousseau instaure la liberté syndicale en 1884, bien que tolérée depuis quelques années déjà. Suit la création de la Confédération générale des travailleurs (CGT) en 1895[244], qui adopte dès 1906 la charte d'Amiens – texte de référence dans le syndicalisme français – qui préconise la grève générale comme moyen d'action. Le 1er mai, la CGT lance une grève générale en faveur de la journée de travail de 8 heures. En mai 1908, les ouvrier·es des Sablières de la Seine débutent une grève afin de revendiquer une augmentation salariale et un contrat collectif applicable à tous les chantiers. L'année suivante, les agent·es public·ques aux Postes, télégraphes et téléphones (PTT) se mettent en grève, ainsi que les cheminots en 1910. L'Organisation internationale du travail (OIT) crée la notion de syndicat représentatif le 28 juin 1919 via le

244. 28 fédérations de métiers et d'industries, 18 bourses du travail et 126 syndicats autonomes actent la naissance de la CGT.

traité de Versailles et la Confédération française des travailleurs chrétiens (CFTC) voit le jour en novembre de la même année. Plusieurs révoltes ont lieu partout en Europe face à la fermeture des usines notamment. En France on privilégie et popularise l'action des barricades et les actions de solidarité pour survivre. 1936, une alliance des partis de gauche (gauche radicale et communiste) donne naissance au Front populaire, qui prend le pouvoir sur fond de grèves : 12 000 entreprises cessent leur activité dont 9 000 sont occupées par des travailleur·ses. Au plus fort du mouvement, on estime à 2 millions le nombre de grévistes. Une lutte qui a permis d'obtenir, entre autres, la semaine de 40 heures, les congés payés, les conventions collectives, le payement des heures supplémentaires… Suivront pourtant des périodes de chômage, où les entreprises auront du mal à embaucher de la main-d'œuvre qualifiée. Puis sous l'occupation des nazis, le travail prend une tout autre dimension. L'exploitation des travailleur·ses étranger·es en Allemagne mais aussi en France permet aux natif·ves de progresser dans la hiérarchie (ce n'est pas sans rappeler les esclaves « promu·es » dans la maison du maître, se voyant alors donner des ordres aux autres esclaves). En 1941, 200 000 mineurs cessent de travailler des deux côtés de la frontière. Des centaines de grévistes sont déporté·es lorsque d'autres sont fusillé·es. Le régime de Vichy supprime le droit de grève et dissout les syndicats par « la charte du Travail ». Les communistes prennent la tête de la Résistance face à l'Occupation. En 1944, le droit de grève est rétabli et les syndicats de nouveau autorisés par le Gouvernement provisoire. La même année sont créées la Confédération française de l'encadrement-Confédération générale des cadres (CFE-CGC) et la Confédération des petites et moyennes entreprises (CPME)[245].

245. Anciennement appelée la Confédération générale des petites et moyennes entreprises (CGPME), elle a été renommée en 2016.

En 1946, le MEDEF[246] voit le jour; le droit de grève et le droit syndical sont inscrits dans la Constitution (enfin!). Durant l'après-guerre, plusieurs grèves éclatent dont une chez Renault. Les mineurs seront aussi en grève un peu partout en France en 1948 et la Confédération générale du travail-Force ouvrière (CGT-FO) est créée la même année. En 1950, le droit de grève est accordé aux fonctionnaires civil·es, jusque-là exclu·es. À l'appel des fédérations de la CGT et de la CFTC, une grève est déclarée en août 1953, lorsque le gouvernement centre droit de Joseph Laniel prévoit un recul de l'âge de la retraite des agent·es de la fonction publique par un ensemble de mesures qu'il compte promulguer à la hâte durant l'été. Elle est ralliée par la fédération de FO et autres organisations autonomes, mobilise près de 4 millions de personnes et se conclut par un succès du mouvement syndical. Dans les années 1960, plusieurs lois sont promulguées pour encadrer la gestion de conflits et le droit de grève et 1964 voit naître la Confédération française démocratique du travail (CFDT).

4. Mai 68

Dans le sillage des luttes féministes et de la guerre du Vietnam débutent les événements de Mai 68. En mars 1967, les étudiant·es de l'université de Nanterre prônent la liberté sexuelle en réclamant l'accès aux dortoirs des filles! C'est le début d'une importante mobilisation menée par les syndicats d'étudiant·es rejoints par les lycéen·nes[247], les organisations syndicales de l'enseignement (SNESup) et des travailleur·ses. Une première grève de l'UNEF (Union nationale des étudiants de France) a lieu en novembre 1967, sans effet. L'année suivante, plusieurs étudiant·es dénoncent l'engagement des Américains au Vietnam et militent au sein du

246. Anciennement appelé le Conseil national du patronat français (CNPF), il a été renommé en 1998.
247. Ils·elles sont organisé·es en Comités d'action lycéens (CAL).

Comité Vietnam, donnant naissance au Mouvement du 22 mars. Le préfet de police Maurice Grimaud écrira aux CRS une lettre leur donnant pour consignes de modérer les actions de répression envers les étudiant·es. Le mouvement se déplace à Paris, dans le Quartier latin, et les affrontements se poursuivent: barricades, jets de pavés, incendies. Le 13 mai, les syndicats de travailleur·ses et les étudiant·es organisent une grève et sont rejoint·es par des milliers d'ouvrier·es. Avec 8 millions de grévistes, on estime que c'est la plus grande grève jamais vue en France. Si les relations étudiant·es-syndicats ne sont pas toujours bonnes, elles n'iront pas en s'améliorant lorsque les syndicats négocieront une sortie de crise uniquement pour les travailleur·ses. Le 27 mai, les négociations sont lancées. Georges Pompidou, alors Premier ministre, échangera avec les syndicats (principalement CGT, CFDT, FO) durant 25 heures. De cette négociation sortira une augmentation générale des salaires de 10 % et une augmentation du salaire minimum interprofessionnel garanti (SMIG) de 35 %. Le 30 mai, de Gaulle annonce la dissolution de l'Assemblée nationale, démet le Premier ministre de ses fonctions et démissionne à son tour en 1969. L'historien Jean-François Sirinelli comptabilise via ses recherches un cumul de 57 heures d'affrontements et la mort d'un policier à Lyon.

Et les femmes dans tout cela? Très peu de place leur a été accordé lors de cette mobilisation, cantonnées, comme souvent, à des tâches subalternes. Sur cette décennie, elles auront pourtant, à travers le monde, été très engagées dans les luttes pour le droit à la liberté et à l'égalité sociale, politique et démocratique. En France, elles obtiennent des avancées significatives: en avril 1944, elles arrachent le droit de vote et la création des « maternités heureuses », devenues le planning familial en 1960. 5 ans plus tard, elles auront le droit de travailler sans l'accord de leur mari et auront le droit d'ouvrir un compte bancaire à leur nom. Quelques semaines avant les événements de Mai 68, une loi, qui ne sera effective qu'en 1972, autorise la contraception, et en 1975 elles ont le droit à l'avortement. Mais ce n'est qu'en 1999 que la parité politique est inscrite dans la Constitution puis érigée en loi, imposant aux partis politiques de s'y conformer sous peine de sanctions financières. En Guadeloupe, les ouvrier·es du bâtiment se mettent aussi en grève en mai 67 pour réclamer une augmentation de salaire. Jacques Nestor, membre du GONG (mouvement indépendantiste) venu les soutenir, est abattu par les forces de l'ordre. Cet événement déclenche des émeutes qui entraîneront la mort de plusieurs manifestant·es, à savoir huit officiellement et une soixantaine de blessé·es, mais beaucoup plus selon les différents témoignages recensés par les historien·nes qui qualifient cet acte de « massacre »[248]. En Martinique, deux ans après la mise sur le marché du pesticide chlordécone évoqué dans le sous-chapitre précédent, soit le 14 février 1974, une grève générale mobilise les ouvrier·es agricoles. Ces dernier·es revendiquent, entre autres, de meilleures conditions de travail avec notamment l'arrêt de l'utilisation des pesticides et une augmentation des salaires. Durant ces événements, de nombreux grévistes ont été blessé·es et deux ouvriers agricoles abattus : Ilmany Sérier et Georges Placide Marie-Louise.

5. État des lieux du mouvement social

Alors qu'au temps du Front populaire le taux de syndicalisation en France avoisinait les 50 %, il ne représente que 7,5 % des salarié·es[249] en 2021, le plus faible de son histoire, selon l'Institut supérieur du travail. Entre 1908 et

248. « Rapport Stora sur les événements de décembre 1959 en Martinique, de juin 1962 en Guadeloupe et en Guyane, et de mai 1967 en Guadeloupe », www.benjaminstora.univ-paris13.fr, 10 octobre 2016 [En ligne].

249. En comptant les divers syndicats non confédérés, il y aurait eu au total, entre 2016 et 2018, 1,9 million de syndiqué·es en France. Sur une population active de 25,2 millions de salarié·es, cela donne un taux global de syndicalisation à 7,5 %.

1910, la CGT atteint 450 000 adhérent·es (sur 9 millions de salarié·es). Entre 1917 et 1920, près de 1 salarié·e français·e sur 4 est adhérent·e à la CGT ou à la CFTC et entre 1936 et 1938, plus de la moitié des salarié·es français·es (4,5 millions de salarié·es) sont adhérent·es à un syndicat, essentiellement à la CGT. Si le syndicalisme a joué un rôle majeur dans les luttes racontées précédemment, on observe une désyndicalisation depuis 1978. Entre 1978 et 1987, le taux de syndicalisation a été divisé par deux (soit un recul moyen d'environ 7 % par an) et entre 1988 et 2009, il est encore divisé par deux (soit un recul moyen d'environ 3,5 % par an). Toujours selon l'Institut supérieur du travail, depuis 2010, les données disponibles indiquent un taux de syndicalisation en recul au regard de l'augmentation de la masse salariale ou *a minima* une stabilisation basse. Il remet par ailleurs en question les modes de calcul du ministère du Travail qui annonce un taux global de syndicalisation passé de 11 % à 10,3 % entre 2013 et 2019 (tombé sous les 8 % dans le privé).

Dans les années 2000, plusieurs mobilisations sociales liées au monde du travail viendront toutefois secouer les gouvernements successifs. D'abord en 2006 où étudiant·es, lycéen·nes, et syndicats s'allient de nouveau contre le contrat de première embauche (CPE) qui entraîne trois mois de mobilisation jusqu'au retrait du projet par le gouvernement de Dominique de Villepin alors Premier ministre (UMP). Il proposait un CDI assorti d'une période d'essai de 2 ans…

Au printemps 2016, la réforme du Code du travail portée par Myriam El Khomri, alors ministre du Travail (PS), entraîne d'importantes mobilisations (pétitions, grèves, manifestations, blocages…) dans toute la France, et ce durant sept mois. C'est une militante féministe, Caroline De Haas (anciennement membre du PS) qui lance, le 19 février 2016, une pétition pour dire non à la loi Travail. Elle recueillera plus de 1,3 million de signatures et marquera le début de la mobilisation. Le Gouvernement, par cette réforme, a voulu donner plus de flexibilité aux entreprises, notamment en ce qui concerne les horaires de travail et les modalités de licenciement. Mais la CGT, FO, FSU, Solidaires, UNEF, UNL et FIDL y voient une atteinte aux droits des salariés ainsi qu'une précarisation de l'emploi et réclament son abrogation. Le PS se divise sur la question, certains sont contre la réforme, mais malgré le rejet massif de la population et des opposant·es politiques, Manuel Valls décide, le 10 mai 2016, de recourir à l'article 49 alinéa 3 afin de faire passer la loi. Les mobilisations se poursuivent et la plus importante journée, le 14 juin, comptabilise près de 1,3 million de manifestant·es selon les syndicats (le ministère de l'Intérieur en compte 125000). Manuel Valls a de nouveau recours à l'article 49.3 à deux reprises, les 5 et 20 juillet, pour faire passer le texte en force. La loi dite El Khomri est alors définitivement adoptée le 20 juillet 2016 et promulguée le 9 août suivant par François Hollande, alors président de la République. Un échec dur à encaisser. L'année suivante, le 12 septembre, la CGT, la FSU, Solidaires et l'UNEF appellent à contester le nouveau texte, qu'ils qualifient de « loi Travail XXL ». En effet, Emmanuel Macron, alors nouvellement élu président de la République, a entre-temps publié plusieurs ordonnances venant affaiblir le rôle des syndicats dans l'entreprise... En 2022, le bilan du comité d'évaluation mis en place pour en suivre les effets, et ayant été supprimé par le nouveau ministre du Travail, a révélé une dégradation du dialogue social. Un nouvel échec. Toutes ces années ont aussi vu naître des mobilisations sociales suivant les réformes des retraites présentées par les gouvernements successifs. En 1995, la mobilisation massive des syndicats contre le plan Juppé paralyse la France (à coups de grèves et manifestations) et réunit au moins 2 millions de personnes pour une victoire certaine: Alain Juppé, alors Premier ministre, renonce à sa réforme sur les retraites, les régimes spéciaux et la fonction publique. En 2003, la réforme de François Fillon alignant le régime public sur le privé avec un système de décote-surcote passe en force malgré la contestation. En 2014, la réforme de Marisol Touraine, ministre des Affaires sociales, qui allonge la durée de cotisation passe également en force. Emmanuel Macron poursuit cette casse du système de retraite en prévoyant un régime à points, la fin des régimes spéciaux ainsi qu'un recul de l'âge de la retraite à 64 ans. D'abord portée par Édouard Philippe en 2020, qui profitera d'un conseil des ministres dédié à la question sanitaire de 2020 pour recourir à l'article 49 alinéa 3, cette réforme sera ensuite portée par Élisabeth Borne, Première ministre sous le deuxième quinquennat. À peine entrée en fonction, elle marque l'histoire par son compulsif recours à l'article 49 alinéa 3. La réforme passe donc en force malgré une opinion publique défavorable (66 % des Français·es sont « défavorables » à la réforme et 48 % sont « tout à fait défavorables »[250]) ainsi qu'une importante mobilisation sociale portée par les syndicats rejoints par les étudiant·es et les politiques.

En avril 2023, l'Institut Montaigne a publié les résultats d'une enquête réalisée en partenariat avec Elabe et *Les Echos* sur la perception des syndicats par les Français·es. Elle révèle que leur perception a évolué : comparé à 2020, les organisations syndicales sont désormais majoritairement vues comme des éléments de dialogue (52 %) et moins comme des éléments de blocage (en baisse de 13 points par rapport à 2020 avec 46 %). La confiance, elle, n'est pas forcément au rendez-vous : aucun des principaux syndicats n'obtient la confiance de plus de 43 % des Français·es mais deux sortent du lot. Cette défiance est globalement plus

250. Sondage réalisé par Yougov pour le *HuffPost*, « Réforme des retraites : les Français ne comprennent pas l'objectif de Macron », www.huffingtonpost.fr, 6 octobre 2022 [En ligne].

présente chez les femmes (48 %) et les 35-49 ans. La CGT obtient une confiance en hausse des 50-64 ans (50 %), des employé·es/ouvrier·es (37 %) et des sympathisant·es de gauche (51 %) ; la CFDT est soutenue par 36 % des retraité·es et 47 % des sympathisant·es de droite. Enfin, l'action des syndicats est jugée efficace au sein de l'entreprise (55 %) mais non au niveau national (64 %). Concernant les modes d'action, les Français·es sont partagé·es sur l'efficacité des grèves, rejettent les modes d'action violents en faveur des négociations pour influer sur les décisions politiques.

Le rôle moteur des organisations syndicales au cours de l'histoire a permis d'arracher des victoires importantes pour les ouvrier·es puis les travailleur·ses dans leur ensemble. Néanmoins, les plus significatives ont été obtenues lors d'alliances entre syndicats et politiques ou entre syndicats, politiques et société civile associative. Si le rôle des femmes est peu visible, il n'en reste pas moins que les avancées des luttes féministes menées en parallèle ont contribué à celles pour la justice sociale. À l'heure où Emmanuel Macron, depuis 2017, affaiblit le pouvoir des organisations syndicales, celui des oppositions au Parlement mais aussi celui de la liberté associative, flirtant dangereusement avec le mouvement d'extrême droite qui, mandat après mandat, gagne du terrain en France mais aussi en Europe, pouvons-nous encore douter qu'il faille réagir et faire alliance ?

G. Le blanc des soignant·es

Après les événements de Mai 68, le secteur du soin n'a cessé d'évoluer, surtout de se dégrader. D'abord l'obligation pour les hôpitaux d'accueillir les malades de jour comme de nuit en 1970, bien qu'utile et appréciée, se fait de manière aléatoire, non organisée et amène son lot de critiques faisant écho à celles de nos jours (accueil déplorable, manque de personnel, attente trop longue…). Le décret de 1974 relatif au fonctionnement des hôpitaux censé organiser l'activité n'y changera rien. C'est en 1989, à la demande de Mitterrand, et suite à un rapport d'état des lieux réclamé au spécialiste qui s'occupe de son cancer, que survient la création des unités d'accueil d'urgences dans le secteur hospitalier pour tenter de faire mieux. Deux ans plus tard, la loi de 1991, du socialiste Claude Evin, établit que tout hôpital se doit de définir un projet médical d'établissement. Mais Mitterrand aura été témoin des mobilisations du secteur bien avant son élection. On retiendra celle de juin 1980, qui verra des milliers de médecins défiler à l'appel de la CSMF[251] pour contester le projet de nouvelle convention médicale. Deux journalistes et cinq médecins sont blessé·es après que le cortège a décidé de se diriger vers l'Élysée suite aux refus du ministre de la Santé Jacques Barrot, puis du Premier ministre Raymond Barre, de recevoir une délégation. À l'époque, la CSMF dénonce des « brutalités policières inadmissibles ». Quatre ans plus tard, en 1984, ce sont les infirmières qui obtiennent la possibilité de réaliser, entre autres, les prélèvements sanguins, ce que certain·es médecins leur refusaient. Mais la profession, reconnue officiellement depuis 1978, se stabilisera de nouveau, offensée par l'ouverture de son cursus aux non-bacheliers prévue par le décret Barzach. En mars 1988, la CFDT, l'UNASIIF (composée majoritairement d'associations d'infirmières) et la Coordination des infirmières anesthésistes appellent à manifester, mais l'initiative ne sera pas suivie. Sans les syndicats cette fois, un groupe d'infirmières forme la Coordination infirmière d'Île-de-France et se met en grève en septembre 1988. Le Gouvernement refuse de les recevoir, préférant négocier avec les syndicats qui, eux aussi, refusent

251. Confédération des syndicats médicaux français.

la présence de la coordination. Très soutenue par la population, elle lance toutefois une nouvelle grève le 6 octobre suivie d'une manifestation le 13 qui mobilise 100 000 infirmières dans les rues (sur 400 000, sachant que les autres soutiennent et assurent la continuité des soins). La coordination est finalement reçue dans la nuit et le Premier ministre de l'époque, Michel Rocard, abroge la loi et revalorise les salaires. Un succès monstre pour ces femmes méprisées et ignorées. L'année 1991 sera aussi marquée par plusieurs mobilisations du secteur. Notamment en juin, lorsque des dizaines de milliers de médecins et de professionnel·les de santé répondent à l'appel du CNPS[252] et du collectif Action santé contre la politique de maîtrise des dépenses de santé portée par le Gouvernement. Sur le dernier trimestre, les infirmières se mobilisent de nouveau pour dénoncer leurs conditions de travail, le manque d'effectif, les bas salaires et contre le projet de réforme de l'Assurance maladie du gouvernement d'Édith Cresson. De nouveau, on rapporte que les forces de l'ordre ont brutalisé des manifestantes, mobilisées entre 100 000 et 300 000, soutenues principalement par la CGC, la CGT, les libéraux d'Action santé et deux autres coordinations. Le sous-chapitre précédent évoquait l'importante mobilisation de 1995 contre la réforme des retraites, des régimes spéciaux et de la fonction publique. Elle aura aussi des répercussions sur le secteur du soin, de plus en plus contrôlé par l'État. En 2001, les médecins généralistes militent pour la revalorisation des consultations et la fin des permanences de soins (gardes de nuit et week-end). Ce n'est que plus tard, à l'approche de l'élection présidentielle, en mars 2002, lorsque des milliers se mobilisent avec d'autres professionnel·les de santé pour cette revalorisation et une amélioration de leurs conditions de travail, que les médecins sont entendu·es. Roselyne Bachelot, alors

252. Centre national des professionnels de santé.

porte-parole du candidat Jacques Chirac, s'engage sur la consultation revalorisée à 20 € qui entre en vigueur dès le 1er juillet 2002. En 2003, les médecins ne sont plus tenu·es d'assurer les permanences de soins. Mais sous la présidence de Nicolas Sarkozy, c'est un mauvais signal qui est envoyé au secteur lorsque ce dernier évoque l'importance d'avoir un seul patron par hôpital, renvoyant à l'idée d'une gestion d'entreprise. Fin 2007, quelques milliers d'internes, chef·fes et étudiant·es défilent dans les rues de Paris, répondant entre autres à l'appel des alliances et intersyndicales d'étudiant·es et d'internes[253] pour la liberté d'installation et obtiennent gain de cause. Mais malgré toutes ces alertes et une petite victoire, rien ne s'améliore vraiment dans le secteur du soin. En 2009, l'appel de la CGT, FO, CFTC, CFDT, UNSA, Solidaires, CFE-CGC, FSU, que plusieurs organisations rejoignent partout en France, entraîne une importante grève le 19 mars puis le 28 avril qui rassemble plus de 18 000 hospitalier·es toutes catégories confondues. Ils·elles réclament entre autres une augmentation générale des salaires, le retrait des plans d'économies visant l'AP-HP[254], l'arrêt des suppressions de postes et des démantèlements de structures, l'embauche de personnel et la titularisation de tou·tes les contractuel·les… L'année suivante, c'est au tour des infirmier·es anesthésistes de dénoncer le manque de reconnaissance de leur diplôme au profit de « l'anesthésie *low cost* ». En 2016, une nouvelle coordination voit le jour. Ensemble, le même jour, les fédérations FO, CGT, SUD, CFTC de la fonction publique hospitalière ainsi qu'une vingtaine d'organisations infirmières dénoncent le rythme intenable d'une journée de travail. Les conditions de travail du secteur sont encore et toujours dénoncées, comme en mars 2017 où l'intersyndicale FO-CGT, SUD, 16 syndicats ainsi que des

253. L'ISNI, l'ISNAR-IMG, l'ISNCCA, le SNJMG et l'ANEMF.
254. Assistance publique – Hôpitaux de Paris.

associations d'infirmier·es salarié·es et libéraux·les appellent à la grève, rejoints par les aides-soignant·es, les assistant·es sociaux·les ou encore les éducateur·ices spécialisé·es.

1. 2018, l'année de toutes les révoltes

C'est au tour des directions de maisons de retraite, personnels d'Ehpad et aides à domicile de se mobiliser partout en France dès le début de l'année. Ces professionnel·les réclament plus de moyens pour exercer sereinement leur activité et ont soutenu·es par les associations de directeurs AD-PA et FNADEPA, des associations de familles de résident·es, France Alzheimer et des organisations de retraité·es (dont l'UCR-FO), qualifiant la situation de « dramatique » dans les Ehpad. En mars, les infirmier·es se mobilisent de nouveau, notamment pour de meilleurs salaires et de meilleures conditions de travail. En juin, les grèves se multiplient dans le secteur hospitalier sur fond de crise des unités d'urgences toujours pour les mêmes revendications. En novembre le personnel paramédical, médecins, internes et étudiant·es veulent « sauver l'hôpital public » et se mobilisent à leur tour. Trois jours après la première manifestation du mouvement des Gilets jaunes, le 20 novembre 2018, les infirmier·es se mobilisent de nouveau pour réclamer un système de santé de qualité, l'arrêt des fermetures de lits d'hospitalisation et l'abandon de la tarification majoritaire à l'activité. Un peu plus d'un an nous sépare de la crise sanitaire, et nous allions savoir à quel point ces alertes auraient dû être entendues par les gouvernements successifs. Seules quelques mesures ont été obtenues à la marge, ne permettant pas de répondre aux vrais enjeux du secteur.

2. La crise sanitaire, révélatrice des inégalités

Dans le contexte tendu du mouvement social des Gilets jaunes, dont l'un des quatre piliers de revendication était

« le renforcement des services publics », le personnel soignant dénonce encore et toujours les dysfonctionnements du secteur. Les collectifs Inter-Hôpitaux, Inter-Urgences, les Usagers et de nombreux autres appellent les soignant·es et les patient·es à défendre l'hôpital public lors d'une marche le 14 novembre 2019. S'ensuivent des grèves et des messages d'alerte placardés partout dans les établissements de santé, relayés via les réseaux sociaux. Si la colère du personnel soignant s'exprime depuis plus de 30 ans maintenant, elle s'est manifestée à travers des actes forts en janvier 2020 avec, notamment, l'envoi à la ministre de la Santé, Agnès Buzyn, d'une lettre de démission signée par 1 000 médecins hospitalier·es et 600 chef·fes de service quittant leurs responsabilités administratives. Quelques semaines avant, 660 chef·fes de service, responsables d'unités de soins et médecins hospitalier·es publiaient une tribune dans le JDD[255], menaçant de démissionner si la ministre de la Santé n'entamait pas de réelles négociations. C'est dans ce contexte d'alerte maximum sur les besoins du secteur qu'une pandémie allait mettre le personnel soignant en première ligne, ainsi que les professions des autres secteurs essentiels à la vie. Au 31 décembre 2018[256], en France hexagonale et dans les DROM[257], 3 036 structures hospitalières[258] disposaient de 396 000 lits d'hospitalisation. Au 31 décembre 2021,

255. *Le Journal du dimanche*, « TRIBUNE. 660 médecins hospitaliers se disent "prêts à la démission" », 14 décembre 2019 [En ligne].
256. Étude menée par la DRESS (Direction de la recherche, des études, de l'évaluation et des statistiques), « Premiers résultats de la statistique annuelle des établissements de santé (SAE) 2018 » dans *Études & Résultats*, n° 1 130, octobre 2019.
257. DROM-COM : Départements et régions outre-mer et Collectivités d'outre-mer, anciennement dénommés DOM-TOM (Départements d'outre-mer et Territoires d'outre-mer). Les DROM regroupent : la Martinique, la Guadeloupe, la Guyane, la Réunion et Mayotte.
258. Le Service de santé des armées (SSA) est compris dans ce chiffre.

les 2 984 hôpitaux publics et privés disposaient de 382 587 lits. Sous le quinquennat de Nicolas Sarkozy, 37 000 lits ont été supprimés, 10 000 sous François Hollande, et 21 000 entre 2016 et 2021, principalement sous le mandat d'Emmanuel Macron. En France, nous sommes entré·es officiellement en confinement le 17 mars 2020. Des messages de soutien au personnel soignant circulaient via les réseaux sociaux ou sur des banderoles, et tous les soirs à 20 heures des applaudissements retentissaient depuis les fenêtres jusqu'au déconfinement progressif initié à partir du 11 mai 2020.

3. Et si la santé guidait le monde ?[259]

Les décisions politiques de ces 30 dernières années ont plongé le secteur du soin français dans une situation de grande détresse inlassablement dénoncée par le personnel soignant et la situation est encore plus préoccupante dans les territoires d'outre-mer comme en Guadeloupe. Les nombreuses alertes émises à travers le monde par des organismes tels que l'ONU appelant à se préparer à une pandémie n'ont pas été prises au sérieux par les gouvernements. En France, la gestion de la crise sanitaire, discutable, a entraîné de nombreux dépôts de plaintes contre les membres du Gouvernement qui, de par ces négligences, sont accusés d'avoir mis la population en danger et plus particulièrement les travailleur·ses des secteurs dits essentiels. De plus, ces dernier·es, alors qu'ils·elles se sont mis en danger, ont pris soin de nous et sauvé de nombreuses vies, ont été suspendu·es, mis·es à l'écart lorsqu'ils·elles ne souhaitaient pas se faire vacciner.

259. Ce titre est un clin d'œil au livre d'Éloi Laurent *Et si la santé guidait le monde ? L'espérance de vie vaut mieux que la croissance*, Les liens qui libèrent, 2020.

Nous savons l'importance d'avoir un système de santé… en bonne santé (!). Il est primordial de questionner la responsabilité de nos dirigeant·es dans ces négligences et les conséquences de celles-ci afin que nous soyons prêt·es à faire face aux prochaines épreuves et que nous soyons à la hauteur au quotidien. Le personnel soignant ne doit plus être seul à lancer l'alerte.

Courant 2019, plusieurs manifestations du mouvement des Gilets jaunes avaient d'ailleurs été organisées de telle sorte que leurs trajets suivent un parcours permettant de saluer les personnels des hôpitaux de Paris en passant. À travers leurs fenêtres, les soignant·es saluaient à leur tour les manifestant·es. Aussi, durant la crise sanitaire de 2020, les mardis de manifestation statique organisés face aux établissements de soins ont parfois été rejoints par des Gilets jaunes. Cet élan de solidarité doit pouvoir se reproduire et englober les organisations syndicales tous secteurs confondus mais aussi la classe politique et les ONG de toutes luttes. Il en va de notre survie.

H. Le jaune des Gilets jaunes

1. Six mois de mobilisation numérique pour dénoncer une taxe injuste

Le 29 mai 2018, Priscillia Ludosky, alors gérante d'une boutique en ligne de produits cosmétiques bios, lance une pétition sur la plateforme Change.org pour dénoncer la hausse constante de la taxe sur le carburant. Globalement, il s'agissait de dénoncer l'absence de prise en compte des impacts sociaux causés par cette taxe ; le manque de transparence quant à son usage ; et enfin le manque d'exemplarité du Gouvernement dans la mise en place de mesures écologiques. Après avoir mené une campagne de mobilisation digitale via les réseaux sociaux et pris contact avec des journalistes durant l'été, des médias locaux[260] puis nationaux[261] s'emparent du sujet. Priscillia Ludosky enchaîne les plateaux TV, les radios et les interviews. Elle reçoit de nombreux témoignages des signataires de la pétition qui évoquent leurs difficultés à joindre les deux bouts. Le 12 octobre 2018, elle est contactée par un chauffeur poids lourd, Éric Drouet. Président d'une association de rassemblement automobile de Seine-et-Marne, il lui propose de joindre leurs forces en vue du prochain rassemblement qu'il prévoit d'organiser à Paris pour dénoncer la hausse des prix du carburant. Son groupe, qui compte près de 6 000 membres sur Facebook, partage sa pétition. De son côté, Priscillia Ludosky évoque le groupe dans chacune de ses interventions médiatiques et invite les signataires de la pétition à le rejoindre. Si à ce stade les organisations syndicales sont hors du paysage, les partis politiques y voient eux une opportunité de récupération politique. Éric Drouet et quelques camarades créent un groupe Facebook dédié à l'événement nommé « Blocage national contre la hausse du carburant » planifié le 17 novembre suivant. La campagne de mobilisation digitale pilotée par le duo associée à l'intérêt grandissant des médias permet au groupe d'atteindre plus de 110 000 membres seulement dix jours après leur « rencontre ». Partout en France hexagonale et ultramarine, des groupes Facebook se créent, même en Belgique ! C'était officiel, l'appel du 17 novembre avait été entendu ! À travers tout le territoire, le duo est contacté pour la co-organisation de manifestations locales. De nombreux débats ont lieu via les réseaux sociaux et en visioconférence sur

260. Radio Oxygène Seine-et-Marne et le journal *La République de Seine-et-Marne*.
261. D'abord *Le Parisien* puis tous les autres médias.

la dégradation des conditions de vie des Français·es. Des idées émergent. Il n'est plus question de se limiter au prix du carburant mais de dénoncer tous les dysfonctionnements à l'origine des inégalités sociales. Cinq jours plus tard, dans une courte vidéo publiée sur Facebook, un internaute, Ghislain Coutard, propose de poser un gilet jaune sur le tableau de bord de nos véhicules en signe de soutien à la mobilisation à venir et appelle à rejoindre le rassemblement. La vidéo devient virale. Le mouvement était devenu celui des « Gilets jaunes ». À ce stade, 140 groupes Facebook existent et 110 000 personnes ont l'intention de se rendre à la manifestation parisienne. Et alors que le mouvement avait démarré sur la question de la taxation verte, il englobe désormais le sujet du pouvoir d'achat et de la place des citoyen·nes dans la vie politique. Éric Drouet et Priscillia Ludosky sont contacté·es à plusieurs reprises par les partis politiques de droite et d'extrême droite qui tentent de récupérer le mouvement à leur compte et leur proposent une collaboration, qu'ils refusent. Partout en France des actions sont planifiées pour le 17 novembre : manifestations mobiles ou statiques, déversements de terre côté agriculteur·ices, opérations « escargot », blocages des raffineries, installations sur les ronds-points... Plusieurs témoignages de personnes racisées rapportent qu'elles ont été « dégagées » des ronds-points par des militant·es d'extrême droite racistes qui pullulaient partout. Événements traumatisants les ayant éloigné·es du mouvement social de manière temporaire ou définitive. Face à ces tentatives de récupération, le duo s'entend pour faire passer un message clair : c'est un mouvement citoyen non partisan et indépendant de toute organisation syndicale. Le mouvement sera aussi publiquement soutenu par d'autres partis politiques comme l'Union populaire républicaine ou La France insoumise.

2. Un mouvement social à l'intersection des luttes

La journée du samedi 17 novembre 2018 marquera les esprits. Un lieu a été choisi pour se rassembler et ce sera la cinquième avenue la plus chère du monde : l'avenue des Champs-Élysées à Paris. Tout un symbole. Le mouvement est d'ampleur, et malgré un soutien exprimé par plusieurs membres des forces de l'ordre, la répression en a choqué plus d'un·e : gaz lacrymogènes, coups de matraque, dispersion. De nombreux·ses retraité·es étaient présent·es et témoignent leur soutien à ce mouvement naissant. Certain·es pleurent, d'autres évoquent Mai 68. Un nouvel appel sera lancé pour le samedi suivant. Change.org contacte le cabinet d'Édouard Philippe, Premier ministre de l'époque, sans succès. Dans l'optique d'une éventuelle rencontre, Priscillia Ludosky publie une consultation afin de recueillir les revendications de tous les groupes d'action et du public. Plus de 45 000 personnes y participent. Quatre familles de revendications apparaissent alors clairement : la transformation du fonctionnement des institutions avec des mesures phares comme la mise en place du référendum d'initiative citoyenne (RIC) ; la création d'une assemblée citoyenne et la réduction des privilèges des élu·es et haut·es fonctionnaires ; la protection de l'environnement ; une fiscalité juste et la sauvegarde de nos services publics. Une synthèse de ces résultats sera remise le 27 novembre en mains propres au ministre de la Transition écologique, François de Rugy, qui avait proposé de rencontrer le duo suite à la manifestation du 24. Lors de ce rendez-vous, la pétition est évoquée ainsi que les revendications associées. Les résultats de la consultation également. Le ministre est alors alerté par le duo sur l'état de la situation : ce n'est que le début d'une forte mobilisation qui sera très suivie et sur la durée. Une mobilisation qui dépasse son ministère. Le duo demande à rencontrer le Premier ministre en présence d'une délégation composée des militant·es des autres régions avec lesquel·les la première manifestation avait été lancée. Un moyen de rappeler la dimension nationale du mouvement. Le 30 novembre, Édouard Philippe propose une rencontre au duo. La pétition compte alors 1 million de signatures. Une délégation est formée et présentée à la presse qui en tire les portraits… et qui fait que la rencontre n'aura finalement pas lieu. Le cabinet du Premier ministre refuse la présence des médias et propose au groupe d'entrer par une porte dérobée… Il est intéressant de noter que d'autres personnes, qui n'étaient pas à l'origine du mouvement, avaient été conviées, comme des organisations syndicales… La mobilisation s'est donc poursuivie samedi après samedi. C'est cette cadence hebdomadaire qui allait rythmer le mouvement des Gilets jaunes.

3. Pour une fiscalité verte mais juste

Première « victoire » le 6 décembre 2018, lorsque le Gouvernement annonce l'annulation de la hausse de la taxe sur le carburant qui était prévue pour janvier 2019. Une des premières revendications de la pétition. La loi de finances 2019 abroge l'augmentation du taux prévue par la loi de finances 2014 et le taux est gelé à 44,6 €/tonne de CO_2.

La fiscalité écologique est considérée par les expert·es et les ONG comme un outil nécessaire à tous les secteurs pour espérer réduire les émissions qui causent le dérèglement climatique, la pollution de l'air et pour, à terme, se passer des énergies fossiles. Il n'en reste pas moins qu'elle impacte de manière négative les plus précaires qui, nous le rappelons, ne sont pas les plus gros·ses pollueur·ses. En matière d'exemplarité, non seulement le Gouvernement n'a pas suffisamment financé d'alternatives permettant de réaliser des économies d'énergie, mais il a en plus privilégié les intérêts des constructeurs automobiles à travers la réglementation européenne et la loi Mobilités, au détriment du pouvoir d'achat des automobilistes et de l'environnement. Il n'a pas non plus répondu aux attentes de la justice fiscale en laissant exonérés de taxe carbone les secteurs les plus polluants, comme le transport aérien et le transport routier de marchandises. Nous le disions, les Français·es sont prêt·es à réaliser cette transition mais refusent que cela les plonge dans un statut encore plus précaire. Cette taxe est un impôt indirect inégal de par sa répartition et du fait de la non-proportionnalité de son application, ce qui est contraire à l'article 13 de la Déclaration des droits de l'homme. En matière de transparence, le Gouvernement, pourtant questionné lors de cette fameuse rencontre du 27 novembre, avait assuré qu'il allait fournir les justificatifs des dépenses et des recettes générées par cette taxe. Relancée à plusieurs reprises par Priscillia Ludosky, la secrétaire d'État à la Transition écologique et solidaire Emmanuelle Wargon a été incapable de justifier ce qu'avaient financé les quelque 17 milliards de recettes. Ni l'Agence de financement des infrastructures de transport, ni les collectivités territoriales, ni le compte d'affection spéciale « Transition énergétique » n'ont perçu de recettes issues de cette taxe. Et pour cause, en réalité, selon le Rapport économique, social et financier annexé au projet de budget 2019, elles ont été reversées aux entreprises sous forme d'avantage fiscal (CICE) au lieu de financer des alternatives de transport. Conformément à l'article 14 de la Déclaration des droits de l'homme, on ne peut donc pas constater l'impact de cette taxe. Plusieurs ONG comme le Réseau action climat, Oxfam ou encore le Secours catholique-Caritas France ont alors remis en question leur position sur le sujet de la taxe carbone en proposant des dispositifs permettant de percevoir cette taxe avec un mécanisme de redistribution des recettes aux foyers les plus précaires… Quoi qu'il en soit, cette pétition a permis de créer le débat public sur l'importance de lier les enjeux sociaux et écologiques.

4. Des revendications démocratiques de plus en plus fortes

D'autres mesures ont été annoncées par Emmanuel Macron, ne répondant que très partiellement aux revendications. La mobilisation s'est donc poursuivie et une nouvelle consultation a été réalisée par le groupe, menée par le duo qui s'appelle alors « La France en colère ». Il synthétise davantage les propositions issues de la consultation précédente et fait ressortir quatre revendications claires où, de plus en plus, s'esquisse une soif de démocratie.

– Pour ou contre une assemblée citoyenne :
64 751 pour – 3 027 contre
– Pour ou contre le RIC :
46 274 pour – 1 183 contre
– Pour ou contre une baisse de la TVA sur les produits et services de première nécessité :
35 381 pour – 786 contre
– Pour ou contre une baisse des privilèges des haut·es fonctionnaires :
39 107 pour – 714 contre

Les résultats de ce sondage font l'objet d'un communiqué de presse. Ces questions réclament d'être soumises à référendum, à l'ensemble de la population. Aucune réponse de la part du Gouvernement.

À quelques jours du réveillon de Noël, le président de la République a toutefois répondu à la pétition de Priscillia Ludosky sans évoquer les revendications qui la composent mais en annonçant « un grand débat national ». Un *one man show* d'Emmanuel Macron lancé sans prise en compte des préconisations de la CNDP[262], contrainte de se retirer de l'organisation. C'est ensuite au tour du CESE[263] de contribuer au débat public en janvier 2019 en lançant une commission intitulée « Fractures et transitions : réconcilier la France » dont les conclusions sont rendues en mars 2019. Priscillia Ludosky sera alors auditionnée accompagnée de Change.

262. Commission nationale du débat public.
263. Conseil économique social et environnemental.

org. En attendant, inspiré des Gilets jaunes de la Réunion, un groupe du sud de la France organise une consultation pour contrer cette opération de communication menée par le Gouvernement, qui prétendait « ouvrir le dialogue ». Cette consultation numérique, appelée « le Vrai débat », récolte plus de 1 million de votes sur les 25 000 propositions postées (associées à 93 000 arguments) et sur 33 jours. Un succès pour une initiative dont les médias n'ont pas voulu parler. Sans surprise, quatre familles de revendications émergent, à savoir : une transformation du système politique, un renforcement du service public, une justice fiscale, un socle de mesures en faveur de l'écologie. 59 propositions tirées de cette consultation ont été publiées par les deux laboratoires d'étude qui ont traité les résultats à Bordeaux et Toulouse. Le grand débat d'Emmanuel Macron, quant à lui, durera trois mois et coûtera 12 millions d'euros aux Français·es, sans aucun résultat.

Après deux mois de consultation nationale, 1932884 Français·es y ont participé via la plateforme mise en ligne à cet effet ; 27374 courriers et emails ont été adressés au Gouvernement ; 16337 communes ont ouvert des cahiers citoyens/cahiers de doléances et 10134 réunions d'initiatives locales ont été organisées par des élu·es, associations et citoyen·nes, dans 107 villes. Au total, ce sont 160000 contributions qui seront faites dans le cadre de ces réunions et qui donneront lieu à l'établissement de 9 454 comptes rendus. Le président Emmanuel Macron avait pris deux engagements non honorés à ce jour. Le premier : restituer aux Français·es ce « trésor national » en procédant à la numérisation de l'ensemble des contributions, y compris les cahiers citoyens afin d'en permettre la consultation la plus large possible et sa mise en ligne en « *open source* ». Le second : « tirer toutes les conclusions » de cette consultation inédite et « bâtir un nouveau contrat pour la Nation ». En réalité, aucun moyen n'a été donné à la communauté scientifique pour procéder à une analyse sérieuse des milliers de documents recueillis durant ce débat (ceux-ci sont actuellement inexploitables).

5. La Convention citoyenne pour le climat, résultat d'une alliance inédite

Durant le grand débat, l'association Démocratie ouverte, qui milite depuis 10 ans pour transformer les pratiques de nos institutions et des organisations, a créé le collectif des Gilets citoyens à l'initiative de son ex-co-présidente Mathilde Imer. Composé de chercheur·ses, de militant·es des mouvements Gilets jaunes et Climat, de journalistes, d'associations d'innovation démocratique et de personnalités telles que Cyril Dion, Marion Cotillard ou Laurence Tubiana, le collectif interpelle Emmanuel Macron via une lettre ouverte publiée dans *Le Parisien* en janvier 2019. Il réclame la création d'une assemblée citoyenne tirée au sort afin de proposer des mesures sur le climat, la fiscalité et la démocratie. Plusieurs membres du collectif échangent avec le cabinet du Président et du ministère de la Transition écologique. Emmanuel Macron prendra la parole en avril pour annoncer, en réponse à cette action, la création de la Convention citoyenne pour le climat. Son mandat ? Définir une série de mesures permettant d'atteindre « une baisse d'au moins 40 % des émissions de gaz à effet de serre d'ici 2030 (par rapport à 1990) dans un esprit de justice sociale ». Inutile de rappeler à quel point nombre de politiques se sont moqué·es des membres tiré·es au sort pour ensuite constater la qualité des mesures produites par ces derniers… Le Président avait d'ailleurs prétendu pouvoir appliquer les mesures proposées par les membres de la convention « sans filtre », or la réalité a été tout autre. C'est néanmoins sous la pression des mouvements Climat et Gilets jaunes et de cette alliance atypique qu'un tel dispositif a pu être mis en place à l'échelle nationale et aussi rapidement : une première en France. Il est donc possible de s'unir dans un objectif commun en croisant les luttes et en combinant les modes d'action.

6. Un mouvement qui subira une forte répression policière

Un cap a été franchi dans la doctrine de maintien de l'ordre. Le mouvement des Gilets jaunes a en effet dû faire face à une forte répression policière et judiciaire, avec 2500 blessé·es décompté·es pour la seule année 2019[264]. Une étude réalisée en juillet 2023 par *The American Journal of Emergency Medicine* sur un échantillon de 152 patient·es[265] nous apprend que 19 % d'entre eux·elles ont été transféré·es dans des unités de soins intensifs ; 49 % ont subi des blessures à la tête, au visage, aux yeux ou au cou ; 11 % présentaient des blessures multiples et 28 % des fractures. Une intervention chirurgicale a été nécessaire pour 20 % des patient·es[266]. Éric Drouet sera particulièrement persécuté et intimidé par les forces de l'ordre, comme beaucoup d'autres manifestant·es. La Commissaire aux droits de l'homme du Conseil de l'Europe, Dunja Mijatović, avait appelé à « *suspendre l'usage des lanceurs de balles de défense dans le cadre des opérations de maintien de l'ordre* » en France afin de « *mieux respecter les droits de l'homme dans l'attente d'une révision de la doctrine d'emploi des armes de force intermédiaire* ». Elle a rappelé que leur « tâche première » consiste à protéger les citoyen·nes et leurs droits et que « *le nombre et la gravité des blessures [infligées aux*

264. Amnesty International, « Gilets jaunes en France : un bilan inquiétant », www.amnesty.fr, 19 novembre 2019 [En ligne].
265. « Injuries caused by defensive bullet launchers and resource utilization during the French yellow vests protests: A retrospective study », www.sciencedirect.com, 17 juillet 2023 [En ligne].
266. Une chirurgie maxillo-faciale a été pratiquée sur 38 % des patient·es admi·ses, une chirurgie orthopédique sur 25 % et de la neurochirurgie sur 13 %.

manifestant·es] mett[ai]ent en question la compatibilité des méthodes employées dans les opérations de maintien de l'ordre avec le respect de ces droits ».

Au 27 juillet 2021, on comptait 992 signalements, 4 décès, 353 blessures à la tête, 30 personnes éborgnées et 6 mains arrachées. Des organisations comme Amnesty International ou encore la LDH[267] ont alerté sur la gravité de ces pratiques. Une plainte a d'ailleurs été déposée en 2020 par Faouzi Lellouche et Priscillia Ludosky contre Didier Lallement, préfet de police de Paris en poste à l'époque, toujours sans effet en 2024. Rappelons que ce préfet est connu pour ses méthodes violentes de maintien de l'ordre, documentées par l'Observatoire parisien des libertés publiques qui a publié deux rapports à ce sujet à Paris et Bordeaux. Il est également à l'origine de la création de la BRAV-M (brigade de répression de l'action violente motorisée). Ce type d'unité avait pourtant été dissous en 1986, après que Malik Oussekine, étudiant, avait été tué sous les coups de plusieurs membres de l'une d'entre elles (les Voltigeurs avaient été créés en 1969 après les mobilisations de Mai 68). Plus de la moitié des Français·es (55 %) estiment que les policier·es font un usage excessif de la violence[268]. Christophe Castaner, alors ministre de l'Intérieur, s'est quand même vu décoré de la Légion d'honneur en 2023. Nous avons une pensée pour tou·tes les blessé·es, qui n'ont reçu aucune excuse du Gouvernement et n'ont toujours pas obtenu justice et réparation.

7. Gilets jaunes solidaires

Rapidement, le mouvement des Gilets jaunes s'est retrouvé connecté à celui du mouvement Climat en manifestations ou lors d'actions de désobéissance civile conjointes ; à celui

267. La Ligue des droits de l'homme.
268. « Fractures françaises », étude citée.

des violences policières en soutien aux actions du collectif Vies volées et du comité Vérité pour Adama durant l'été 2019, qui avait d'ailleurs manifesté son soutien au mouvement à ses débuts. Il s'est aussi connecté aux associations d'innovation démocratique avec les Gilets citoyens. Il s'est rendu solidaire des syndicats le 1er mai 2019, des soignant·es et des marches contre les violences faites aux femmes, mais il s'est aussi mobilisé contre la réforme des retraites, la loi Sécurité globale et bien d'autres. Autant de luttes qui se sont rendues encore plus visibles durant cette période où les projecteurs internationaux étaient braqués sur la France en raison de ce mouvement. Toutes ces mobilisations ont en commun l'expression d'une colère contre un modèle, un système oppressant à bout de souffle.

I. L'insuffisance des mouvements seuls

Selon l'édition 2022 du Baromètre du bénévolat, 19 millions de Français·es militent activement et dès l'âge de 15 ans. Parmi eux, 11 millions œuvrent en associations, 2 millions au sein d'une organisation syndicale, politique ou religieuse et 6 millions pratiquent un bénévolat direct de proximité (hors structures associatives ou familiales)[269]. S'il y a un fossé entre les partis politiques et la population, il existe aussi entre cette dernière et le monde associatif. L'emploi de techniques de communication empruntées au marketing inspire peu confiance, les discours culpabilisants pour inciter à l'action agacent et l'impact de leurs actions est de moins en moins visible. Déjà mise en difficulté par l'État qui amenuise leur pouvoir et malgré un engagement individuel

269. Étude menée par France bénévolat en partenariat avec le Crédit Mutuel, « L'évolution de l'engagement bénévole associatif en France, de 2010 à 2022 », www.francebenevolat.org, janvier 2022 [En ligne].

fort des Français·es, la confiance à l'égard des associations est en baisse de 5 points en 2022 n'atteignant que 49 % de la population[270]. Si de nombreux·ses Français·es donnent de leur temps, gratuitement, pour œuvrer en faveur d'activités d'intérêt général, ils·elles sont surtout au cœur d'organisations dont ils·elles constatent l'impuissance. Une impuissance causée par des mécanismes mis en place pour entraver leurs activités.

1. Les verrous institutionnels

Nous connaissons les freins rencontrés par les militant·es, activistes, associations et syndicalistes dans leurs activités respectives : le manque de moyens financiers, de bénévoles, de soutien des partis politiques, de POUVOIR. Oui, à la marge, certain·es élu·es consultent ou travaillent avec les associations, mais globalement, les mondes politique et associatif ne coopèrent pas suffisamment. Pour ne rien arranger, « l'ère Macron » menace de plus en plus nos libertés individuelles et collectives. Entre autres, elle dissout (ou tente de dissoudre) les organisations qui dénoncent l'inaction gouvernementale comme c'est le cas pour les Soulèvements de la Terre ; menace de couper les subventions comme c'est le cas pour la LDH[271] ; suspend les agréments permettant d'attaquer le Gouvernement en justice comme c'est le cas pour Anticor ; utilise les forces de l'ordre pour réprimer violemment les militant·es et les journalistes. Elle dissout les observatoires qui alimentent les travaux des un·es et des autres, un moyen d'avoir la mainmise sur les sujets les plus sensibles. Ce fut le cas,

270. Étude menée par le Don en confiance, « Baromètre de la confiance dans les organisations qui font appel aux dons », www.francegenerosites.org, 29 novembre 2022 [En ligne].

271. En avril 2023, le ministre de l'Intérieur Gérald Darmanin a menacé, lors d'une audition à l'Assemblée nationale puis au Sénat, de remettre en question les subventions publiques accordées à la Ligue des droits de l'homme.

par exemple, de l'Observatoire de la laïcité en 2021. La macronie promulgue des lois qui affaiblissent la représentation syndicale en entreprise et réduisent les droits des travailleur·ses obtenus de haute lutte, parfois au prix du sang. Plus notre système démocratique se fragilise, plus minces sont nos marges de manœuvre. Le pouvoir (citoyen) nous échappe. Ces verrous institutionnels et cette surdité au malaise populaire contraignent à lancer des protestations qui prennent une forme de plus en plus radicale et violente en réponse à cette violence d'État. La légitimité du peuple est niée, ses actions méprisées. Bon nombre de haut·es dirigeant·es ont tenu à l'exprimer clairement, comme Nicolas Sarkozy en 2012 durant l'entre-deux-tours de l'élection présidentielle : *« Avec nous, la rue n'a jamais fait la loi dans la République française. »* (Reste à savoir qui est ce « nous »…) Il ne s'était pas non plus gêné pour se moquer des syndicats en affirmant en 2008 lors d'un conseil national de l'UMP : *« Désormais, quand il y a une grève en France, personne ne s'en aperçoit. »* Quelques années plus tôt, Jean-Pierre Raffarin, alors Premier ministre, tenait le même discours avant une action des syndicats contre la réforme des retraites de 2003 : *« Le Parlement doit décider, la rue doit défiler, mais ce n'est pas la rue qui gouverne. »* Plus loin encore, lors des événements de Mai 68, Georges Pompidou, Premier ministre, avait résumé la pensée du général de Gaulle par la célèbre formule « La réforme oui, la chienlit non ! ». Manuel Valls rejoint à son tour le club des méprisants en 2016[272] en affirmant : *« La démocratie, ce n'est pas la rue ! C'est le vote ! C'est la démocratie sociale dans l'entreprise ! »* Puis Emmanuel Macron ne cessera de reprendre ces formules, comme celle-ci tirée d'une interview donnée à CNN en 2017 : *« Je crois dans la démocratie, mais la démocratie ce n'est pas la rue. »* Peut-être

272. *On va plus loin*, Public Sénat, décembre 2016.

devrions-nous rappeler à ces grands « penseurs », du moins ceux encore vivants, comment les plus grandes avancées sociales, démocratiques et relatives aux droits humains ont été obtenues ? Grand bien leur fasse, le message est clair : le pouvoir s'exerce à l'Élysée. POINT. Il faut donc aller le chercher et l'exercer de manière à le redistribuer et à décentraliser le pouvoir exécutif. En finir avec cette toute-puissance présidentielle et mettre en place des *garde-fous*. Ces dirigeants n'accordent aucune importance à l'expression populaire d'où qu'elle vienne et quelle que soit sa forme. On se souvient des réponses de l'exécutif en 2019 lorsque le mouvement des Gilets jaunes revendiquait des formes d'expression citoyenne plus démocratiques, participatives et ouvertes (donc non violentes) comme le RIC ou la mise en place d'assemblées citoyennes : *« Je sais ce que j'en pense moi du RIC : il me hérisse, je ne suis pas pour »*, déclarait Édouard Philippe, alors Premier ministre. Emmanuel Macron, président de la République, déclarait à son tour : *« Tel qu'il est présenté, il me semble remettre en cause la démocratie représentative. »* Ces pauvres messieurs sont effrayés à l'idée de partager ce pouvoir. Et ils ne sont pas les seuls. D'autres, de la haute société, ont défilé sur les plateaux TV, affirmant que le RIC ferait rétablir la peine de mort alors que l'histoire témoigne du fait que les décisions les plus inégalitaires ou mortifères ont été prises par l'élite et non par référendum. Ces déclarations semblent révéler une certaine peur de l'exercice de la démocratie par le peuple. Aurions-nous à faire à des dirigeant·es démophobes ? En apparence, ces dirigeant·es défendent la liberté d'expression, les droits humains et martèlent notre devise lorsque par ailleurs ils·elles en critiquent les manifestations concrètes (mouvements sociaux). Si jusque-là cette crainte irraisonnée de l'exercice du pouvoir par le peuple a mené à de fortes répressions judiciaires, policières et institutionnelles, légitimant les abus de pouvoir, les censures, les intimidations, notamment à l'égard des militant·es et organisations, qui sait si un jour elle ne mènera pas au démocide. Paraît-il que la concentration des pouvoirs politiques est la première cause de meurtre sur Terre…

2. Pour une alliance de la société civile autour des partis

À travers l'histoire aucun droit n'a été acquis avec facilité et sans sacrifices. Aucune avancée significative n'a été obtenue sans alliances et sans violence. Syndicalistes et organisations militantes n'y arriveront pas seuls. Leurs actions doivent être co-construites avec les partis politiques et s'inscrire dans des stratégies communes, dans l'objectif de faire gagner la justice, l'égalité, la démocratie, la liberté, sans violence. Leurs expertises, leurs ressources, leurs expériences respectives sont complémentaires. Agir de l'intérieur en gardant cette attache aux organisations militantes et syndicales, c'est aussi une bonne stratégie. Nous avons vu plusieurs militant·es finalement entrer dans la machine pour tenter de faire « bouger les choses ». Pour exemple, Aurélie Trouvé, ingénieure agronome, ancienne co-présidente et porte-parole d'Attac, désormais députée LFI-NUPES de la 9e circonscription de Seine-Saint-Denis ; Sanaa Saitouli, militante et ex-élue municipale de Cergy, co-fondatrice de Cergy demain et de Banlieues climat ; Alma Dufour, militante et ex-porte-parole de l'ONG Les Amis de la Terre, désormais députée LFI-NUPES de la 4e circonscription de Seine-Maritime ; Rachel Keke, ex-employée de l'hôtel Ibis des Batignolles à Paris qui, en 2019, a milité à la tête des femmes de chambre de son entreprise et qui est désormais députée LFI-NUPES de la 7e circonscription du Val-de-Marne ; ou encore Marie Toussaint, militante, juriste, co-fondatrice de l'ONG Notre affaire à tous, désormais eurodéputée EELV. Elles l'ont toutes constaté, les actions des mouvements seuls ne suffisent pas. Le pouvoir d'agir manque cruellement en dehors des sphères politiques. Mais si les activistes et les organisations militantes sont parfois frileux·ses à l'idée de travailler ou de s'engager aux côtés des partis politiques et même des syndicats, c'est aussi pour les raisons évoquées au sous-chapitre précédent. Sont nécessaires l'écoute active, la coopération honnête et durable, le respect du travail réalisé sans récupération politique : une base essentielle à la restauration de la confiance.

VI. Les trois réconciliations nécessaires et suffisantes pour gagner

Nous proposons enfin de (re)construire des ponts. Pour ne plus jamais envisager de politiques vertes injustes socialement, inégalitaires, favorisant les un·es et punissant les autres. Afin que les acteur·ices du monde de l'économie sociale et solidaire, dont le cœur d'activité même est au service de l'intérêt général, aient droit à une vraie place dans le monde militant et puissent approcher le politique en toute sérénité. De même pour les expert·es des secteurs d'activité divers qui donnent de leur temps aux associations. C'est d'ailleurs la mission de l'organisation *The Good Lobby* dont la branche française a été inaugurée en 2021. Elle propose et organise la mise en relation de spécialistes avec des associations qui n'ont pas les moyens ni les ressources nécessaires pour mener à bien leur mission. En 2022, dans le sillage de l'élection présidentielle, l'ONG lance la campagne « Les Oubliés de la République[273] » pour donner la parole aux personnes éloignées du débat public et souvent peu associées aux politiques

273. Cette campagne a été lancée en partenariat avec les associations Repairs ! 75 (association d'entraide des enfants placés), Solenciel (réinsertion des personnes abîmées par la prostitution), le réseau Entourage et Aux captifs, la libération (à l'écoute des personnes sans-abri et/ou isolées).

qui leur sont destinées (personnes sans-abri, jeunes de l'Aide sociale à l'enfance...)[274].

Enfin, pour retrouver confiance envers les corps intermédiaires et plus principalement les partis politiques, il paraît urgent de questionner la santé de notre démocratie et de repenser son fonctionnement; exiger de l'exemplarité de la part de nos représentants ou du moins de l'éthique, de l'intégrité et de la sincérité; faire en sorte que chaque voix compte, qu'elle soit concrètement représentée.

Écologie et social; partis et citoyenneté; entrepreneuriat et activisme. Trois réconciliations urgentes que nous identifions, mais qui ne peuvent se faire sans les premier·es abandonné·es de la gauche: les classes populaires rurales d'un côté et celles des banlieues de l'autre. Comme deux jambes d'un même corps, lui-même lacéré et endolori. Les « bourgeois bohèmes » ne doivent plus jamais avoir la place que la note de Terra Nova[275] leur offrait. Ils sont nos alliés, nos soutiens, nos appuis, mais nous ne gagnerons pas pour eux, ni principalement avec eux. Ce processus de reconnexion doit inclure, avant tout, des réconciliations internes à la gauche, toujours perçue comme un panier de crabes se livrant à une guerre des clans, une bataille de tranchées.

A. Réconcilier social et écologie

L'objectif de l'Affaire du siècle, le recours juridique porté en décembre 2018 par quatre organisations et soutenu par une pétition en ligne ayant mobilisé plus de 2 millions de

274. Le collectif a débattu le 16 mars 2022 avec François Hollande sur la chaîne Twitch de Purpoz.

275. Le 10 mai 2011, Terra Nova a publié une note sur la marche à privilégier pour gagner en 2012: se concentrer sur l'électorat riche, urbain et diplômé au détriment explicite des catégories populaires qui ne « votent plus ». « Gauche: quelle majorité électorale pour 2012? », www.tnova.fr, 10 mai 2011 [En ligne].

personnes, consistait à attaquer l'État en justice pour son inaction face aux conséquences du dérèglement climatique. Quasiment au même moment, le mouvement des Gilets jaunes mobilisait plus de 1 million de personnes par voie de pétition, pour dénoncer le caractère injuste de la taxe carbone, le manque de transparence quant à son utilisation, et pointait l'hypocrisie du Gouvernement dont les politiques favorisaient les plus grands pollueurs au détriment des classes les plus pauvres.

Durant ces mobilisations, les activistes du climat, à travers des actions de désobéissance civile, bloquaient les sites de grands groupes hyper-pollueurs pour alerter les décideur·ses public·ques et y croisaient des Gilets jaunes qui, eux, dénonçaient l'exonération ou l'évasion fiscale de ces mêmes enseignes! Dès lors s'est dessiné un carrefour militant: celui de la justice sociale et de la justice climatique, où l'on pouvait identifier les mêmes responsables d'un côté comme de l'autre. Coïncidence?

La taxe carbone, objet de la pétition ayant lancé le mouvement des Gilets jaunes, est considérée comme un outil essentiel au financement de la transition écologique. S'appuyant sur le principe du « pollueur-payeur », qui dispose que « toute personne doit contribuer à la réparation des dommages qu'elle cause à l'environnement », elle révèle surtout une inégalité dans son application. Financée par les ménages sur le fioul, l'essence et le gaz, elle ne s'applique pas (ou que très partiellement) aux pollueurs des secteurs maritime, aérien, routier, agricole. Elle est présentée comme une incitation à l'utilisation d'énergies renouvelables ou à la consommation de produits à faibles émissions de gaz à effet de serre. Pourtant elle repose sur une incohérence majeure: le cadre général dans lequel elle s'inscrit n'indique pas d'engagement sincère du Gouvernement dans la lutte contre le réchauffement climatique et il sera par ailleurs condamné en 2021 pour cette raison. Aucun des projets de fabrication de « carburants propres » n'est accompagné par les pouvoirs publics, jugés trop coûteux ; de nombreux secteurs géographiques sont dépourvus d'alternatives de transport et des projets destructeurs du vivant et polluants sont toujours soutenus par le Gouvernement. Par ailleurs, les organisations et les élu·es qui militent pour la mise en place d'outils juridiques comme la pénalisation des crimes environnementaux (écocides), qui permettraient réellement de sanctionner les gros pollueurs, ne sont pas entendu·es par le Gouvernement qui refuse son implémentation. Ces crimes et violences environnementales, commis volontairement ou non par les grandes entreprises, ont un impact direct sur la vie des ménages d'un point de vue économique, sanitaire et social. Pourtant la reconnaissance de l'écocide, tout comme l'inscription de la protection de la biodiversité dans la Constitution, proposées par les membres de la Convention citoyenne pour le climat au Gouvernement fin 2020, ont été rejetées. Là encore, ce manque de courage politique s'exerce au détriment des classes les moins aisées.

Le concept de *justice sociale* appelle à aboutir à une répartition équitable des biens sociaux et à offrir aux différentes classes sociales des opportunités de développement. L'ONU, ayant décrété une journée mondiale de la justice sociale le 20 février, précise que ce concept est *« fondé sur l'égalité des droits pour tous les peuples et la possibilité pour tous les êtres humains sans discrimination de bénéficier du progrès économique et social partout dans le monde »*. À la croisée de l'écologie et des droits de l'homme, la *justice climatique* s'inspire de ce concept en pointant les conséquences des inégalités socio-économiques face au dérèglement climatique. Si pendant longtemps les ONG n'ont pas ou peu tenu compte de la question sociale pour aborder la lutte contre le dérèglement climatique, tenant pour beaucoup des discours culpabilisants à destination des classes populaires, elles défendent aujourd'hui cette idée de lien entre les deux concepts, ce qui a mené à un slogan souvent scandé dès 2019 : « Fin du monde, fin du mois, même combat ! »

Rappelons que c'est une alliance inédite entre les mondes culturel, universitaire, associatif et militant qui a permis l'émergence de la Convention citoyenne pour le climat (CCC), sur fond de mobilisations sociales et d'actions en justice. Si ce mécanisme de participation citoyenne piloté par le CESE a reconnecté la population aux institutions et aux expert·es à travers des membres tiré·es au sort, et a nourri le débat public sur la question du dérèglement climatique et plus largement de l'écologie, il a aussi mis en lumière les limites des dynamiques de mobilisation lorsqu'elles vivent en dehors des sphères de pouvoir. Nous l'avons vu, une fois les propositions transmises au Gouvernement, seuls 10 % d'entre elles ont été mises en œuvre sans modifications (soit 15 sur 149), 55 propositions ont été modifiées ou édulcorées et 79 rejetées ou non appliquées. Le rapport sur les enseignements tirés de cette expérience, produit par l'association Démocratie ouverte en 2022, nous montre que les conventions citoyennes ont le potentiel de transformer profondément nos pratiques et de rendre nos systèmes démocratiques plus forts et plus à même de vivre sereinement les profonds bouleversements qui les attendent, notamment celui du défi climatique. La méthode du tirage au sort a permis de représenter la diversité des conditions sociales du pays, et les échanges avec les entreprises, expert·es, ONG, politiques, juristes et autres acteurs de la société ont permis d'enrichir les connaissances des membres afin d'arriver à un consensus partagé et très ambitieux pour la préservation du climat. Les sondages expriment également une volonté de s'unir pour la cause environnementale (78 % des Français·es) dans un esprit de justice sociale (57 % des Français·es). Cependant, les obstacles rencontrés par tous ces acteurs sont les mêmes : ils sont institutionnels.

Rien n'est prévu d'un point de vue légal ou constitutionnel pour que de tels dispositifs aient le pouvoir réel de changer les choses. D'un côté le Gouvernement décide ou pas de mettre en place les mesures, de l'autre les parlementaires en rejettent la majorité. Les membres de la CCC ont en effet dû faire face à plusieurs parlementaires critiques se sentant menacé·es dans leur rôle de représentant·es du peuple alors que 60 % des Français·es ont jugé la CCC légitime pour faire des propositions au nom de l'ensemble des Français·es, dont une part non négligeable de jeunes de 18 à 24 ans (78 %) et même de 25 à 34 ans (70 %). Cela démontre à quel point le mode de représentation actuel « inspire confiance ». Ces verrous institutionnels sont aussi des causes de l'état de fragilité de notre système démocratique. Le pouvoir, hyper-centralisé, est exercé contre l'intérêt général. L'association Démocratie ouverte milite pour que des dispositifs comme la CCC soient institutionnalisés et améliorés, notamment par un mécanisme donnant pouvoir décisionnel à la Convention en fin de processus, le tout assorti éventuellement d'un ou plusieurs référendums afin de casser ces verrous. L'organisation en appelle plus largement à une vraie transformation de nos pratiques démocratiques afin que toutes les voix soient représentées dans les sphères de pouvoir. Mais ce n'est évidemment pas suffisant. Les ONG et politiques devraient être davantage à l'écoute des publics qui seront les plus impactés par les transformations profondes qui nous attendent et leur donner les moyens, comme ce fut le cas pour les membres de la CCC, de mieux appréhender ces sujets et de devenir maître·sses de leurs récits. C'est tout le travail d'une organisation comme Les nouvelles voix, qui propose un programme de formation destiné aux militant·es et aux professionnel·les pour renforcer leur visibilité et renouveler les personnalités qui incarnent la transition écologique et sociale en France, ou encore Banlieues climat, qui sensibilise et forme les jeunes des quartiers populaires aux enjeux climatiques. Objectif? Redonner la parole aux habitant·es de ces territoires et ainsi les inviter à devenir acteur·ices du mouvement climatique. La transition écologique est aussi sociale et économique. Elle ne pourra se faire sans remise en question de nos modes de fonctionnement démocratique et sans implication des premier·es impacté·es.

B. Réconcilier partis et citoyenneté

1. Une démocratie fragilisée

Ces dernières années la France a donc connu d'importantes mobilisations sociales: le mouvement des Gilets jaunes; les marches et actions pour le climat; les manifestations contre le racisme d'État, les violences policières, l'islamophobie et l'antisémitisme; une incroyable marche du 1er mai 2019; les manifestations pour les droits des sans-papiers; les marches et actions pour les droits des femmes; les grèves contre la réforme des retraites; celles du secteur des soins, des secours, mais aussi celles du secteur privé (VTC, Uber…); et une mobilisation qui a rassemblé presque l'ensemble de ces luttes en 2022: la marche pour le futur.

Ces manifestations, qui mobilisent toutes les générations, sont souvent violemment réprimées par les forces de l'ordre et les revendications présentées au Gouvernement ignorées ou rejetées. La France, donneuse de leçons, est pourtant régulièrement pointée du doigt pour ses pratiques liberticides par le Conseil de l'Europe, l'ONU[276], Amnesty International[277], la Ligue des droits de l'homme[278], les

276. « Michelle Bachelet inquiète de la répression des manifestations au Vénézuela, au Soudan et en France », www.news.un.org, 6 mars 2019 [En ligne].
277. « Violences policières en France », www.amnesty.fr [En ligne].
278. « Observatoire des libertés et des pratiques policières: agir pour la défense des libertés publiques », www.ldh-france.org, 24 avril 2019 [En ligne].

médias ou journalistes indépendant·es, des élu·es de l'opposition ou encore par le Défenseur des droits[279]. Des pratiques désormais exposées à la communauté internationale qui révèlent un certain nombre de dysfonctionnements institutionnels dont une pratique douteuse de la démocratie. Durant le quinquennat d'Emmanuel Macron, la France a ainsi été déclassée à deux reprises au rang de « démocratie défaillante ». Un signe qui devrait nous alerter.

Notre système démocratique est en souffrance. Il ne laisse plus de marge de manœuvre aux corps intermédiaires tant le pouvoir est hyper-centralisé. Les Français·es ne leur font d'ailleurs plus autant confiance qu'auparavant, et si les mobilisations s'intensifient, c'est en effet parce que rien ne change. De plus en plus de gens dorment dans les rues, les femmes, les personnes LGBTQIA+ sont toujours violentées et tuées, le taux de pauvreté augmente et celui du chômage ne faiblit pas. Aucune politique n'est suffisamment ambitieuse pour faire face au dérèglement climatique. L'expression du racisme, de la transphobie, de l'homophobie et autres formes de rejet est incroyablement décomplexée, tant dans l'espace numérique et physique que médiatique. Pour autant, le pouvoir exécutif, qui ne travaille plus dans l'intérêt général, reste sourd à ces alertes.

La marche pour le futur est certainement le signe que les acteur·ices du milieu associatif-militant sont prêt·es à travailler ensemble. Côté politique, la NUPES, dont les bases de mobilisation se trouvent principalement dans ces luttes, a été le signe que des alliances politiques stratégiques étaient possibles pour gagner mais seulement si elles sont construites dans la durée et en considération des acteur·ices

279. « Décision-cadre relative à des recommandations générales sur les pratiques du maintien de l'ordre au regard des règles de déontologie », www.defenseurdesdroits.fr, 9 juillet 2020 [En ligne].

locaux·les déjà engagé·es de longue date. S'il est important que les mondes politique et militant coopèrent davantage, il l'est aussi que ceux-ci se reconnectent à la population, et notamment à celle qui s'abstient de voter.

2. La voix des laissé·es pour compte

Le taux d'abstention et de votes blancs aux élections a une signification à ne pas ignorer : ils expriment un rejet, un mécontentement, une alerte. L'élection présidentielle de 2017 a vu le plus haut taux d'abstention depuis 1969, et avant 2022. En réalité, en 2017, le président Macron n'a été élu que par 43,6 % des inscrit·es et le taux d'abstention et de votes blancs, non négligeable, représentait 34 % ! De plus, un grand nombre d'électeur·ices disent avoir voté pour le président Macron « par défaut » pour « faire barrage à Marine Le Pen », et parmi ces électeur·ices, seuls 16 % disent avoir voté pour son programme. En 2022 idem, les Français·es ont voté Macron pour faire barrage à Le Pen. La démocratie devrait permettre de traduire nos opinions dans les urnes sur chacun·e des candidat·es et non contraindre au vote stratégique. Il est temps de changer ce système de vote qui ne fonctionne plus : il n'est pas juste qu'avec des taux d'abstention et de votes blancs aussi élevés on ne le remette pas en cause. Pour éviter que cela ne se reproduise, le mode d'élection doit évoluer, et ce avant la présidentielle de 2027. Les limites de ce dispositif ont été atteintes, d'autant qu'il s'inscrit dans un processus administratif en partie défaillant (en 2021 on estime entre 3 et 5 millions le nombre de personnes non inscrites sur les listes électorales, et à 6 millions celui des personnes qui seraient mal inscrites[280]). C'est une alerte qui devrait largement mobiliser les politiques et le monde

280. Assemblée nationale, « Rapport d'information fait au nom de la mission d'information visant à identifier les ressorts de l'abstention et les mesures permettant de renforcer la participation électorale », www.assemblee-nationale.fr, 8 décembre 2021 [En ligne].

militant-associatif. L'association Mieux voter nous rappelle que depuis 200 ans, la science a démontré que l'on pourrait mieux voter avec des modes de scrutin alternatifs tels que le « jugement majoritaire », inventé en 2007 par Michel Balinski et Rida Laraki, directeurs de recherche au CNRS. Le jugement majoritaire est un mode de scrutin où l'électeur·ice doit évaluer tou·tes les candidat·es indépendamment les un·es des autres, en leur attribuant une mention sur une échelle qui va de *excellent* à *à rejeter*[281]. Selon un sondage réalisé auprès des Français·es sur le·la candidat·e idéal·e pour 2022[282], Valérie Pécresse était donnée première, Macron deuxième, Montebourg troisième, Jadot quatrième et Hidalgo cinquième. Sur 13 candidat·es, Jean-Luc Mélenchon arrivait juste devant Éric Zemmour, dernier du classement (pourtant encensé par les médias). Il faut tout de même noter qu'aucun·e candidat·e n'a été apprécié·e par une majorité d'électeur·ices : tou·tes les candidat·es ont été rejeté·es par au moins 23 % des votant·es et aucun·e candidat·e n'a été jugé·e *excellent·e* par plus de 8 %. Et malgré un débat public orienté en faveur des idées d'extrême droite, les candidat·es de gauche ont été plus apprécié·es que celles et ceux d'extrême droite. Au-delà du système de vote, c'est un projet de société qui est attendu des Français·es, lassé·es par les guerres de tweets. Il est donc important de cibler les transformations nécessaires à opérer dès maintenant pour lutter efficacement contre les inégalités sociales sur la durée. Un travail de fond à réaliser loin des débats médiatiques qui monopolisent la conversation nationale sur des sujets clivants, loin des vraies préoccupations des Français·es. En effet, 36 % sont préoccupés par leur pouvoir d'achat ; 35 % par le chômage et le marché du travail ; 34 % par la pauvreté

281. C'est la méthode utilisée par la Primaire populaire en 2022.
282. Étude menée par OpinionWay et Mieux voter, « Étude sur le jugement majoritaire », www.commission-des-sondages-fr, 8 décembre 2021 [En ligne].

et les inégalités sociales ; et 89 % trouvent que le débat public devient de plus en plus agressif. Ils dénoncent le manque de neutralité de l'information et une mauvaise priorisation des sujets à aborder. Ils·elles dénoncent le flot de l'information continue, les effets de répétition, le traitement négatif de l'actualité et interrogent son effet sur le pessimisme ambiant. Ils·elles dénoncent aussi la culture du clash et la recherche du buzz[283]. Bref, les Français·es veulent des débats constructifs, éclairés, qui affichent une pluralité d'opinions et des promesses qui se traduisent en mesures concrètes. Il faut rendre le vote accessible à toutes et à tous, d'un point de vue intellectuel, administratif, logistique et technique.

3. Plus de participation citoyenne

La réconciliation des partis avec les citoyens passe nécessairement par une remise en question du fonctionnement de la vie politique et démocratique. Selon 61 % des Français·es, notre démocratie est « en danger »[284]. Nous avons évoqué le système de vote et le rôle des médias dans la polarisation des débats. Nous devons mentionner aussi la soif de participation citoyenne à la vie démocratique. Une envie fortement exprimée durant le mouvement des Gilets jaunes qui reflète un vrai besoin à l'échelle nationale. Selon une étude menée par Destin commun en 2021, seuls 18 % des Français·es estiment que les décisions prises par les politiques ont un impact positif sur leur vie et 48 %, un impact négatif. Ont-ils·elles le sentiment que les politiques sont incompétent·es, impuissant·es, corrompu·es ? 80 % pensent surtout que les responsables politiques ne se préoccupent pas de ce qu'ils·elles pensent[285], et un tiers estime

283. « La France en quête », étude citée.

284. Étude menée par Harris interactive, « Le rapport des Français à la démocratie », www.harris-interactive.fr, 9 décembre 2021 [En ligne].

285. « En qu(o)i les Français ont-ils confiance aujourd'hui ? Vague 12 », étude citée.

que le vote « ne sert pas à grand-chose »[286]. À l'inverse, participer aux réflexions menant à l'élaboration de lois qui vont les impacter directement, c'est s'assurer, autant que possible, que la justice sociale soit systématiquement prise en compte dans l'équation. Les Français·es éprouvent de la méfiance, du dégoût ou de l'ennui quand ils·elles pensent à la politique (63 %)[287], pourtant ils·elles ne s'en désintéressent pas. Au contraire ils·elles veulent « en être » : 82 % pensent important d'associer les citoyen·nes aux initiatives visant à transformer le fonctionnement de nos institutions politiques pour renforcer leur capacité à y être ensuite inclus·es[288]. Parmi les options privilégiées pour « stimuler la démocratie » se trouvent le recours plus fréquent aux référendums, la mise en place du RIC ou encore la révocation possible des élu·es à mi-mandat. Écoute active des besoins de la population et ouverture à la participation citoyenne, voilà les éléments clés de la réconciliation.

4. Une défiance apaisée par l'exemplarité

L'exemplarité est un sujet sensible, et certainement l'une des causes principales de la défiance des Français·es à l'égard des politiques (beaucoup moins envers les élu·es locaux·les). La Ligue citoyenne, association créée dans le sillage du mouvement des Gilets jaunes, porte un plaidoyer visant à alerter et sensibiliser le public mais aussi les politiques au sujet des dérives et abus constatés en matière de privilèges financiers – ou non financiers – accordés à certain·es élu·es et haut·es fonctionnaires. Rappelons que dans les cahiers de doléances du grand débat national organisé par

286. « Le rapport des Français à la démocratie », étude citée.
287. « En qu(o)i les Français ont-ils confiance aujourd'hui ? Vague 13 », étude citée.
288. Étude menée par AgoraLab, Démocratie ouverte, Mieux voter et OpinionWay, « Pas de renouveau démocratique sans les citoyen·nes ! », www.agoralab.fr, 26 janvier 2023 [En ligne].

le président Emmanuel Macron en 2019, la dénonciation des privilèges accordés aux responsables politiques nationaux·les revenait presque systématiquement. Aussi, sur les 59 revendications portées par le Vrai débat[289], il s'agissait de la première. Celle-ci étant restée lettre morte, l'association a souhaité relancer le débat, estimant qu'il devait y avoir plus de contrôles, et appelle à modifier ou supprimer plusieurs dispositions qui paraissent insensées. Le résultat de ces consultations montre que les Français·es acceptent de moins en moins que les politiques aient certains privilèges alors que la population se paupérise. Parmi les propositions faites par l'association, on retrouve le *casier vierge des élu·es et haut·es fonctionnaires* pour les crimes et délits constituant des atteintes volontaires à la vie ou à l'intégrité d'autrui, les agressions sexuelles et le harcèlement sexuel, les atteintes aux libertés d'autrui, la traite d'êtres humains, le proxénétisme, le recours à la prostitution, l'exploitation de la mendicité ou les abus de faiblesse ; pour les infractions fiscales ; les manquements au devoir de probité ; les infractions de corruption active et passive (62 % des Français·es de tous les milieux sociaux ont le sentiment d'une corruption généralisée forte des politiques) ; les trafics d'influence ou l'entrave à l'exercice de la justice ; les infractions de recel ou de blanchiment de produits ou de revenus ; les violations du droit électoral que constituent l'achat de votes et le fait de violenter ou menacer des électeur·ices pour s'assurer leurs suffrages. On retrouve également *la révocabilité des élu·es et haut·es fonctionnaires*, dispositif qui existe par ailleurs dans plusieurs pays comme le Vénézuela, la Roumanie, certains États d'Amérique ou encore le Royaume-Uni, considérant qu'il ne devrait pas y avoir de traitement différencié entre le·a salarié·e qui commet une faute et l'élu·e ou le·la haut·e

289. Consultation en ligne organisée par un groupe de Gilets jaunes en janvier 2019 et ayant reçu plus de 1 million de votes pour 25 000 propositions.

fonctionnaire. Une mesure également portée par La France insoumise. On retrouve enfin *le non-cumul des mandats et la suppression des privilèges liés aux fonctions de président de la République, au statut de leurs conjoint·es et à la fonction de parlementaire.* Notamment concernant le financement des obsèques des député·es et sénateur·ices par les contribuables, qui se sont élevées à 573 000 € en 2017 côté Assemblée nationale, et à 967 000 € en 2016 côté Sénat. Difficile à expliquer aux familles les plus précaires qui sont obligées de souscrire un prêt, une assurance, ou de créer une cagnotte pour payer les obsèques de leurs proches. La Ligue citoyenne a décrété une journée mondiale de la probité le 24 octobre de chaque année, pour faire émerger davantage ces sujets dans le débat public… On peut aussi citer d'autres initiatives telles que la création de l'Observatoire des violences sexistes et sexuelles en politique, lancé par d'anciennes parlementaires et né du constat que les institutions et les partis politiques traitent avec négligence les violences sexistes et sexuelles subies par les femmes qui composent leurs rangs.

5. *Réformer les partis*

Avec 45 % des Français·es ayant une défiance absolue envers les partis politiques en 2017 (vs 31 % en 2008), la France se place en mauvaise position, loin derrière la plupart des pays d'Europe de l'Ouest, selon une étude comparative réalisée par *European Values Study* (EVS). Plusieurs raisons à cela. Les multiples scandales individuels entachent leur image et ébranlent la confiance générale ; les récits de leurs dysfonctionnements internes alimentent les bruits de couloir du monde associatif ; les processus de décision, qui ne sont pas toujours démocratiques, déçoivent et font fuir les membres ; les espaces de débat, de formation et de production de pensée manquent ; la collaboration avec les organisations militantes et syndicales est quasi inexistante ;

l'affaiblissement du pouvoir parlementaire reflète leur inefficacité ; les cadres et les élu·es ne représentent pas la diversité de la population française. Ainsi, de moins en moins d'adhésions sont enregistrées ou de soutiens manifestés. Dans ces conditions, comment envisager une quelconque amélioration de la vie démocratique française sans repenser le fonctionnement des partis politiques qui en sont l'un des piliers ? Comment envisager de gagner si une telle déconnexion existe ? Les réformer est, sans conteste, l'une des actions urgentes à réaliser pour envisager une reconnexion.

Le cas d'Europe Écologie les Verts (EELV)

Au printemps 2023, dans le cadre de son projet de refondation du parti, EELV a initié une démarche de rapprochement entre ses membres et la population en lançant les états généraux de l'écologie. Une première phase de consultation citoyenne a été mise en place (enquêtes en ligne, contributions numériques, cahiers de doléances, ateliers citoyens) suivie de conférences citoyennes portées par des volontaires tiré·es au sort. Le projet était accompagné par un comité de pilotage composé de plus de 70 membres, soit 50 % de personnalités politiques membres d'EELV et 50 % de non-membres, chargé de conseiller le parti mais aussi impliqué dans les différents organes du projet. À l'issue de cette phase de consultation, une feuille de route a finalement été adoptée par une large majorité de membres pour poursuivre cette démarche de transformation avec l'intention de s'ouvrir aux publics exclus, notamment par la mise en place d'espaces de coopération, de délibération et de décision censés permettre la création de politiques publiques plus ancrées dans les réalités révélées par les enquêtes et ateliers réalisés durant cette première phase du projet. Suite au vote, le 14 octobre 2023, le parti a officiellement lancé son nouveau mouvement politique : Les Écologistes. Si nous sommes critiques du fonctionnement des partis politiques, il faut ici saluer la volonté d'EELV de questionner l'efficacité de son organisation et de créer des processus d'écoute et de délibération. Nous serons attentif·ves à l'impact de cette démarche sur la vie future du parti et de la politique en général. Dans la même perspective, le PS a engagé sa propre mue à travers la création en 2023 d'un groupe d'expert·es, pour partie non-membres, et le lancement de conventions sur l'Europe, le féminisme et la « reconquête » des classes populaires.

6. Des représentant·es qui nous ressemblent

Plusieurs initiatives et organisations ont vu le jour pour pallier les lacunes observées en matière d'éthique, d'intégrité et de représentation au sein des partis politiques et même des institutions. C'est le cas du programme « Investies », un programme de formation à la pratique politique créé en 2020 « par des femmes pour des femmes » prêtes à se lancer à l'assaut du Parlement et imaginé par Quitterie de Villepin ; de l'Académie des futurs leaders (AFL), co-fondée par Alice Barbe et Michka Bengio, qui propose une formation dédiée aux personnalités engagées dans des causes de justice environnementale et sociale désireuses d'incarner une nouvelle génération politique, empathique et guidée par des valeurs progressistes ; ou encore d'Open Politics qui forme et outille toute personne désireuse de se lancer en politique en associant colloques et conférences thématiques. Dans le secteur de la philanthropie, on trouve Multitudes, une nouvelle fondation européenne ayant vu le jour en 2022 pour soutenir les militant·es qui agissent pour rendre la politique plus inclusive, plus humaine et porteuse d'espoir en Europe. Elle est dirigée par Sarah Durieux et Jeff Kwasi Klein. Plus récemment encore, le Groupe de diffusion, de recherche et de veille citoyenne (GDRV) a lancé l'initiative « Démocratiser la politique », un projet de recherche-action visant à mettre « la parité sociale en politique » à l'agenda public en partant du constat suivant : les élu·es ne sont pas représentatif·ves de la population française. Co-fondée par Kevin Vacher, Taoufik Vallipuram et Tara Dickman, cette alliance de chercheur·ses, expert·es et militant·es entend documenter le manque de représentation des classes populaires dans les sphères de pouvoir. L'Observatoire des inégalités nous apprend en effet que seul 1 % des député·es français·es étaient des ouvrier·es ou employé·es en 2012, et 6 % en 2022, alors que cette catégorie socio-professionnelle représente 45 % de la population active[290]. Quant à la présence des femmes au Parlement, elle reste préoccupante : en 2017, elles étaient près de 39 % à l'Assemblée nationale contre 36 % en 2022, mais 35 % en 2020 contre 36 % en 2023 au Sénat. Elles sont mieux représentées en régions compte tenu des règles paritaires plus strictes. Les partis politiques, censés incarner des espaces où la pluralité des opinions doit pouvoir s'exprimer et censés veiller à ce que chaque profil soit entendu, ont manqué ici à leur devoir. Nous pourrions aussi évoquer le manque de représentation ethnique… Prétendre être le relais de la voix du peuple alors que celui-ci ne se reconnaît même pas dans l'hémicycle…

C. Réconcilier activisme et entrepreneuriat

On entend souvent parler d'entrepreneuriat à impact ou d'entrepreneuriat social (*Social Enterprise Initiative*), une notion née dans les années 1990 aux États-Unis lancée par la *Harvard Business School*. En Europe, cette notion s'installe dans la foulée de l'émergence de l'économie sociale

290. Institut des politiques publiques, « La fin du renouvellement ? Portrait social et politique des députés de la XVIe législature », www.ipp.eu, février 2023 [En ligne].

et sa tradition coopérative avec pour objectif de répondre, elle-même, aux carences des services publics. Une activité professionnelle au service de l'intérêt général qui allait être encadrée par la loi française bien plus tard, en 2014, déterminant les trois critères à respecter pour qu'une organisation soit reconnue comme entreprise de l'économie sociale et solidaire (ESS) : la poursuite d'une utilité sociale (1) ; la gouvernance démocratique (2) ; la lucrativité limitée ou la rentabilité mise au service de la finalité sociale (3). Ces entrepreneur·ses d'un nouveau genre ont très tôt dressé le constat de l'urgence climatique et/ou sociale en menant à bien des projets dont l'objectif ne se résumait pas à faire des affaires mais à opérer des transformations sociétales. Qui pour impulser une transition vers de nouveaux modèles de société sinon les entrepreneur·ses ? Plus que d'apporter des solutions aux lacunes des services publics, ils·elles envisagent l'entreprise comme le moyen de résoudre des problèmes d'intérêt général peu ou mal traités par les acteur·ices traditionnellement expert·es et installé·es. Selon une étude menée en 2019 sur l'entrepreneuriat chez les jeunes[291], 84 % des étudiant·es estiment que la création d'entreprise implique un engagement sociétal.

1. Tous les secteurs y passent

L'Observatoire national de l'ESS nous apprend, dans un récent rapport publié en juillet 2023[292], que l'action sociale est un secteur dans lequel on retrouve 10,8 % des organisations de l'ESS. Structure d'accueil, accompagnement à l'emploi, service à la personne, hébergement social ou médico-social, il s'agit principalement d'associations, mais on retrouve aussi des coopératives et des sociétés

291. Étude menée par BPI France et Moovjee, « Les étudiants et l'entrepreneuriat. Vague 6 », www.bpifrance-creation.fr, 2019 [En ligne].
292. « Les entreprises agréées "Entreprises solidaires d'utilité sociale" : quelle réalité aujourd'hui ? », www.ess-france.org, 31 juillet 2014 [En ligne].

commerciales dans d'autres secteurs comme celui du soutien aux entreprises (ménages), des sports ou du loisir. Sans oublier la finance, l'alimentation ou encore la mode. Nous pouvons citer LITA.co, première plateforme numérique permettant aux épargnants d'investir durablement leur épargne dans des entreprises à forte utilité sociale et environnementale. Ses fondateur·ices ont voulu démontrer qu'il était possible de financer une économie réelle du quotidien capable de répondre aux enjeux écologiques et sociaux, ou comment lier impact positif et attractivité économique pour faire de cette forme de financement la norme. Côté mode, on trouve entre autres Loom, dont l'objectif est de fabriquer des vêtements qui ne créent ni drames humains ni catastrophes écologiques. L'entreprise fabrique le plus localement possible, dans des pays où la loi protège correctement les travailleur·ses et l'environnement, comme le Portugal ou la France. Dans le secteur de l'alimentation, La Louve, un supermarché coopératif et participatif inspiré du *Park Slope Food Coop* fondé en 1973 à Brooklyn, est faite par et pour les consommateur·ices qui en sont propriétaires et acteur·ices. Le choix des produits est orienté selon six critères : l'impact environnemental, la proximité, l'équité, le goût, le prix, les impératifs alimentaires. Dans le secteur du soin à la personne, on peut citer ReSanté-Vous, une entreprise qui lutte contre la perte d'autonomie des personnes en état de fragilité par la valorisation de leurs capacités via une approche humaine et non médicamenteuse.

Si les entrepreneur·ses à impact mettent en place des solutions de substitution pour répondre aux défis écologiques, économiques, sanitaires et sociaux en faisant de plus en plus de plaidoyers à destination des politiques, les militant·es associatif·ves, eux, dénoncent les dysfonctionnements de notre société par des actions en justice, des interpellations publiques de politiques, des campagnes de communication, des manifestations, des actions de sensibilisation et proposent des solutions via leurs plaidoyers et leurs formations. Parfois ils basculent du côté de la fabrique de la loi. Il va sans dire, encore une fois, que leurs actions respectives sont complémentaires. Quoi de mieux que d'agrémenter son plaidoyer du regard expert de l'entrepreneur·se ? À quoi bon œuvrer séparément pour les mêmes causes si seule la forme d'action diffère ? Comment ne pas se soutenir mutuellement ? Si les deux mondes ne communiquent pas assez, ils le devraient. Mais c'est en réalité de plus en plus le cas.

2. La Rencontre des justices

La Rencontre des justices (RDJ) est une expérience de réconciliation inédite : celle de l'activisme et de l'entrepreneuriat social et écologique. Si des alliances ponctuelles sont réalisées sur le terrain pour les besoins d'une campagne ou d'un événement, il n'existe pas de pareille collaboration. La RDJ, née au printemps 2020, est un mouvement ouvert et apartisan de réflexion, de solution et de pression issu de la société civile, créé pour réconcilier à la fois l'urgence environnementale et les urgences sociales, mais aussi les modes d'action de l'économie sociale et solidaire et ceux de l'activisme. Depuis sa création, on ne compte plus les marches et/ou associations et collectifs qui en sont les héritiers directs ou indirects. De nombreux·ses responsables associatif·ves nous disent souvent qu'ils ne s'étaient jamais rencontrés avant la RDJ, qui n'a malheureusement eu lieu qu'une seule fois à cause du Covid. Elle a vocation à s'adresser à toutes les générations, l'objectif à long terme étant d'obtenir de véritables victoires en faveur de l'écologie et de l'égalité afin d'atteindre les ODD (objectifs de développement durable) et de respecter l'accord de Paris. Les ODD ont été complétés d'un programme citoyen issu d'une consultation sans précédent. Les objectifs des justices (ODJ), au nombre de 30, sont très complémentaires des grands programmes de la société civile – comme celui du Pacte du pouvoir de vivre ou Plus jamais ça – en ce sens qu'ils ont été rédigés par des responsables beaucoup plus jeunes (35 ans de moyenne d'âge), et selon une méthode de consentement, c'est-à-dire que chaque mesure est pensée de manière intersectionnelle avec l'aval de toutes les parties prenantes et sans silo thématique. Pour cela, en octobre 2020, près de 200 personnes se sont réunies pour élaborer des éléments programmatiques structurants pouvant être repris par un·e candidat·e en vue des échéances électorales à venir. La seconde étape consistait à favoriser l'émergence d'une candidature unique, une méthode alternative afin de casser la logique des primaires et les guerres d'ego entre les têtes politiques. C'est donc de la RDJ qu'est née l'initiative de la Primaire populaire. En fin de processus, une mobilisation citoyenne devrait accompagner cette dynamique. Il est question que ce mouvement travaille sur le temps long, à savoir au moins sur la décennie à compter de 2022. Régulièrement, les membres se réunissent pour faire le point. À la suite de la publication de cet ouvrage, nous nous réunirons certainement de nouveau pour réévaluer la pertinence d'une relance de la Rencontre des justices.

D. La tri-réconciliation, secret et moteur de la victoire finale

Vous l'aurez compris : vouloir gagner ne suffit pas.

Mener de multiples actions ici et là chacun de son côté ne suffit pas non plus. Les échéances électorales à venir ne peuvent se contenter de tentatives de réussite individuelles. Les luttes passées nous obligent, et nos responsabilités dans la préservation des droits conquis sont grandes. La transition écologique, sociale et économique ne pourra se faire sans stratégies d'alliance construites durablement entre entrepreneur·ses sociaux·les, activistes, militant·es associatif·ves, syndicalistes et partis politiques. Elle ne pourra pas se faire non plus sans opérer une transformation profonde du fonctionnement de nos institutions et des partis politiques en vue de renforcer notre pouvoir d'agir, à l'intérieur et en dehors des sphères de pouvoir, ni sans la réconciliation avec la population. Les idées d'extrême droite, elles, gagnent du terrain là où jamais elles n'auraient dû pouvoir pénétrer. La raison ? Aucune offre de projet de société à gauche n'est claire et lisible pour le public et les sujets les plus clivants ou rassembleurs, tels que l'immigration ou le travail, sont désertés ou mal abordés par la gauche. Nous aurions dû d'ailleurs nous mobiliser de manière plus intense contre la nomination de l'ex-rédacteur en chef du journal *Valeurs actuelles* à la tête du *Journal du dimanche* ! Ces idées nauséabondes pénètrent de plus en plus les foyers des Français·es, rendant difficile toute dynamique d'unité. Le racisme s'exprime de manière totalement décomplexée, il défile même dans la rue, organise des meetings, se rend dans les écoles pour parler de « grand remplacement » aux enfants. Sommes-nous devenu·es fou·olles pour accepter de telles dérives ? Quand l'incitation à la haine et au rejet est-elle sortie de son caractère illégal ? Quand allons-nous réagir en faisant bloc ?

Présidentielle 2027

La prochaine élection présidentielle ne peut être celle qui ouvre la porte à 5 années supplémentaires de casse de nos libertés individuelles et collectives et de nos droits acquis durement. Elle ne peut être celle qui poursuit la politique actuelle ni celle d'extrême droite. Elle devra être celle qui ouvre la porte au respect des travailleur·ses, à la préservation de l'environnement, à une fiscalité juste, à un entrepreneuriat responsable, à une économie durable, à une démocratie plus participative et inclusive. Elle devra protéger tou·tes ses habitant·es quels que soient leur origine, statut, orientation sexuelle, identité de genre. Nous avons déjà prouvé qu'il était possible de faire alliance avec peu de moyens, à la hâte, et pour un succès relatif. Allons-nous en tirer des leçons ?

Nous proposons donc l'idée d'une « tri-réconciliation » capable de rendre la dynamique irrésistible à qui nous regarde, et en conclusion de cet ouvrage, nous proposons 10 actions pour les partis politiques à mener immédiatement, et 4 pour les mouvements citoyens. Pour rendre la victoire possible en 2027.

Kit de départ pour gagner

Pour les partis politiques :

Organiser la NUPES sous la forme d'un parti politique ou d'un mouvement doté d'une représentativité à 20 % pour chacun des 4 partis actuels en faisant fi des rapports de force et en prenant acte de l'héritage immense sur lequel nous sommes assis·es, ainsi qu'en ouvrant une cinquième place pour un collège représentatif des organisations de la société civile acceptant de soutenir le projet de victoire de l'acte II de la NUPES. Ouvrir un établissement et lever des fonds afin d'organiser des activités avec une équipe permanente pour mener à bien la mission qui nous lie toutes et tous.

Rédiger, signer et publier une charte commune aux 4 forces de la NUPES incluant la démocratie participative, la coopération, une culture de la communication non-violente, de la transparence, et une éthique de l'expression publique.

Faire émerger une candidature de gauche pour 2027 – Voter au sein des 4 forces de la NUPES une motion visant à co-organiser une primaire de la gauche à l'été 2026 dans le sillage des municipales, dans la seule éventualité où les partis n'auraient pas « naturellement » un·e candidat·e commun·e d'ici juillet 2025.

Mobiliser – Ouvrir les adhésions citoyennes à cette nouvelle force politique et avoir une permanence par région.

Débattre et construire – Recréer un parlement de la NUPES représentatif de ces 5 tendances (les 4 forces politiques et le collège des organisations de la société civile) se donnant pour mission de veiller à l'Avenir en commun et à son adaptation.

Faire front pour préparer et gagner les élections municipales – Préparer pendant 2 ans la vague multicolore de mars 2026 et rafler l'écrasante majorité des municipalités grâce à des listes de rassemblement encore plus attractives qu'en 2020.

Travailler avec les premier·es impacté·es par les violences sociales et environnementales – Nous adresser en priorité à celles et ceux qu'une certaine gauche a trahi·es – les classes populaires, rurales, moyennes –, et les inclure dans les espaces de co-construction, de débat et de décision.

Faire front pour préparer et gagner l'élection présidentielle – Commencer la campagne pour 2027 en septembre 2026 d'un seul élan et sans écart.

Réformer le fonctionnement des 4 partis (déjà en cours chez Les écologistes et au PS) pour plus de démocratie participative, d'inclusion, de transparence, d'éthique et de bienveillance.

Renouer avec l'exemplarité, la représentativité et l'autorégulation des élu·es – Plafonner le cumul des mandats ainsi que la rémunération des élu·es, et externaliser le contrôle des violences au sein des organisations politiques.

Pour les mouvements citoyens :

Oser sortir de la torpeur, mouiller le maillot et prendre position pour une coalition sociale écologiste ancrée à gauche, ouverte à la France de tous les horizons.

Militer pour faire campagne en 2026-2027 sans avoir peur de sortir de nos identités « apartisanes ». C'est maintenant ou jamais.

Fédérer pour favoriser une approche transversale et inclusive dans l'élaboration des plaidoyers (co-construits avec les acteur·ices du territoire : associations, entrepreneur·es syndicalistes, politiques, citoyen·nes). Rendre ces travaux accessibles au public (propos non-culpabilisants, fédérateurs et vulgarisés) et assurer une meilleure représentation des publics marginalisés au sein des instances décisionnelles et médiatiques.

Candidater devant les assemblées populaires de la NUPES pour être la candidature unique (et hors partis) aux élections législatives de 2027.

Bibliographie

Hannah Arendt, *Qu'est-ce que la politique ?*.

Hannah Arendt, *The Human Condition* (*Condition de l'homme moderne*), University of Chicago Press, 1958.

Raymond Aron, *Démocratie et totalitarisme*, Gallimard, 1965.

Lauren Bastide, *Présentes. Ville, médias, politique… quelle place pour les femmes ?*, Allary Éditions, 2020.

Jean-François Bayart, *L'Énergie de l'État*, La Découverte, 2022.

Abdennour Bidar, *Les Tisserands*, Les liens qui libèrent, 2016.

Pierre Bourdieu, *Questions de sociologie*, Éditions de Minuit, 1981.Julia Cagé, *Le Prix de la démocratie*, Fayard, 2018.

Rachel Carson, *Silent Spring*, Houghton Mifflin, 1962.

Philippe Collin. *Léon Blum. Une vie héroïque*, Albin Michel, 2023.

Benjamin Constant, *Principes de politique applicables à tous les gouvernements représentatifs et particulièrement à la Constitution actuelle de la France*, Alexis Eymery, 1815.

Dorothy Day, *The Reckless Way of Love. Notes on Following Jesus*, Plough Publishing House, 2017 (posthume).

Alexandre Dézé, *10 leçons sur les sondages politiques*, De Boeck Supérieur, 2022.

Jean-Numa Ducange, *Quand la gauche pensait la Nation*, Fayard, 2021.
Maurice Duverger, *Les Partis politiques*, Armand Colin, 1951.
Daniel Gaxie, *Le Cens caché*, Seuil, 1978.
Colette Guillaumin, *L'Idéologie raciste*, Mouton, 1972.
David Hume, *Of Parties in General* (*Des partis en général*), 1742.
David Hume, *Of the Parties of Great Britain* (*Des partis de Grande-Bretagne*), 1742.
Jacques Julliard, *Les Gauches françaises. 1762-2012 : histoire, politique et imaginaire*, Flammarion, 2012.
Jacqueline Lalouette, *L'Identité républicaine de la France. Une expression, une mémoire, des principes*, Fayard, 2023.
Éloi Laurent, *Et si la santé guidait le monde ? L'espérance de vie vaut mieux que la croissance*, Les liens qui libèrent, 2020.
Claude Lefort, *L'Invention démocratique. Les limites de la domination totalitaire*, Fayard, 1981.
Édouard Louis, *Qui a tué mon père*, Seuil, 2018.
Mathieu Magnaudeix, *Génération Ocasio-Cortez. Les nouveaux activistes américains*, La Découverte, 2020.
Cy Lecerf Maulpoix, *Écologies déviantes. Voyage en terres queers*, Éditions Cambourakis, 2021.
Edgar Morin, *Introduction à la pensée complexe*, ESF, 1990.
Edgar Morin, *La Voie. Pour l'avenir de l'humanité*, Fayard, 2011.
Edgar Morin, *Où est passé le peuple de gauche ?*, Éditions de l'aube, 2021.
Carole Pateman, *The Sexual Contract* (*Le Contrat sexuel*), Polity, 1988.
Thomas Piketty, *Capital et idéologie*, Seuil, 2019.
Eva Sadoun, *Une économie à nous. Changer de regard pour redéfinir les règles du jeu*, Actes Sud, 2022.
Philippe Saint-Marc, *Socialisation de la nature*, Stock, 1975.

Haoues Seniguer, *La République autoritaire. Islam de France et illusion républicaine (2015-2022)*, Le Bord de l'eau, 2022.

Peter Singer, *Ethics into Action : Henry Spira and the Animal Rights Movement* (*Théorie du tube de dentifrice*), Rowan & Littlefield, 1998.

Jean-Fabien Spitz, *La République ? Quelles valeurs ?*, Gallimard , 2022.

Frederick W. Taylor, *The Principles of Scientific Management* (*Principes d'organisation scientifique des usines*), Harper & Brothers, 1911.

Awa Thiam, *La Parole aux négresses*, Éditions Denoël, 1978.

Aurélie Trouvé, *Le Bloc arc-en-ciel. Pour une stratégie politique radicale et inclusive*, La Découverte, 2021.

Lanza del Vasto, *Technique de la non-violence*, Denoël, 1971.

Lanza del Vasto, *Pour éviter la fin du monde*, Éditions de la Presse, 1973.

Charles Wade Mills, *The Racial Contract* (*Le Contrat racial*), Cornell University Press, 1997.

Henri Weber, *La Gauche expliquée à mes filles*, Seuil, 2000.

Max Weber, *Wissenschaft als Beru & Politik als Beruf* (*Le Savant et le Politique*), 1919.

Simone Weil, *L'Enracinement*, Gallimard, 1949.

Michel Winock, *La Gauche en France*, Éditions Perrin, 2006.

Ouvrages collectifs

Arnaud Alessandrin, Karine Espineira, *Sociologie de la transphobie*, Éditions de la Maison des sciences de l'homme d'Aquitaine, 2015.

Jean-Jacques Becker, Gilles Candar, *Histoire des gauches en France*, La Découverte, 2004.

William Behrens, Dennis Meadows, Donella Meadows, Jørgen Randers, *The Limits to Growth* (*Les Limites de la croissance*), Chelsea Green Publishing, 1972.

Adélaïde Bon, Sandrine Roudaut, Sandrine Rousseau, *Par-delà l'androcène*, Seuil, 2022. Julia Cagé, Thomas Piketty, *Une histoire du conflit politique. Élections et inégalités sociales en France, 1789-2022*, Seuil, 2023.

Stewart Chau, Frédéric Dabi, *La Fracture. Comment la jeunesse d'aujourd'hui fait sécession*, Les Arènes, 2021.

Friedrich Engels, Karl Marx, *Manifest der kommunistischen Partei* (*Manifeste du parti communiste*), 1848.

Grégoire Franconie, Jacques Julliard, *Les Grands Textes de la gauche*, Flammarion, 2017.

Joseph LaPalombara, Myron Weiner, *Political Parties and Political Development*, Princeton University Press, 1966.

Articles

Pierre Bourdieu, « L'opinion public n'existe pas » dans *Les Temps modernes*, 1973.

Joseph Fourier, « Mémoire sur les températures du globe terrestre et des espaces planétaires » dans *Mémoires de l'Académie royale des sciences de l'Institut de France*, 1827.

Pierre Thomas, « Histoire de l'Univers, de la Terre et de la vie rapportée à une année », www.planet-terre.ens-lyon.fr, 15/02/2001 [En ligne].

Composition :
L'atelier des glyphes

Nous imprimons nos ouvrages sur du papier issu
de forêts gérées durablement et avec des encres végétales.

Achevé d'imprimer en décembre 2023 par Corlet Imprimeur - 14110 Condé-en-Normandie
Dépôt légal : décembre 2023 - N° d'imprimeur : 23110744 - Imprimé en France